아름다운 2등

아름다운 2등

초판 1쇄 찍은 날 · 2008년 2월 2일 | 초판 1쇄 펴낸 날 · 2008년 2월 9일

지은이 · 이광우 | 펴낸이 · 김승태

편집 · 방현주, 이덕희 | 디자인 · 이훈혜, 박한나
영업 · 변미영, 장완철 | 물류 · 조용환, 엄인휘

등록번호 · 제2-1349호(1992. 3. 31.) | 펴낸 곳 · 예영커뮤니케이션
주소 · (110-616) 서울 광화문우체국 사서함 1661호 | 홈페이지 www.jeyoung.com
출판사업부 · T. (02)766-8931 F. (02)766-8934 e-mail: edit1@jeyoung.com
출판유통사업부 · T. (02)766-7912 F. (02)766-8934 e-mail: jeyoung@jeyoung.com
제작 예영 B&P · T. (02)2249-2506~7

copyright ⓒ 2008, 이광우

ISBN 978-89-8350-468-5 (03230)

값 12,000원

아름다운 2등

이광우 지음

예영커뮤니케이션

2004년 봄 어느 날, CBS 전북방송의 이기완 차장님(PD)으로부터 전화가 걸려왔습니다. CBS전북방송 봄철 프로그램 개편에 발맞추어 '5분 칼럼' 을 좀 맡아 달라는 내용이었습니다. 그 전에도 몇 차례 받았던 방송출연 요청을 무척 옹색한 변명으로 거절해서 미안한 마음이 많던 차에 또다시 간곡히 부탁해 오는 것을 끝내 거절할 수 없어서 방송에 출연하기로 약속한 뒤로 매주 한 꼭지씩 방송칼럼을 내보낸 지 벌써 햇수로 4년이 되었습니다. 분·초를 다투는 공중파 방송에서 원고의 분량을 자로 잰 듯이 조절하는 일도 만만치 않았고, 휴가기간까지도 칼럼을 서너 꼭지씩 미리 녹음해 두어야만 하는 불편함(?)도 있었지만, 돌이켜 보면 지난 4년 동안 방송칼럼 원고를 들고 방송국을 오가는 길이 하나님께서 베푸신 큰 은혜였음을 고백하지 않을 수 없습니다.

애초에 저에게 방송칼럼을 맡길 때 방송제작진에서 의도했던 목표에 얼마나 접근하고 있는 지도 잘 모른 채, 순간순간 하나님께서 저에게 허락하시는 자잘한 은혜를 어떻게든 놓치지 않으려고 꼼꼼히 메모한 다음 시간 나는 대로 글을 쓰고 방송 제한시간에 맞춰 원고의 분량을 조절하는 일을 열심히 했습니다. 대학과 대학원에서 문학을 전공한 까닭에 평생 말을 하고 글을 쓰는 일을 해 왔지만, 저의 성품과 기질을 전혀 알지 못하는 대중을 향해 글을 쓰고 공중파 방송을 통해 속 좁은 생각을 내보내는 일이, 부끄럼을 많이 타는 저에게는 솔직히 몹시 부담스럽기만 했습니다. 칼럼을 방송하는 동안 기회 닿는 대로 "제발 다른 분에게 이 일을 맡겨 달라"는 당부를 자주 드리며 투정을 부리는 사이 4년 세월이 훌쩍 지나 그 사이에 모아진 원고의 분량이 제법 많아졌습니다. 4년여 세월 동안 인터넷(전주열린문교회 홈페이지 jopendoor.com, 인터넷 21TV, 21tv.org)을 통해 칼럼 원고를 보셨거나 방송을 들으신 분들의 칭찬과 격려에 힘을 얻어 원고를 분류하고 묶음을 만들어 출판할 용기를 한 번 더 내게 되었습니다.

그 동안 몇 권의 책을 펴냈지만, 이번에 펴내는 이 책을 저는, 1997년에 예영 커뮤니케이션을 통해 펴낸 저의 전도용 칼럼집 『신약성경 호박국』의 후속편 정도로 여기고 있습니다. 전도용 칼럼집을 처음 펴 낼 때와 마찬가지로, 여전히 '믿는 사람들끼리 나눠 읽은 책'은 많지만 '믿지 않는 사람들과 함께 읽을 만한 책'은 극히 드문 우리 기독출판계의 흐름 속에서, 기독교 세계관을 바탕으로 한 글을 쓰는 일은, 글 내용의 좋고 나쁨을 떠나서 그 시도 자체로 큰 의미가 있다는 생각을 갖고 한 꼭지씩 정성껏 글을 썼습니다. 그 과정에서, 방송용 칼럼 원고였지만 언젠가는 한 권의 책으로 묶어낼 지도 모른다는 생각에서 글을 써 온 것도 사실입니다. 목사이기 전에 한 사람의 신앙인으로서, 그리고 같은 시대를 살아가는 시민사회 시민의 한 사람으로서, 신·불신을 막론하고 생명과 삶의 본질적인 화두를 놓고 함께 의논하고 생각을 공유하고 싶은 마음이 방송용 글쓰기의 큰 부담을 그럭저럭 이길 수 있게 해 주었습니다. 믿지 않는 여러 시민들과도 허물없이 마주 앉아 생각의 옷깃을 서로 가다듬는 시간을 갖는 것 또한 기독교 신앙인으로서 함부로 회피해서는 안 되는 중요한 일이라는 생각도 했습니다. 짧은 5분간(광고시간을 빼면 정확히 4분 40초 정도)의 칼럼에 성경말씀을 거창하게 끼워 넣을 수도 없고 또 그리할 생각도 별로 없었지만, 이 책에 담긴 모든 칼럼의 밑바탕에는 기독교 목회자인 저의 신앙고백과 기독교적인 세계관이 고스란히 깔려 있습니다. 기독교 세계관으로 인생과 세상을 조명하며, 시대의 어두운 상황을 제 가슴에 살아 숨 쉬는 복음으로 조용히 조명하는 일은 저 자신에게 큰 감사의 제목이 되었습니다. 이 책에 실린 칼럼을 한 꼭지씩 읽으시는 독자들께도 같은 은혜가 부어지기를 바랍니다.

제 수첩에 빼곡히 적힌 글쓰기 메모를 따라 그 때 그 때 적절한 주제를 택하여 글을 썼고, 그 조각글을 한 데 모으는 과정에서 몇 가지 주제로 재분류하여 묶어 놓고 보니, 이미 말씀드린 바와 같이, 주어진 짧은 방송시간을 지켜야만 했던 부담, 그러면서도 그 때마다 완결된 메시지를 내보내야 했던 어쩔 수 없는 속사정 때문에 일정한 체계를 잡아 연속기획물로 좀 더 일관된 작업을 할 수 없었던 안타까움 외에도, 여전히 저 자신의 좁은 안목과 훈련부족에서 오는 연약함이 드러난 곳이 있는 듯하여, 그 동안 글을 쓰고 방송을 하는 과정에서 저를 붙들어 주셨던 성령 하나님께서 독자들을 마찬가지로 힘껏 붙들어 주셔야만 할 필요를 느낍니다. 그러므로 이 책을 통하여 혹 부스러기같은 유익이라도 몇 개 얻으실 수 있다면 그것은 온전히 성삼위 하나님의 은총 덕분입니다.

죄인을 불러 하나님의 복음사역에 헌신할 여러 기회를 주신 하나님께 감사합니다. 지난 15년 동안 땀과 눈물을 함께 나눈 전주열린문교회 공동체의 귀한 장로님들과 여러 동역자님들께도 감사드립니다. 큰아들의 칼럼이 방송되는 시간이면 어김없이 라디오를 켜 놓으시고 방송내용을 꼼꼼히 점검하여 여러모로 적절한 조언을 주신 사랑하옵는 저의 어버이 이종권 장로님(은퇴)과 오양준 권사님(은퇴), 그리고 장인 장모님께 존경과 감사를 올립니다. 원고를 꼼꼼히 살피고, 분류하는 작업을 도와준, 사랑하는 제자이자 동역자인 박성규 강도사님, 한국누가회(CMF)의 최관호 선교사님(전주열린문교회 파송 학원선교사)께도 감사드립니다. 늘 변함없는 관심과 사랑으로 묵묵히 고난의 좁은 길을 함께 걷는 사랑하는 아내 정영선 성도와, 주님께서 저희 부부에게 맡겨 주신 사랑하는 딸과 아들 이경원, 룬이, 아람, 지원이에게, 바쁜 사역 때문에 그간 더러 숨기고 아껴왔던 남편과 아빠의 깊고 크낙한 사랑을 이 기회를 빌어 고백합니다. 아울러 청취자들과 만날 기회를 열어 주신 CBS전북방송의 박대승 본부장님과 배재우(CBS 본사) · 정재원 국장님, 그리고 이기완 부장님(PD)께도 깊은 감사를 드립니다.

기독출판계의 어려운 형편에도 불구하고, 우리 주 예수 그리스도의 나라를 세우기 위하여 삶 전체를 한 결 같이 불태워 드리며 기꺼이 이처럼 아름다운 책을 만들어 주신 예영커뮤니케이션의 김승태 장로님과 편집을 맡아 수고한 방현주 자매님을 비롯한 여러 임직원들께도 주님의 이름으로 깊은 사랑을 드립니다.

　우리 하나님 아버지의 도우심으로, 이 책을 읽으시는 모든 분들이 진리의 푸른 초장 쉴 만한 물가로 나아가실 수 있기를 온 마음으로 바랍니다.

soli Deo gloria !

2008년 1월

전주열린문교회당

단비 서재에서

글쓴이

목차

세상살이 2막 : 우리들의 땅

세상살이 3막 : 우리들의 교회

세상살이 1막 : 우리들의 삶

1막 1장 "살며 생각하며"

인생은 뺄셈

판소리 지방무형문화재인 홍정택 선생님으로부터 판소리 소리북을 전수 받을 때, 민속악 장단을 차근차근 가르치시면서 선생님은 입버릇처럼 늘 "북을 실하게 치라"고 주문하셨습니다. '실하다'는 말은 '강하고 단단하다'는 뜻입니다. 장단을 다 배울 때까지 때로는 손에 쥐가 나고 손바닥에 물집이 잡힐 정도로 북을 세게 치지 않으면 곧바로 나무람이 뒤따랐습니다. 북치는 기교가 아무리 뛰어나도 북이 실하지 못하면 소리판에서 소리꾼과 제대로 호흡을 맞출 수 없고, 때로는 장시간 소리 끝에 무대에서 지쳐 가는 소리꾼을 고수가 도와줄 수 없다는 것이 그 이유였습니다. 한동안 선생님으로부터 "북이 실하다"는 말을 소리북 공력에 대한 극찬으로 여겨 연습 때마다 온 힘을 다해 북통을 내려 쳤습니다.

그렇게 얼마간의 세월이 흐른 어느 날, 소리북을 연습하도록 곁에서 흥보가 한 자락을 불러 주시던 선생님이 갑자기 "이제부터는 북채에서 힘을 빼는 연습을 하라"는 주문을 해 오셨습니다. 의아해 하는 저에게 "북이 실하지 못하면 힘을 빼고 자시고 할 것도 없다"시며 "북가락의 강약과 완급을 잘 조절해서 소리판의 흐름을 능숙하게 끌고 갈 줄 알아야 진정한 명고수가 되는 것"이라는 말씀을 덧붙이셨습니다. 실한 공력을 바탕으로 소리의 맥을 따라 강약 완급을 조절할 수 있는 능력에 생각이 미치기 시작하면서 북 잡은 손놀림이 눈에 띄게 나아지는 귀한 경험을 한 적이 있습니다.

바쁜 일과와 업무 때문에 정신없이 지내면서 건강을 위해 잠깐씩 산행을 하면서 그 시간마저 아까운 생각이 들어 어떻게 좀 더 의미 있는 일을 할 수 없을까 고민하다가 사진을 공부해야겠다고 마음먹고 사진관련 책과 짬짬이 씨름하며 지낸 지 여러 해가 지났습니다. 제가 찍는 사진에 무슨 예술성이 얼마나 있겠습니까만, 사진도 엄연히 표현예술의 한 장르이기 때문에 잠깐씩 짬을 내어 카메라를 들고 나갈 때마다 혼자 열심히 공부한 것을 조심스럽게 실험하고 확인했습니다. 그야말로 사진의 첫 걸음을 뗄 때는, 한 화면에 무조건 많은 정보를 담아 사람들에게 보여 주려는 욕심을 주체하지 못할 때도 있었습니다. 그렇게 시간이 얼마쯤 흐른 오늘 곰곰 생각해 보니 소리북이나 사진이나 예술의 근본원리는 결국 똑같은 것 같습니다. 많은 전문사진작가들이 한결같이 내리고 있는 결론처럼 "사진은 뺄셈"이기 때문입니다.

하기야 우리 주변에 널리 퍼져 있는 풍경을 담기 위해 카메라 뷰파인더에 눈을 갖다 대기 시작하면서부터 사각의 제한된 공간 안에 들어오는 것만 빼내는 것이 사진이기 때문에 사진 찍는 행위 자체가 본래 뺄셈과 같은 작업임은 분명합니다. 한 장의 사진 속에 작가가 의도하는 주제가 아주 분명해질 때까지 필요 없는 피사체를 하나씩 둘씩 빼내고 맨 마지막에 남는 것이 바로 제대로 된 사진이기 때문에 그런 얘기들을 할 것입니다. 힘이 힘쓰는 세상, 눈에 띄는 모든 것을 다 주워 담으려고만 하는 세상에서, 필요 없는 것을 끊임없이 빼내는 작업이 뒤따르는 사진작업만큼 좋은 인생 공부도 많지 않은 것 같습니다.

2006. 10. 19.

'10대 뉴스'를 위하여

연말연시, 각 언론사에서 선정한 국내외 10대 뉴스를 눈여겨보았는데 언론사마다 각기 조금씩의 시각 차이가 있긴 했어도 대체로 예닐곱 가지는 같았습니다. 한 해 동안 지구촌 구석구석에서 일어나는 수많은 일들 가운데 딱 열 가지만 골라 '10대 뉴스'로 정하는 작업이 그리 만만한 것은 아닐 것이고, 그렇게 선정된 10가지 정도만 중요하고 나머지는 그렇지 않은 것도 아닐 터이지만, 아무튼 그 10대 뉴스를 통해 나라 안팎 세상 물정을 얼추 가늠해 보곤 합니다. 숱하게 일어나는 사건 사고들 가운데, 슬픈 일도 있고 기쁜 일도 있을 것이며, 가슴 벅찬 감격을 안겨 주는 일도 있고 숨 막힐 정도로 우리 가슴을 짓눌러 오는 답답한 일들도 있을 것이지만, 세상의 흐름을 파악하는 일에 앞서 간다는 언론사들이 선정한 10대 뉴스를 통해 한 해 동안 세상의 흐름을 비교적 손쉽게 간추려 볼 수는 있다고 생각합니다.

시대의 흐름, 시대의 의사소통 코드를 분명히 파악하고 익히지 못하면 교회가 세상에서 마땅히 감당해야만 할 역할을 제대로 감당할 수 없기 때문에, 세속적 코드를 비교적 손쉽게 파악할 수 있도록 도움을 주는 10대 뉴스를 해마다 눈여겨보는 편입니다. 단 열 가지 뉴스 가운데에도 밝고 긍정적인 뉴스가 있는가 하면, 몹시 어둡고 착잡한 뉴스들이 어지럽게 뒤섞여 있습니다. 지난 한해를 마무리하는 국내외 10대 뉴스 목록을 꼼꼼히 살펴보다가 밝고 기쁘고 즐거운 소식보다는 어둡고 안타깝고 서글픈 뉴스들이 압도적으로 많다는 사실을 확인하면서 한 해 동안 지구촌이 극심한 몸살을 앓고 있었음을 분명히 확인할 수 있었습니다. 참으로 두렵고 안타까운 것은, 세월이 흐를수록 굵직한 뉴스 가운데 어둡고 슬픈 것들이 차츰 늘어난다는 사실입니다. 과학과 문명이 이렇게 눈부시게 발달하고, 단 10-20년 만에 과거 인류역사상 수백 년 동안 나타난 것보다 훨씬 더 빠른 문명의 진보가 우리네 삶 구석구석에 나타나고 있음에도 불구하고, 그 과학기술과 최신 문명이 인류의 삶의 질을 높이는 데 뚜렷하게 실패하고 있음을 확인하는 일이 그리 어렵지는 않습니다. 개인이나 공동체나 어딘가 단단히 잘못되고 있음이 분명한데, 이 감당 못할 정도로 가속도가 붙어버린 삶의 흐름은, 정말 차분히 문제의 근원을 되짚어 보고 그 원인을 차분히 제거하여 보다 더 의미 있는 출발을 도무지 할 수 없게 만들고 있습니다.

지난 한 해, 속한 삶의 자리에서 어떻게 지내셨습니까? 혹시 언론사에서 발표한 10대 뉴스처럼, 삶에 짙은 영향을 미친 굵직한 사건들 가운데 슬프고 가슴 아프고 안타깝고 속상한 일들이 기쁘고 가슴 뿌듯하고 흐뭇하고 보람된 일들보다 더 많지는 않으셨습니까? 2007년 새해 첫들머리에서 그 원인을 차분히 되짚어 보고, 적어도 2007년 연말에 꼽는 10대 뉴스에는 보다 보람되고 의미 있는 일들이 반 이상은 들어갈 수 있도록 삶의 고삐를 좀 더 튼실하게 다잡아야 하지 않겠습니까? 그렇게 될 때 우리들 개개인도 행복하고 우리가 몸담고 있는 이 세상도 밝고 살맛나는 세상으로 변할 수 있기 때문입니다.

2007. 1. 11.

파도 없는 것은 바다 아니다

안식 휴가 기간에, 약간 나빠졌던 건강이 얼추 회복된 틈을 타서 작은 배낭 하나 달랑 메고 무작정 길을 나서 한 이틀 동안 남쪽 바닷가에 다녀왔습니다. 누가 오라는 곳도 전혀 없고, 딱히 어디를 가보고 싶은 곳도 별로 없는데 제 딴에 큰 용기를 내어 용감히 일상탈출의 대모험을 감행, 말 그대로 방랑(?)의 길을 한 번 나서본 것입니다. 휴가 기간에 계속 집안에만 처박혀 빌빌대는 한심한 남편을 보다 못한 나머지, "단 며칠만이라도 조용한 곳에 가서 바람이나 좀 쐬고 와요"라며 등 떠미는 속 좋은 아내의 권유와 격려가 큰 힘이 된 것은 말할 것도 없습니다.

아내의 따스한 권유에 "눈에 띄지 않으면 바람 쐬러 나간 줄 알고 찾지 마시라"는 허세로 그렁저렁 대꾸만 하다가, 어느 날 오후 작은 배낭 하나 챙겨 들고 슬그머니 집을 나서긴 했는데, 막상 나서니 정말 어디 갈 데가 없었습니다. 속마음으로는 아직 사라지지 않은 20대 초반 공수특전단 시절의 실력을 살려 그냥 걸어서 남원을 거쳐 섬진강변을 따라 한려수도까지 갔다가 돌아오고 싶은 생각도 굴뚝같았지만, 몇 년 전 장딴지 근육이 파열되는 큰 부상을 당한 뒤로 흐린 날이면 만만찮은 통증으로 여전히 저를 괴롭히는 한심한 다리에 대한 확신이 끝내 서질 않아 도보 배낭여행은 머릿속으로만 끝내고 한반도 남해안을 따라가 보기로 했습니다. 때로는 그냥 걷다가, 조금 다리 아프면 지나가는 버스도 조금 타다가, 어릴 적 읍내에 나가는 소달구지를 슬금슬금 얻어 타고 학교에 다니던 재주로 짐 실은 트럭도 한두 번 얻어 타며, 참으로 아기자기하게 아름다운 우리 한반도 남녘 바닷가를 슬쩍 둘러보았습니다.

작은 어촌이 발아래 내려다보이는 어느 바닷가 작은 산봉우리에 올라가 좀 반반한 바위 위에 자리를 잡고, 은근히 따가운 봄볕에 얼굴이 까맣게 탈 정도로 죽은 듯이 앉아 멀리 연회색으로 가물거리는 수평선을 한나절 동안 지켜보았습니다. 몹시 시끄럽던 방안에서 누군가가 텔레비전 스위치를 갑자기 끈 뒤에야 그동안 몹시 시끄러웠음을 한꺼번에 깨닫는 것처럼, 쉴 새 없이 너울대는 파도와 잔물결이 부대끼며 일렁이는 하얀 물거품이 연이어 나타났다 사라지곤 하는 바다, 속 시원히 활짝 트인 수평선을 거의 온종일 지켜보면서, 비로소 너무 오랜 시간 동안 좁은 공간에만 갇혀 지냈던 것을 알게 되었습니다. 개미 쳇바퀴 돌 듯 지내며 시야가 한없이 좁아지는 사이, 거미줄처럼 뒤엉킨 세상살이의 잔물결에 함부로 집착하다가 스스로 늪에 빠진 것은 아닌가 하는 자책도 했습니다. 내가 미처 헤아리지 못하는 해류의 복잡한 흐름 속에 수많은 생물들이 살기 위해 또한 어지럽게 몸부림칠 터이지만, 거인처럼 말없이 버티고 서서 긴 세월 제 자리를 지키고 있는 바다를 보며 배운 것이 참 많았습니다. 한낮이 지나 해가 서쪽으로 기울어 갈 무렵, 마침내 '파도가 없는 것은 바다가 아니라' 는 아주 평범한 결론을 얻고 저려오는 엉덩이를 털고 일어섰습니다. 하나님께서 선물로 주신 우리 삶의 바다에 마냥 파도가 없기만을 헛되이 바라며 우리 모두가 부질없이 허우적거리는 것은 아닌가를 되물어 보면서…….

2005. 4. 4.

못 말릴 건망증

TV방송에서 이산가족 찾기 프로그램을 지켜본 적이 있습니다. 오랜 세월 생사를 모른 채 흩어져 살다가 그리던 피붙이들을 겨우 겨우 다시 만나 TV 카메라 앞에서 수십 년 건너 뛴 세월의 강에 재회의 감격으로 다시 핏줄의 다리를 놓는 감동적인 모습을, 손에 땀을 쥔 채 덩달아 두근거리는 가슴으로 유심히 지켜보았습니다. 끝끝내 피붙이와 친지를 찾지 못하는 안타까움에 같이 속상하고, 어쩌다 꿈에서라도 보고 싶던 이들을 만나 기뻐 뛰는 모습에 같이 즐거워했습니다. 그런 방송을 지켜볼 때마다 늘 의아하게 생각했던 것 한 가지는, 제법 철이 들 만한 나이에 헤어졌다는 사람들이 헤어질 당시 본인의 이름이나, 고향동네의 이름 또는 찾고자 하는 친족의 이름을 전혀 기억하지 못하는 점이었습니다. 그럴 때마다 주제넘게 '참 한심하다'는 생각을 한 적도 있었습니다.

자라면서 연탄가스에 심하게 중독되어 목숨을 잃을 뻔했던 일을 몇 차례 겪고, 반신마취 수술과 전신마취 수술을 거듭 받아서 그런지, 그 좋다던 기억이 세월 따라 조금씩 흐려지는가 싶더니, 인생 5학년에 접어든 몇 년 전부터는 제가 생각하기에도 영 한심한 건망증 때문에 몹시 황당한 일을 혼자서 자주 겪습니다. 시스템 다이어리와 PDA에 약속시간과 장소를 이중삼중으로 꼼꼼히 적어두고도 아예 메모한 사실 자체를 까맣게 잊고 지나가 버리는 경우는 그래도 눈감아줄 만합니다. 다람쥐 쳇바퀴 돌듯 교회당과 집을 겨우 오가는 판에 박힌 생활을 하면서도, 일을 마치고 사무실을 나설 때 단번에 차를 출발시키는 사례는 거의 없습니다. 집에서 교회당 사무실로 올 때도 마찬가지, 꼭 한두 번은 더 집과 사무실을 들락거린 뒤에야 사무실과 집에 도착합니다. 그만 하면 다 챙겨왔다 싶은데 막상 무슨 일을 하려고 가방을 열면 중요한 서류 한두 가지가 빠져 있어 난 감할 때가 많습니다. 뿐만 아니라, 교우들과 몇 시에 어디에서 만나자고 금방 전화로 약속해 놓고 다른 데서 걸려온 전화 한두 건 받는 사이에 그만 약속을 까맣게 잊고 아주 오랫동안 그 교우를 한데서 한없이 떨게 만들기도 하고, 함께 신앙생활 하는 교우들의 이름이 까맣게 생각나지 않아 혼자 난감해 할 때도 많습니다. 그동안에는 아내의 도움으로 그럭저럭 대응을 했는데 아내까지 인생 5학년이 된 뒤로는 아내도 그리 믿을 만한 사람이 못 된다는 것을 얼마 전부터 알게 됐습니다.

며칠 전, 세면장에서 머리를 감기 위해 허리를 숙이고 머리에 샤워기 꼭지를 들이댔는데 아무리 기다려도 물이 나오질 않아, 어디 고장난 것은 아닌가 하고 일어서서 손에 들린 샤워기를 보는 순간 그만 질겁을 하고 말았습니다. 제 손에 샤워기 꼭지가 아니라 헤어 드라이어가 들려 있었기 때문입니다. 그 날, 치매는 아니니 걱정 말라는 의사 선생님들의 말씀도 별 위로가 되지 않아 온종일 마음이 몹시 착잡했습니다. 삶의 본질과 별상관없는 것들, 더 이상은 필요 없어 까먹어 마땅한 것을 까먹는 거야 당연한 일이지만, 어느 날 갑자기, 내 삶의 근원인 생명의 말씀까지 홀랑 다 까먹을까봐 은근히 조바심이 납니다.

2006. 12. 14.

아이의 맑은 눈빛

며칠 전, 높은 열 때문에 소아과에 입원 치료 중인 아기를 심방하였습니다. 함께 신앙 생활하는 아이 부모를 위로하고 아이의 회복을 위해 기도하기 위해서였습니다. 손에 링거 줄을 달고 병원에 비치된 유모차를 타고 복도에 조용히 마실 나와 있는 아이는 고열에 얼마나 많이 시달렸는지 얼굴이 많이 핼쑥해져 있었습니다. 약 기운 때문인지 얼굴이 유난히 더 깨끗해 보이는 아이 옆에 앉아 한참동안 지친 아이의 눈을 찬찬히 들여다보았습니다. 참 많이 아팠지만 눈빛만은 오히려 초롱초롱 더 맑게 빛나고 있었습니다. 별밤처럼 빛나는 눈동자, 그 눈동자를 야무지게 감싸고 있는 초겨울 첫눈처럼 선명한 흰자위를 보며 아이의 때 묻지 않은 맑은 영혼을 잠시 들여다볼 수 있었습니다.

빤히 마주 보는 아이의 투명한 눈빛을 잠시 지켜보며, 우주 만물을 지으실 때 하나님께서 맨 처음 빛을 만드신 뜻, 빛이 없는 곳에서 사람들이 뜻밖의 공포와 두려움에 곧잘 휩싸이는 까닭, 눈이라는 귀한 기관을 선물로 주신 하나님의 거룩한 사랑을 생각해 보다가 느닷없이 쑥스럽고 부끄러운 느낌을 받았습니다. 아무래도 아이의 눈빛에 비하면 제 눈은 세상의 잡다한 때가 이미 너무 많이 묻었다는 생각이 들었기 때문입니다. 아주 잠시라도 눈망울 해맑은 아이에게 저의 탁한 눈을 보여주기가 싫어서, 남몰래 무슨 몹쓸 짓이라도 하다가 화들짝 들킨 듯 얼른 눈을 딴 데로 돌려 버렸습니다.

눈은 사람의 전인격을 반영하는 마음의 창입니다. 인간은 눈빛을 통해 자신의 생각과 느낌을 표현합니다. "눈으로 말한다"는 유행가 가사도 그래서 나왔을 것입니다. 눈빛으로 사랑을 표현할 수도 있고 그 눈빛으로 상대방을 몹시 험하게 몰아 부칠 수도 있습니다. 그래서 정신의학자들은 사람들의 눈을 통해 그 마음의 열린 정도를 곧잘 읽어냅니다. 정신과 의사의 눈은 내과의사의 청진기와 같다는 표현도 그리 심한 과장은 아닌 듯합니다. 아무리 감추고 숨기며 위장하려 해도 '눈빛언어'만은 뜻대로 되지 않는 법이어서 경찰관들도 복잡한 사건을 조사하는 과정에서 피의자의 눈빛을 예리하게 관찰한다고 합니다. 사람들의 눈빛을 그래서 '말없는 말'이라고 합니다. 어떤 눈빛으로 상대를 대하느냐에 따라 그 관계의 깊이를 짐작할 수도 있습니다.

빛바랜 흑백사진 속 어린 시절 저의 모습 속에서도 후줄근한 옷차림과는 달리 퍽 깨끗하고 맑은 눈망울이 느껴집니다. 그런데, 시력 좋다고 큰소리치던 시절은 어디 가고 이제는 책상 앞에서 일을 할 때마다 돋보기를 하나 더 써야 할 만큼 시력도 많이 떨어졌습니다. 안경을 바꿔 끼는 불편을 겪을 때마다, 세상의 지저분한 것들 그만하면 많이 보았으니 더는 볼 생각을 마라는 하나님의 뜻이 그렇게 나타나는 것이려니 생각하며 스스로를 위로합니다. 모쪼록 제 곁의 사랑하는 이들이, 험한 세월 속에 많이 흐려지고 초라해진 저의 눈빛 속에서, 듬직한 세월의 헛되지 않은 무게와 하늘사랑의 따스한 깊이와 심오한 영적 분별력의 한 자락만이라도 엿볼 수 있다면 천만 다행이겠습니다.

2005. 9. 1.

내 삶의 조종간

제 나이 벌써 쉰셋이 되었습니다. 일 년에 한두 번 동기생들을 만나 늘 이러저러한 이야기들을 나누게 되는데, 놀랍게도 두어 해 전부터 화두가 며느리 이야기, 사위 이야기로 바뀐 것을 보면서 세월의 빠름을 실감하게 되었습니다. 길거리에서 저보다 한 십여 년 더 나이 드신 분들의 많이 노쇠한 모습에서 저도 모르게 깜짝깜짝 놀라다가, 저 또한 그분들의 십여 년 전 나이가 되었다는 사실 앞에 또 한 번 깜짝 놀라곤 합니다. 돌아보면 아득한 세월, 때로는 숨 막힐 듯 답답하고 또 때로는 한없는 즐거움으로 듬성듬성 수놓인 삶의 골짜기를 빠져 나오면서 그렇게 세월이 흘러 어느덧 인생 5학년이 되고 만 것입니다.

한국전쟁의 후유증이 고스란히 남아 몹시 춥고 배고프던 유년기와 오늘 우리 사회의 풍요로움 사이의 간격이 너무 넓어 어정쩡하게 그 문화충격의 틈새에서 허덕이는 세대의 한 사람으로 늘 샌드위치처럼 살고 있습니다. 문화충격의 폭이 큰 만큼 우리 사회 노장년층 사람들의 삶이 몹시 고통스럽고 혼란스러웠음을 짐작할 수 있습니다. 유소년기에는 늘 꿈에 쫓기다가 이제는 신세대 문화에 밀려 또 다시 허둥대는 모습에 늘 안타까움과 연민의 정이 드는 것도 사실입니다. 한 손에 망치 들고 또 한 손에 총칼 들고 밤을 낮 삼아 뼈 빠지게 죽어라 일해서 일궈 놓은, 이제는 좀 살 만한 세상에 미처 적응하지 못해 허둥대는 모습이 제가 보기에도 참 안됐습니다. 성능 좋은 컴퓨터로 모니터 앞에 앉아 편리하게 글을 쓰고 글을 고치는 순간에도 지나온 50여 년 세월의 아득한 구비는 가슴 한 쪽에 여전히 싸아한 아픔으로 남아 있습니다.

삶의 심각한 구비마다, 어디로 가야할지 모른 채 무언가를 당장에 결정해야만 하는 절박한 순간들을 숱하게 넘기며, 그 때 그 때 나름대로 할 수 있는 가장 깊은 생각으로 최선의 선택을 하고 또 한 끝에 오늘 여기까지 왔습니다. 어쩌면 앞으로 걸어야 할 길이 이미 지나온 길보다 훨씬 짧겠지만, 가던 길 잠시 멈추고 삶의 호흡을 고르면서 지나온 길을 돌아보면서 분명하게 내릴 수 있는 한 가지 결론이 있습니다. 그것은, 늘 내가 생각하고 계획한 대로 세상일이 되지 않았다는 사실입니다. 인정하든 그렇지 않든 간에 저 뿐 아니라 거의 모든 사람들이 다 엇비슷한 고백을 할 수 있을 것입니다. 내 생각대로 된 일이 거의 없는데 인생의 항로를 근근히 헤쳐 오늘 여기까지 왔다면 내 삶의 조종간을 나 아닌 어느 누군가가 붙들고 있음이 분명합니다. 이제껏 그래왔다면 앞으로도 그렇게 남은 세월이 갈 것이라는 것 또한 쉽게 짐작할 수 있습니다.

"사람이 마음으로 자기의 길을 계획할지라도 그 길을 인도하시는 이는 하나님"이시라는 구약성경의 말씀, 세상살이 뜻대로 계획대로 되지 않는다는 분명한 사실을 인생 5학년쯤 되어서야 확실히 이해할 수 있게 되었습니다. 우리 인생의 항공기, 5분 뒤를 모르는 어설픈 나보다는 전지전능하신 하나님께 조종간을 넘겨 드리는 것이 참 안식과 행복에 이르는 지름길임을 조금 더 일찍 안다면 분주하고 고단한 세상살이가 훨씬 더 여유롭고 푸근할 것임을 굳게 믿습니다.

2007. 3. 22.

10년 입은 티셔츠

한 10년쯤 전에 길거리 노점상에서 5천 원짜리 꽃자주색 폴라 면 티셔츠를 하나 샀습니다. 우연히 길을 가다가 싼 맛에 그냥 하나 사 본 것이기 때문에 일종의 충동구매였던 셈인데, 막상 사서 입어 보니 옷의 질감이 얼마나 부드럽고 좋은지, 그 옷을 입을 때마다 이상하리 만치 끝없이 밀려오는 편안함을 주체할 수 없었습니다. 옷 한 벌을 찾아 입으면 그것으로 대충 한 철을 나는 묘한 습성, 아주 특별한 일이 없는 한 한 번 들른 가게만을 끝까지 찾아가는 저의 별난 버릇 탓인지, 다른 어떤 옷보다도 저는 그 꽃자주색 티셔츠를 즐겨 입었습니다. 세월 따라, 옷감의 색이 조금씩 바래기 시작하고, 옷감의 탄력이 차츰 떨어져 여기저기 옷의 본 모양이 적잖이 변했어도 그 옷이 주는 편안함은 조금도 변함이 없어서, 언제부터인지 그 옷은 아예 저의 소중한 잠옷이 되고 말았습니다. 거의 사시사철 그 빛바랜 꽃자주색 티셔츠 하나만을 즐겨 입는 모습을 본 아내는 늘 입버릇처럼 "그런 티셔츠 눈에 띄면 한두 벌 더 사보자"고 하였습니다. 워낙 오랜 세월 줄기차게 입다 보니, 군데군데 바느질 실밥까지 흐물흐물 떨어지기 시작하면서 "이제 그만 내 버리고 다른 셔츠를 하나 사자"는 아내의 말이 나올 때마다 저는 "그 옷 내 허락 없이 절대 버리지 말 것"을 신신당부하곤 했습니다. 결국 아내의 성화를 견디다 못해 얼마 전 큰 아쉬움 속에 그 옷을 버리고 새로운 면 티셔츠를 하나 사오기는 했지만, 아무래도 너무 낡아 없애 버린 그 옷만은 못해 지금도 마음 한 쪽이 허전하고, 잠자리에 누울 때마다 그 옷 생각이 여전히 간절합니다.

대형 시장이나 백화점 같은 데 가 보면, 한 벌에 몇 만원 혹은 몇 십 만원서부터 몇 백 만원을 훌쩍 넘기는 이른바 명품들이 많습니다. "싼 게 비지떡"이라느니, "누가 뭐래도 비싼 옷은 돈 값을 한다"는 등의 이야기들이 괜히 나온 것은 아니겠지만, 10년 가까이 제가 줄기차게 입었던 그 싸구려 티셔츠를 미루어 보면, 그런 주장이 무조건 맞는 것도 아닌 것 같습니다. 비록 '짝퉁' 일망정 명품 딱지 붙은 것이면 물불을 가리지 않는 사람들도 많지만, 값이 비싼 것이 무조건 좋다거나, 명품이면 무조건 자신에게 잘 어울리리라는 허튼 생각은 우리 삶의 질을 높이는 데 그다지 도움이 되지 않는 것 같습니다.

'명품' 이 하루아침에 만들어지지는 않았을 것입니다. 오랜 세월 사람들로부터 지속적으로 좋은 평을 받아온 결과 어느 날 '명품' 으로 불리게 되는 것이라면, 비록 싸구려이기는 했지만 저에게는 그 꽃자주색 티셔츠가 지금껏 제가 입은 옷 중에 최고의 명품, '나만의 소중한 명품' 이었던 셈입니다. 옷 한 벌과 사람의 만남처럼, 사람과 사람의 만남도 마찬가지일 것입니다. 많이 배우고 못 배우고, 잘나고 못나고를 떠나서, 한 번 만남이 평생 흐트러짐 없이 이어지는 관계, 함께 뒹구는 험한 세월이 더할수록 더더욱 편안해지는 관계처럼 복된 것은 없을 것입니다. 저 역시 여러모로 부족한 점이 많지만, 하나님의 은혜를 따라 만나는 모든 분들 앞에 저의 '꽃자주빛 셔츠' 처럼 늘 '편안한 사람' 으로서 '진정한 명품 인생' 이 되고 싶습니다.

2004. 7. 19.

작은 차이가 명품을

지난 4월 마지막 주에 홍콩 충현교회(담임 양운섭 목사)의 초청을 받아 사경회를 인도하기 위해 홍콩에 다녀왔습니다. 성서유니온선교회에서 격월간으로 발행하는 묵상 자료집 《매일성경》 2005년 3~4월호에 저희 전주열린문교회가 소개된 적이 있는데, 마침 홍콩 충현교회에서 그 글을 읽고 은밀히 저희 교회 홈페이지에 들어와 나름대로 확인해 본 끝에 그야말로 얼굴 한 번 본 적이 없는 목사님께서 저를 초청하고 싶다는 연락을 주셨기 때문입니다.

홍콩으로 떠나기 전날, 우리 교회 집사님 한 분이 건강하게 잘 다녀오시라는 격려 메일을 보내면서 "기분 좋은 일이 있을 때마다 사람들이 왜 '홍콩 갔다 왔다'고 하는지 그 이유를 꼭 좀 알아오세요"라는 당부를 곁들여 놓았기에, 홍콩에 도착하여 사경회를 인도하는 틈틈이, 그 곳 교우들이 정성껏 마련해 주신 식탁을 마주하며 교제할 때마다 우리 집사님이 당부하신 숙제(?)를 하느라 애썼지만 막상 그곳에 사시는 교민들의 대답 역시 제 각각, 그저 막연히 '우리가 지지리도 못 살던 시절, 홍콩이 꿈의 도시로 생각될 때 자연스럽게 나온 얘기 아니었겠나' 하는 저의 지레짐작이 얼추 맞다는 것만 확인하고 돌아왔습니다.

홍콩공항 상공에서 내려다본 홍콩섬은 아열대의 울창한 숲 속에 초고층 건물들이 빼곡히 들어차 있는 모습이 마치 잘 그려진 한 폭의 현대유화처럼 한낮에도 매우 환상적인 분위기를 연출하고 있었습니다. "숙소를 호텔로 정하지 않으면 좋겠다"는 저의 요청에 따라 홍콩 충현교회 김철호 집사님 댁에 며칠 간 묵을 곳을 마련해 놓으셨다기에, 공항을 빠져 나오자마자 아주 높은 산 정상 근처 울창한 숲 속에 있는 집사님의 아파트를 찾아가 여장을 풀고 주변을 둘러보았는데 첫 눈에 참 살기 좋은 곳이라는 생각이 들었습니다.

빡빡한 사경회 일정 때문에 홍콩 시내에 있는 교회당과 숙소를 마냥 열심히 오가면서 달리는 차 속에서 짬짬이 그곳 교민들의 생활과 홍콩의 이모저모에 대해 많이 듣고 보고 배울 수 있어서 좋았습니다. 비좁은 땅에 그토록 많은 초고층건물들이 들어서 있음에도 불구하고 출퇴근시간에도 교통체증이 거의 없도록 거의 대부분의 도로를 입체교차로로 만든 것이라든지, 길가에 늘어선 건물을 모두 연결해 놓아서 인도로 내려가지 않고도 한 번 들어간 건물 안에서 도로의 이쪽 끝에서 저쪽 끝까지 갈 수 있도록 한 점이라든지, 신호등을 길가에 세로로 배열하여 세워놓아서 시내를 주행하는 운전자들의 시야가 참 시원하게 트인 점, 그리고 모든 건물의 1층을 인도의 폭만큼 오목하게 파놓아서 비가 오는 날도 우산 없이 인도를 편하게 거닐 수 있게 만든 점 등이 우리나라의 도시 구조와 눈에 띄게 다른 점이었습니다.

"작은 차이가 명품을 만든다"는 어느 광고문구처럼, 사실 이런 것들은 아주 작은 생각의 차이에 지나지 않는 것인데, 그 작은 생각의 차이가 도시계획에 반영된 결과는 뜻밖에 이처럼 하늘과 땅만큼의 차이가 있다는 것을 실감하면서 홍콩을 식민 통치했던 영국의 영국식 합리주의의 힘을 새삼 확인할 수 있었습니다. '작은 생각의 차이에서 비롯된 명품' 같은 국제도시이기 때문에 지금도 사람들은 기분이 좋을 때마다 "홍콩 갔다 왔다"는 말을 하는 것 아닌가 생각합니다.

2005. 5. 23.

개미 다리가 몇 개?

평화콘서트 공연을 위해 우리 전주열린문교회당을 방문한 가수 홍순관 씨가 공연 첫들머리에 대뜸 "개미 다리가 몇 개인지 아느냐"는 뜻밖의 질문을 던졌습니다. 어린 시절 시골에서 학교에 오갈 때나 집에서 늘 흙밭을 뒹굴며 지낼 때 풀숲이나 나무뿌리 근처를 바삐 오가는 크고 작은 개미를 가까이하며 그 쪼그만 것들을 노리개 삼아 무던히 귀찮게 하며 자랐으면서도 40여 년 세월을 훌쩍 거스르는 날카로운 질문 앞에 느닷없이 눈앞이 캄캄해졌습니다. 저 뿐 아니라 콘서트에 참석한 이들 거의 대부분이 엇비슷하게 당황하는 눈치가 또렷했습니다. 꽤 길게 느껴졌던 짧은 시간이 흐른 뒤 홍순관 씨는, "너무 높은 곳만 보는 세상살이에 익숙해진 나머지 그만 낮은 땅을 찬찬히 살피는 일을 너도나도 게을리 한 것 아니냐"는 속 깊은 한 마디를 덧붙였고, 그 말을 듣는 순간, 함부로 들켜서는 안 되는 무슨 나쁜 짓을 하다가 화들짝 들킨 것처럼 몰아치는 부끄러움에 귀 밑까지 화끈거리는 느낌이었습니다.

너나없이 가난하여 갖고 놀 만한 무슨 장난감이 없던 어린 시절, 마을 앞 왕골 밭에서 왕골 대를 뽑아 절반을 쪼갠 뒤 쪼개진 한 쪽을 꺾어 따닥 소리가 나게 만든 왕골 딱딱이를 내두르며 온 마을 안을 냅다 뛰어 다니거나, 몹시 구하기 힘든 자전거 바퀴 축을 굴려놓고 철사로 바퀴 조종 손잡이를 대충 만들어 굴렁쇠를 굴리고 다니거나, 그나마도 없으면 수숫대를 꺾어 줄기 끝 부분을 기역자로 꺾은 다음 그것을 땅에 대고 밀어붙이며 입으로 위잉윙 자동차 엔진 소리를 내며 열심히 싸돌아다니거나, 여름 철이면 애매한 풍뎅이를 잡아 목을 몇 바퀴 돌려 마루나 땅바닥에 눕혀 놓고 그것이 바닥을 맴돌며 붕붕거리는 날개소리와 함께 날갯짓한 곳의 자잘한 흙먼지들이 깨끗하게 쓸려 나가는 것을 고부라지게 지켜보거나, 아무 개울물에나 텀벙거리고 들어가 멱을 감기도 하고, 송사리나 미꾸라지, 개구리를 벗하며 놀던 아스라한 유년기가 없었던 것도 아닌 터라, 어쩌다 도회지 생활을 하고 있으면서도 늘 어려서 시골에서 자란 것, 푸근한 흙냄새 속에 어린 꿈과 마음이 자란 것을 은근히 자랑스러워하며 그럭저럭 풋풋한 감성을 유지하고 사노라 나름대로 자부했던 마음자락이 한꺼번에 무너지는 사이 서둘러 저 자신을 찬찬히 되돌아보게 되었습니다.

부끄러웠습니다. 부끄러운 만큼 안타깝기도 했습니다. 아내에게, 늙어서 사역에서 물러앉게 되면, 집 뒤에 작은 산이 있고, 텃밭이 딸린 집 앞에는 작은 개울물이 흐르는 조용한 시골에 들어가 남은 삶을 차분히 정리하고 싶다는 말을 반농담조로 늘 주절거리면서도, 나도 모르게 요란한 삶의 소용돌이에 휘말려 누가 오라지도 않는 삶의 언덕길을 아등바등 기어오르느라, 어린 시절 친한 벗이었던 개미의 바지런한 숨소리, 길 가 허물어져 가는 작은 담장 한 귀퉁이에 어엿하게 핀 작은 들꽃의 노랫소리도 미처 새겨듣지 못한 채 정신없이 내달려도 정말 괜찮은 지를 골똘히 생각하는 동안, 마음 속 깊은 곳에서 하늘 문이 또 한 겹 밝게 열리는 것을 어렴풋이 느낄 수 있었습니다.

2005. 7. 7.

초록빛 생명

　얼마 전 사무실을 찾아오신 아버님께서 사무실 창문이 너무 좁아 환기가 잘 되지 못할 것을 내내 염려하시더니 며칠 전에는 제 방을 찾아오신 최관호 학원선교사님께서 느닷없이 사람은 하나님이 만드신 자연의 빛깔인 녹색을 자주 보고 살아야 한다며 사무실 책상의 방향을 180도 돌려서 창밖을 바라볼 수 있도록 하면 어떻겠느냐는 조언을 했습니다. 책상 주변의 산더미 같은 책과 서류 뭉치 그리고 아무리 간추려도 어지럽기만 한 전선과 코드를 어떻게 추스를 엄두가 나지 않아서 차일피일 미루기만 해오던 중에, 진정으로 제 건강을 염려해 주는 분들의 거듭되는 주문을 외면만 하기에는 묵직한 몸 상태가 예사롭지 않아 큰 맘 먹고 통풍구를 조금 넓히는 작업 끝에 책상을 돌려놓았습니다.

　완산칠봉 북서쪽 오목한 산자락 바로 아래쪽에 교회당이 있어서 창문만 열면 초록향기 물씬 나는 산자락이 바로 코앞에 있는데, 가까이 있는 그 좋은 선물을 등 진 채 날이면 날마다 묵직한 호도색 책장과 해묵어 칙칙한 책 뭉치만 마냥 바라보며 눅눅하게 지내다가, 책상 방향을 바꾸고는 창 가리개를 활짝 열고 약간 좁기는 하지만 창문 너머 코앞에 있는 초여름의 싱싱한 초록 향내를 눈으로 맡기 시작한 지 한 시간도 채 지나지 않아 숨통이 확 트이는 느낌이 들었습니다. 폭이 좀 좁은 게 아쉽지만 사무실 천정 높이까지 높고 길게 만들어진 창문을 통해, 눈을 들어 바라볼 때마다 완산칠봉 산자락이 참으로 포근하고 반갑게 다가옵니다.

　좀 자세히 보면 초록도 여러 가지, 올 봄에 돋은 새순들의 연초록에서부터 나무줄기와 이파리마다 각기 다른 명도와 채도의 진초록 그리고 줄기와 잎새 사이사이에 알맞게 자리 잡은 검은 빛 숲 그늘이 어쩌면 그리도 아기자기한지 모르겠습니다. 숲새에 노니는 바람도 볼 때마다 달라서 바람을 만나 사랑을 나누는 초록 풀잎들의 춤사위도 그때마다 다릅니다. 창 오른쪽에서 왼쪽으로 흰 깃털이 돋보이는, 날갯짓으로 내달리듯 수평으로 날아가는 까치도 보이고, 이름도 알 수 없는 새들이 산 능선에서부터 비탈 쪽으로 내리꽂히듯 곤두박질 곡예비행을 하다가 잽싸게 멈추면서 나뭇가지 아래에 살포시 앉는 멋진 모습도 보입니다. 적당히 보기 좋게 구불구불한 산등성이 능선에 맞닿은 듯 보이는 하늘 빛깔도 어제와 오늘이 다르고 한 시간 전에 보던 것과 이제 보는 것이 또 다릅니다. 쏟아지는 햇살이 끊임없이 변하기 때문일 것입니다.

정말, 좀 더 일찍 창가로 자리를 잡고 앉아 있을 걸 그랬습니다. 초록 향내 물씬 나는 초록 숲을 바라볼 때마다, '빛이 없었으면 어쩔 뻔했나' 하는 생각에 이어, 하나님께서 우주를 창조하실 때 제일 먼저 빛을 만드신 깊은 뜻을 새삼 깨달으며 그동안 답답하던 가슴속에 한없는 평화와 안식이 밀려 들어와 감사할 따름입니다. 답답하실 때마다, 자연 가까이 다가가서 하나님이 선물로 주신 초록빛 향내와 생명을 받아 쉼을 누리도록 하십시오. 그도 저도 어려우시다면 창 가까이로 책상을 옮겨 일하시는 틈틈이 창밖에 눈길을 주어 싱싱한 초록 향내를 눈으로라도 맡아보십시오.

2005. 7. 14.

글은 사람이다

독일 출신 마르틴 하이데거는 유럽 대륙 문화계에 큰 영향을 끼친 20세기를 대표하는 독창적인 실존철학자입니다. 프라이부르크 대학교에서 가톨릭 신학과 중세 기독교 철학을 공부한 하이데거는 다양하게 쓰이는 '있다'라는 존재동사의 바탕에 하나의 기본적인 의미가 깔려 있을 가능성을 평생 동안 연구했습니다. 늘그막의 하이데거가 불안/ 사유/ 망각/ 호기심/ 염려/ 공포/ 인간/ 공공성/ 타자지향성 등에 대해 깊은 관심을 보인 이유도 바로 인간 존재의 근원적인 방식을 밝히기 위한 것이었을 것입니다. 인간 실존에 대한 오랜 연구의 결론으로 그는 "언어는 존재의 집"이라는 명언을 남겼습니다. 인간 존재를 규명하는 과정의 핵심에 '언어'가 존재한다는 평범한 사실을 결코 부정할 수 없었기 때문입니다. 하이데거의 이 말을, 좀 쉽게 "언어는 사람이다"라는 말로 바꿀 수도 있을 것입니다.

아무튼 하나님의 선물인 말과 글은 수많은 피조물 중에 오직 사람에게만 주어진 매우 소중한 문명의 도구입니다. 별로 말이 없이 조용히 지내기를 즐겨했던 청소년 시절, 그런 저를 많이 답답해하시는 어르신들로부터 "구멍 속에 든 뱀이 몇 자인 줄 어찌 아느냐?"는 애정 어린 꾸지람을 가끔 들었는데 이 또한 "언어는 사람이다"라는 대전제 위에서 하신 말씀이었을 것입니다. 나이가 많든 적든, 그 사람의 보이지 않는 마음은, 말과 글로 표현되기 전에는 도무지 알 수도 없고 함부로 짐작할 수도 없는 것이기 때문입니다.

국어국문학을 전공한 이들에게 잘 알려져 있는 '언어상대성 원리'라는 것이 있습니다. 예컨대, 무수한 빛깔로 구성된 무지개를 우리가 흔히 빨/ 주/ 노/ 초/ 파/ 남/ 보의 일곱 가지 빛깔로 말하는 까닭은, 빛깔을 구별하여 표현할 수 있는 우리 말 '빛깔 언어'가 일곱 가지이기 때문입니다. 빛깔 언어가 셋밖에 없는 이들은 무지개의 색을 셋으로 말할 수밖에 없을 것입니다. 말하자면, 동원할 수 있는 낱말의 숫자 곧 표현 능력에 따라 그 언어주체의 존재가 달리 인식된다는 것이 바로 '언어상대성원리'입니다. 그러기에 열 개의 실력 가운데 여덟 개를 표현할 수 있는 사람은, 스무 개의 실력을 갖고도 다섯 개밖에 표현하지 못하는 사람보다 더 낫다는 평을 받을 수도 있습니다.

하이데거의 말이 아니더라도, 언어상대성원리에 따라 언어로 그 사람의 됨됨이를 가늠할 수 있기 때문에 "글과 말은 사람이다"라는 말은 분명히 맞습니다. 말이나 글과 그 사람의 됨됨이가 정반대로 나타나는 경우가 더러 있긴 하지만, 그럴싸한 논리의 거짓 글과 번지르르한 말을 통해 그 사람의 이중성이 또렷이 드러나기 때문에 "언어는 사람이다"라는 말은 그런 경우에도 여전히 옳습니다.

어쩌다보니 저도, 여러 사람 앞에서 말을 많이 하고 글 쓰는 일을 하며 살게 되었습니다. 하나님께서 허락하시는 남은 날 동안, '저의 말과 글 그리고 펴내는 책에 행여 추한 이중성이 드러나지나 않을까' 조바심하지는 않을 만큼 소박하고 깨끗한 삶을 최선을 다해 살고 싶습니다.

2005. 8. 11.

잃어버린 별을 찾아서

몇 분 교우들과 모악산 야간 산행을 다녀왔습니다. 행여 햇빛에 뒤질세라 은근히 밝은 보름달 아래 모악을 얼싸안던 2주전의 야간산행도 운치가 있었지만 어제처럼 달빛이 하나도 없는 그믐밤의 산행도 그에 못지않은 멋과 맛이 있었습니다. 똑같은 하늘인데도 모악 비탈에 서서 밤하늘을 올려다보면 어디서 그렇게 한꺼번에 모여들었는지 아스므레하게 눈 깜빡이며 말을 걸어오는 이쁜 별들이 유난히 많습니다. 달빛이 전혀 없는 날일수록 별은 더 맑고 밝은 얼굴로 다가옵니다. 뒷목이 뻐근할 정도로 목을 젖혀 좀 찬찬히 하늘의 별을 헤아리다 보면 그 수많은 별들 가운데 단한 개도 똑같은 별이 없음을 깨닫게 됩니다. 꽃이 아무리 많아도 똑같은 빛깔과 무늬의 꽃이 단 하나도 없듯이, 사람이 아무리 많아도 똑같은 모습, 똑같은 생각을 가진 이가 단 한 명도 없듯이, 별빛이 소곤소곤 들려주는 이야기 또한 똑같은 적이 단 한 번도 없습니다.

다들 배고프고 추운 시절을 지내느라 그랬겠지만 한 30-40년 전 제가 어릴 적만 해도 요즘처럼 화려하고 요란한 밤 문화라는 것이 거의 없었습니다. 전력이 모자라 전기도 하루 종일 불을 켤 수 있는 특선과 밤에만 불이 켜지는 일반선으로 나뉘어 있었습니다. 도회지에서는 늘 밤 12시부터 새벽 4시까지 통행이 금지되었고, 통금과 해제 그리고 정오를 알리는 사이렌 소리가 온 나라에 떠들썩했습니다. 전화도 TV도 없던 시절, 여름밤이면 으레 마당 한 쪽에 반쯤 마른 풀로 모깃불을 피워놓고 마당 가운데 있는 평상에 온 가족이 둘러앉아 면소재지에서부터 끌어온 삐삐선을 타고 합판통으로 대충 만든 스피커에서 간신히 흘러나오는 중계방송이나 줄거리가 늘 빤한 신파조 연속극에 온 가족이 함께 빠져들곤 했습니다.

어린 우리들은 으레, 연속극에 푸욱 빠져들어 가끔씩 눈물도 훔치곤 하시는 엄마 아빠 무릎을 베고 누워 그분들이 활활 부쳐 모기를 쫓아주는 간지러운 부채바람 소리에 젖어 유난히 가깝게 보이는 하늘의 별을 골똘히 헤아리며 별들과 이런 저런 이야기를 혼자 곧잘 나누곤 했습니다.

이렇듯, 제 어린 시절의 밤은 늘 밤하늘의 이쁜 별 이야기와 아기자기하게 얽혀 있습니다. 모악산 야간 산행을 하며 모처럼 별빛이 가까이 다가오는 것을 느끼는 순간, 넘쳐나는 전력과 잘 발달된 각종 조명기구 까닭에 정말 소중한 '안식의 밤'을 너무 허망하게 잃어버렸다는 생각이 들었습니다. 밤을 잃으면서 잃어서는 안될 소중한 동심도 잃고, 짙은 어둠 속에서 하늘의 별과 1:1로 마주서서 스스로를 정직하게 돌아볼 귀한 기회까지 다 잃어버린 것 아닌가 하는 생각도 들었습니다. 나이를 먹을 만큼 먹고 세상 물정을 알 만큼 안다는 중년의 동행들이 마치 어린 시절로 되돌아간 듯 한결 같이 야간산행을 기뻐하며 좋아하는 모습에서 잃어버린 별빛과 동심에 대한 짙은 향수를 읽을 수 있었습니다. 날씨가 좀 쌀쌀하기는 했지만, 깊은 밤 모악 정상에서 하늘의 영광과 땅의 평화를 위해 시려오는 손을 마주잡고 잠시 기도하는 동안 유난히 빛나는 소망의 작은 별 하나가 우리 모두의 가슴에 다시 따뜻하게 들어와 박히고 있었습니다.

2005. 11. 3.

내 삶의 10대 뉴스

성탄절을 전후하여 연말연시가 되면, 한 해의 어두운 자취에 대한 아쉬움이 큰 만큼 새 해 새 아침에 대한 소망 또한 눈덩이처럼 커지는 것 같습니다. 새 해 새 아침이라 해서 무슨 별난 해가 뜨고 색다른 달과 별이 뜨는 것이 아닌데도 우리 마음 속 어수선한 세밑 저자거리에는 늘 약간의 초조함과 또 약간의 설렘이 뒤죽박죽 남아있게 마련입니다.

30년도 더 지난 일이지만 대학에서 문학을 전공하던 때 요맘때쯤이면 일간신문의 신춘문예 당선자 명단과 당선작들을 곁눈질하며 손때 잔뜩 묻은 습작 노트를 헝클어진 감정으로 매만지곤 했습니다. 세월이 훌쩍 지난 지금 그 노트를 보면 그 낯 뜨거운 치기(稚氣)에 혼자 쓴웃음이 날 때가 많지만 그 땐 무엇이 그리 골똘히도 사무쳤는지 빛바랜 공책 갈피마다 문학청년의 숨 가쁜 박동소리가 아직까지 고스란히 남아 있습니다.

온 나라가 떠들썩하게 황우석 교수의 신화가 조급하게 만들어지는가 싶더니 요즘은 또 그와 반대로 황우석 교수의 논문조작 사건으로 나라 안팎이 시끌벅적합니다. 그처럼 어수선한 분위기에 저도 몰래 그만 젖어들었는지, 오늘 아침 조간신문을 살피다가 황우석 교수 사건 관련 소식이 별로 안 보이는 지면이 괜히 심심하게 느껴져서 저 스스로도 몹시 놀랐습니다. 아무튼 요즘 같은 연말연시가 되면 각 언론사와 잡지사마다 나름대로 '해외 10대 뉴스' 나 '국내 10대 뉴스' 를 선정하여 발표합니다. 몇몇 신문을 보니 국내 뉴스 첫 칸에 어김없이 황우석 교수의 줄기세포논문 조작 사건을 꼽고 있었습니다. 어쩌면, 2002년 한일월드컵 축구경기 빼고, 온 국민이 한꺼번에 꿈과 절망 사이를 이토록 순식간에 오락가락하는 경우는 정말 흔치 않을 것 같습니다. '황우석' 이라는 이름 앞에 온 백성이 거의 똑같은 표정으로 웃다 울다 할 수밖에 없었던 사실이야말로 우리 사회 구석구석에 각종 질병과 고통으로 아파하는 사람들이 뜻밖에 많다는 증거일 것입니다. 어쨌거나 빛이 강할수록 그림자 또한 짙다는 사실을 이 사건보다 더 또렷하게 확인시켜 준 예는 아마 드물 것입니다.

아무튼 각 일간지와 잡지사에서 앞을 다투어 나라 밖과 나라 안의 10대 뉴스를 선정하여 발표하긴 하는데 올해도 어김없이 기쁘고 밝고 희망찬 소식보다는 어둡고 가슴 아프고 속상한 뉴스들이 거의 대부분이어서 몹시 답답했습니다. 똑똑하고 유능한 사람들이 적은 것도 아니고 나름대로 열심히 정직하게 살아보려고 애쓰는 사람들이 아주 없는 것도 아닌데 예수 믿지 않는 사람들의 입에서조차 '말세'라는 말이 자주 나올 정도로 우리네 세상살이가 팍팍하고 답답해진 것은 사실입니다. 아무리 그래도, 깊은 어둠 속에서 오래 참고 기다리다 보면 도무지 안 뜰 것 같던 아침 해가 마침내 번듯 솟아오르듯이 우리 삶 또한 그럴 것이므로 어두운 시세 따라 꿈과 희망을 아주 접지는 말아야 할 것입니다. 비록 작심삼일일망정 묵은해 눅눅한 기억의 먼지를 훌훌 털어 버리고 새해 새 아침을 맞는 것은 참으로 뜻 깊은 일이 될 것이므로, 해가 바뀌기 전 남은 몇 날 동안 '개인과 가정(직장)의 10대 뉴스'를 조용히 한번 손꼽아 보시면 어떻겠습니까?

2005. 12. 29.

미국의 어느 마을에서 있었던 일입니다. 마을에 사는 어느 부자가 매일 아침 집집마다 돌아다니며 1달러씩을 나눠 주었습니다. 뜻밖의 호의에 사람들은 몹시 감격했습니다. 고마움과 감격으로, 돈을 준 부자를 만나면 정말 반갑게 극진히 인사도 했습니다.

한 두어 달 동안 그렇게 꾸준히 사람들에게 나누어 주던 부자가 어느 날부터 돈 나누어 주는 일을 멈췄습니다. 그러자 동네 사람들은 퍽 의아해 했습니다. 두어 주가 지난 다음, 부자는 다시 예전과 똑같이 아침 일찍 집집마다 돌아다니며 돈을 나누어 주었습니다. 돈을 다시 받기 시작한 사람들은 그럭저럭 감사한 마음으로 돈을 받았지만 맨 처음 돈을 거저 받을 때와는 사뭇 다르게 심드렁한 자세였습니다. 그렇게 몇 달이 지난 다음 그 부자는 무슨 생각에서인지 돈 나눠 주는 일을 완전히 멈췄습니다. 부자가 돈을 주지 않자 놀랍게도 화가 난 몇몇 사람들이 그 부자에게 "왜 내 돈을 주지 않느냐?"며 야무지게 따지기 시작했습니다.

사실, 죄로 얼룩져 썩어 냄새나는 우리들의 마음이 늘 이렇습니다. 누군가가 나에게 뜻밖의 사랑과 은혜를 베풀어 줄 때, 처음에는 몹시 감격스러워하고 무던히 감사하다가도, 그 은혜와 사랑이 꾸준히 주어지면 어느 순간부터 감사하는 마음이 바람처럼 사라지고 맙니다. 감사하는 마음이 사라지고 끝나는 것이 아니라 도리어 지속되지 않는 호의 때문에 짜증이 나고 역정이 납니다. 놀랍게도 거저 받은 은혜를 자신의 권리로 착각하기 때문입니다. 짜증과 역정은 이내 아주 거친 불평과 원망이 되어 오랜 세월 은혜 안에서 힘들게 만들어진 모든 관계를 한 순간에 엉망으로 만들어 버립니다. 늘 마시는 공기처럼, 새봄을 재촉하는 따사로운 햇살처럼, 우리 곁에 항상 있는 은혜, 꾸준히 지속되는 사랑에 감사할 줄 알고, 그 감사를 바탕으로 꾸준한 세월의 무게 속에서 서로를 향한 신뢰와 섬김이 나날이 더 깊어지기가 그리도 어려운 일인지 모르겠습니다.

깊은 병으로 햇볕이 넉넉히 들지 못하는 방에 오랫동안 누워 지내다가 방문을 열고 맞이하는 처음 햇살에 눈부시게 감사하듯이, 접싯물 속에라도 코를 박고 한 몇 분 동안 있어 보아야 숨 쉴 수 있는 공기가 비로소 절실하듯이, 지금 내 곁에 있는 지극히 평범하고 당연해 보이는 자잘한 은총에 감사할 줄 아는 지혜는 아무나 얻지는 못하는 것 같습니다. 하나님과 이웃들의 꾸준한 배려와 사랑을 마음 깊은 곳에서 사랑으로 받아 진심으로 감사하지 못하면, 어느 순간 나도 모르게 감사가 불평으로 바뀌고 그 불평은 다시 한없는 원망의 칼날이 되어 자신과 이웃의 가슴에 큰 상처를 남기고 맙니다.

행복은 요란한 사건 속에 있는 것이 아닙니다. 행복은 남이 갖지 못한 것을 혼자만 몽땅 갖는 데서 오는 것이 아닙니다. 햇살처럼 따사로운 행복은 남들도 다 조금씩 갖고 있는 지극히 작고 초라한 것들 속에 봄꽃향기처럼 조용히 무르녹아 있는 것입니다. 잠시 눈을 감고 심호흡을 하며 하나님께서 베푸신 자잘한 행복의 은은한 봄꽃향기를 조용히 한 번 맡아 보십시오.

2006. 3. 16.

부~자 되세요

몹시 가난하다는 방글라데시 국민들의 행복지수가 가장 높고, 아주 부유하다는 스웨덴에 자살하는 사람이 아주 많다는 기사를 본 적이 있습니다. 여기서, 가진 돈이 많고 생활수준이 높은 것과 행복감은 정비례하는 것이 결코 아니라는 것을 알 수 있습니다. 인간의 마음속에 '행복한 돼지'의 삶만으로는 결코 만족할 수 없는 그 무엇이 분명히 있다는 것도 알 수 있습니다. 부자들의 입에서 불평과 불만이 자주 쏟아져 나오는 것을 볼 때마다 인간의 욕망이 그야말로 '밑 빠진 독'이라는 것을 거듭 거듭 확인합니다.

꽤 넉넉한 삶의 조건을 갖춘 사람들의 입에서 끊임없이 쏟아져 나오는 불만과 불평의 소리를 들을 때마다 '과연 어떤 사람이 진짜 부자인지' 궁금할 때가 참 많습니다. 불평과 불만이란 것이 원래 무언가 부족함을 느끼는 데서 나오는 것이기 때문입니다. 옛날 유행하던 우스갯소리 가운데 "우리 집은 너무 가난해서 가정부 옷도 못 사주고, 정원사 상여금도 못 준다."는 부자들의 푸념이 있었습니다. 가정부가 있고 정원사까지 거느릴 정도면 이미 충분히 부자인데도 끝없는 한숨과 탄식 속에 살아가는 부자들의 어리석음을 꼬집는 이야기였습니다. 그런가하면 참으로 부족한 것이 많아 하루하루 힘겹게 살아가는 이들 가운데 참 밝고 평안한 자세로 세상을 사는 이들이 많은 것 또한 쉽게 이해하기 어려운 아이러니입니다.

부자들 중에는 돈 욕심이 더 많은 이가 많고, 가난한 이들 중에 베풀고 나눠 주는 일을 잘하는 이들이 오히려 많은 것을 자주 보면서, 사람들이 갖고 있는 돈의 양이 부자인지 아닌지를 판정하는 기준이 될 수 없고, 사람들의 마음 곧 돈에 대한 태도와 자세가 무엇보다도 중요한 기준이 된다는 것을 알 수 있습니다. 돈은 많은데 거지같은 마음으로 늘 허덕이며 사는 이들도 있고, 비록 가진 돈은 없어도 넉넉한 마음으로 나누고 베푸는 삶을 열심히 사는 이들도 많습니다. 어쩌면, 돈맛을 누구보다도 잘 알아서 돈을 악착같이 틀어쥐고 혼자만 쓸 궁리를 하기 때문에 남보다 더 빨리 부자가 되는 지도 모릅니다. 돈 버는 과정이야 어떻든 수단과 방법을 가리지 않고 돈을 긁어모아 오직 자기만을 위해 돈 쓰는 재미로 살다가, 어쩌다 자기보다 돈이 조금 더 많은 부자가 눈에 띄면 시기심 때문에 원망과 불평이 홍수처럼 쏟아지는 것입니다.

'빈곤의 심리'가 아닌 '풍요의 심리'가 있어야 참으로 행복하게 살며 성공적인 삶을 살 수 있습니다. 나보다 더 잘 사는 사람들이 있는 위쪽을 보는 사람은 빈곤의 심리에 빠져들게 되고 원망과 불평 속에 허덕이다 삶을 마치게 될 것입니다. 나보다 못 사는 이들이 있는 아래를 볼 때만 하나님께 감사할 수 있습니다. 그 감사를 바탕으로 '풍요의 심리'가 마음에 뿌리내릴 때만 베풀고 나누며 섬기는 삶을 사는 참다운 행복을 누릴 수 있습니다. 돈이 많든 적든 풍요로운 마음으로 나보다 약한 이들을 열심히 돌보고 섬기는 사람이 진짜 부자입니다. 사랑하는 여러분, 모두 다 부~자 되십시오.

2006. 6. 8

삶의 속도(1)

　얼마 전 절친한 후배 몇 사람과 함께 모악산 산행을 했습니다. 나름대로 속도를 맞춰 준다고 애를 썼는데도 산중턱에서부터 서로 거리가 좀 멀어지게 되었고 뒤처진 후배들 가운데 몇 사람은 아예 중도에서 포기하고 주차장으로 되돌아간 것을 나중에야 알았습니다. 산에서 내려와 기다리던 일행과 다시 합류하여 점심을 먹던 중에 후배 하나가 정색을 하면서 "그렇게 무슨 달리기 시합하듯 후닥닥 올라갔다 내려올 것이면 도대체 무엇하러 산에 오르느냐?"고 따져 물었습니다. 함께 가려고 나도 나름대로 애는 썼다고 아무리 변명을 해도 제 말에 순순히 수긍하지는 못하는 눈치였습니다.

　산을 오르는 것, 인생이 그렇듯이 무슨 정답이 있는 것은 아닙니다. 어느 등산로를 택해야 하는지, 속도는 얼마나 내는 것이 좋은지, 힘들고 숨찰 때 어디서 몇 번이나 쉬어가야 하는 것인지에 대한 무슨 모범답안 같은 것은 아예 없습니다. 어느 등산로나 나름대로 아기자기한 산행의 맛을 느낄 수 있고, 빠르면 빠른 대로 또 좀 늦으면 늦는 대로 각기 그 나름의 맛과 멋이 달리 느껴집니다. 한 가지 분명한 것은 산행 속도가 빠르냐 느리냐에 따라 산행의 맛은 전혀 다르다는 것입니다. 속도를 높이면 산행을 빨리 마치고 다른 볼 일을 볼 수는 있습니다. 산행속도를 낮추면 산행의 아기자기함을 충만히 느끼는 반면에 시간이 길어지는 만큼 다른 일들을 접어야만 합니다. 어떤 방식을 선택하느냐에 따라 이렇듯 각기 장단점이 엇갈립니다.

　누적된 피로 때문인지 차를 몰고 고속도로에만 들어가면 졸음운전을 자주 하는 바람에 몹시 조심스러워 장거리 운행은 할 수 있는 대로 삼가는 편이고 고속도로에도 될 수 있는 대로 들어가지 않으려 애씁니다. 그래서 운전할 때만큼은 저는 고속도로보다 국도를 더 좋아합니다. 하지만 그러는 진짜 이유는 도로변의 아기자기한 풍경을 보며 원하는 시간에 원하는 자리에서 잠시 멈춰서도 괜찮기 때문입니다. 시속 100km 이상의 고속주행을 하다보면 아무래도 시야가 좁아지기 마련이고, 차창 밖으로 잠시 머물고 싶은 아름다운 경치가 어쩌다 눈에 들어와도 마음 속 깊이 감동이 채 전달되기도 전에 순식간에 그 풍경이 뒤쪽으로 아스라이 사라져 버리는 아쉬움이 많기 때문입니다. 숱하게 지나다닌 섬진강변 국도를 짬짬이 즐겨 찾는 이유도 그래서입니다.

지난여름 폭염 속에서 허덕일 때만 해도 도무지 올 것 같지 않던 가을이 정직하신 하나님의 은혜 안에서 다시 왔습니다. '황금들녘'이라는 말로는 부족할 만큼 가을 들녘 구석구석에 풍요로운 열매가 가득합니다. 이번 가을철만이라도 삶의 속도를 아주 조금만 늦춰 보십시오. 먹고살기 바쁜 세상에 거 무슨 사치스런 말이냐고 나무라지 마시고, 이번 주말 가족들과 함께 가까운 아무 들녘이나 잠시 나가셔서 똑딱이 디지털 카메라로 기념할 만한 가족사진이라도 한 장 찍어 보십시오.

2006. 9. 28.

말 한마디의 행복

　사람이 동물과 다른 점이 많겠지만 그 가운데 가장 도드라지는 것이 말을 하고 글을 쓰는 능력이 있다는 점일 것입니다. 동물학자들은 짐승들도 의사소통하는 나름대로의 수단이 있다고 하지만 그것은 극히 본능적인 수준의 몸짓언어에 지나지 않는 것들입니다. 사람이 한 두어 살만 먹으면 자연스럽게 할 수 있는 것, 한 번 배우면 평생 줄기차게 쓰는 것이 바로 말입니다. 자기 존재의 본질도 말로 표현되고 다른 사람의 실존도 역시 말로 파악하는 까닭에 실존철학자 하이데거 같은 이도 '언어는 존재의 집'이라는 결론을 내렸을 것입니다. 굳이 하이데거의 말을 끌어들이지 않더라도, '말'을 할 수 없다면 우리 인류의 삶 자체가 어쩌면 지극히 동물적인 수준에 머물러 있었을 것입니다.

　말로 사랑을 나누며 정을 주기도 하고, 말로 사람의 마음에 씻을 수 없는 상처를 주기도 합니다. 우리에게 익숙한 '말로 천 냥 빚을 갚는다'는 말도 그래서 생겼을 것입니다. 따뜻하고 부드러운 말 한 마디는 그 말을 하는 자신뿐만 아니라 주변의 모든 사람들, 특히 자신이 속해 있는 공동체의 모든 이들에게 무한한 덕스러움을 선사합니다. 차갑고 날카로운 말 또한 미치는 영향력의 범위는 마찬가지, 그런 말을 하는 자신의 마음에도 큰 짐이 되고 주변 모든 이들의 삶에도 아주 큰 아픔을 남기게 됩니다. 말 한 마디로, 마음에 기쁨이 오기도 하고 때로는 가슴이 한없이 아리기도 하는 이유는 '말'이라는 것이 말을 하는 사람의 마음속에서 나오는 것이고 그 말이 곧바로 그 말을 듣는 이의 마음속 깊은 곳을 파고들기 때문일 것입니다.

　저는 워낙 내성적이어서 말수가 비교적 적은 편이지만, 그런 제게 맡겨진 일이 여러 사람 앞에서 말을 많이 해야만 하는 것이어서 늘 조심스럽습니다. 어떤 땐 저도 모르는 사이에 무심코 섞어 쓴 낱말 하나로 사람들의 아픈 곳을 사정없이 건드려 상처를 줄 가능성이 많기 때문에 예배를 인도하기 위해 강단 앞에 설 때마다 아직도 마음이 늘 조마조마합니다. 학창시절, 학교와 집밖에 모르고 지낸 '범생이' 였기 때문에 선생님들로부터 체벌을 당할 일이 별로 없었지만 어쩌다 반 전체가 단체로 꾸중을 들으면서 몇 번 당한 손찌검에 대한 기억은 세월 속에 이미 까맣게 잊혀졌어도 어린 가슴에 수십 년 동안 빠지지 않는 대못이 박히도록 어른들이 함부로 내뱉으신 말씀은 아직까지 생생하게 남는 것으로 보아 '말' 처럼 편리하면서도 두려운 것은 없다는 생각이 듭니다.

제 막내 아이가 아주 어릴 적, 세 시간 가까운 강의를 끝내고 내려오자 아들 녀석이 아주 걱정스런 표정으로 아빠 입 안 아프냐고 물어온 적이 있었습니다. 참 놀랍게도, 아무리 내둘러도 근육통이 전혀 오지 않는 아주 신비로운 근육이 바로 혀입니다. 그만큼 소중하게 잘 활용해야 할 기관이기 때문에 하나님께서 그리 만드셨을 것입니다. 자신의 말버릇을 찬찬히 한번 살펴보시고 이왕이면 밝고 따뜻한 말을 많이 하도록 해 보십시오. 행복은 바로 내 혀끝에서부터 시작되는 것을 금세 알게 될 것입니다. 평안하고 복된 하루되시기 바랍니다.

2006. 10. 12.

삶의 속도(2)

　현대사회를 규정하는 가장 중요한 요소 가운데 하나는 '속도'입니다. 자동차나 항공기뿐만 아니라 거의 모든 전자제품들의 사양표에는 늘 그 제품의 속도가 얼마나 빠른가를 강조하는 숫자가 들어 있습니다. 이제는 그 속도를 표시하는 데 1/100초로도 모자라 1/1000, 1/10,000초 또는 그보다 훨씬 더 빠른 속도를 표시하곤 합니다. 이제는 생활필수품이 된 컴퓨터를 고를 때도 중요한 요소는 속도입니다. 사용자가 실제로는 거의 차이를 느끼지 못할 정도인데도 제품 사양표에 들어 있는 속도 표시 숫자가 어떠냐에 따라서 어떤 제품을 더 좋아하기도 하고 때로는 멀쩡한 제품이 찬밥 신세가 되기도 합니다.

　운동경기에서도 속도를 겨루는 종목에서는 머리카락만큼의 속도 차이까지도 식별해 낼 수 있는 고성능 전자장비가 없어서는 안 됩니다. 만일 경기 도중에 그 장비에 문제가 생기면 경기를 할 수 없을 정도로 우리가 사는 세상에서 속도 경쟁은 치열하기만 합니다. 단 반걸음이라도 누가 더 앞서느냐에 따라 승부가 갈리고 그 승부의 갈림길에서 누구는 삶의 극한 환희를 맛보고 또 누구는 평생 가슴속에 남을 한을 품고 쓸쓸히 돌아서야 합니다. 핸드폰에 달린 카메라가 굳이 700만 화소까지 가야할 이유가 전혀 없음에도 제조회사들이 그처럼 높은 숫자를 자랑하는 것은 그만큼 빠르게 자기네 회사가 앞서가고 있음을 강조하기 위해서입니다. 카메라의 셔터 속도가 1/8,000초까지 나오는 것들이 있는데 실제로 이렇게 빠른 셔터 속도에서는 렌즈를 통해 들어오는 빛의 양이 극히 제한되어 있어 사진을 찍기가 그리 쉽지 않은데도 소비자들은 그 높은 숫자가 상징하는 숫자에서 제조사 기술 발전의 속도를 자주 확인합니다.

똑같은 속도 경기인데도 마라톤 경기는 단거리 경주와는 또 다른 멋과 맛이 있는 듯합니다. 단 몇 분 또는 몇 초 만에 승부가 나는 것이 아니라 두 시간 넘는 긴 시간동안의 끈질긴 달음박질을 해야만 하기 때문입니다. 초반에 남들보다 좀 앞서 나갔다 해서 그 선수가 반드시 결승선에 제일 먼저 들어온다는 법이 없고, 초반 중반에 좀 뒤쳐진 선수가 결승선에 제일 먼저 들어오면 안 된다는 법 또한 없기 때문입니다. 똑같은 산행, 많이 익숙한 길인데도 속도 조절에 조금만 실패하면 유난히 힘이 들고, 속도 조절을 조금 잘 하면 훨씬 가볍게 오를 수 있음을 자주 느낍니다. 그래서 많은 사람들이 인생을 흔히 마라톤이나 등산에 비유하는가 봅니다.

며칠 전, 책상 위에 가습기 대용으로 놓은 조그만 접시에 물을 보충하기 위해 접시를 들고 수도꼭지를 튼 순간, 수도꼭지를 너무 많이 열어 버린 탓에 꼭지에서 쏟아지는 물이 세차게 튀는 바람에 아무리해도 접시에 물이 잘 담기지 않는 것을 보았습니다. 수도꼭지 손잡이를 거꾸로 돌려 아주 조금씩 천천히 물이 떨어지도록 하자 그때서야 비로소 접시에 원하는 만큼의 물이 담겼습니다. 우리 인생의 그릇에 보람과 기쁨의 물이 잘 담기지 않는 이유, 혹시 삶의 속도가 너무 빨라서 그런 것은 아닌지, 한번 곰곰 생각해 보십시오.

2007. 2. 22.

삶의 렌즈 바꾸기

지난 2월 26일부터 3월 2일까지 한국기독사진가협회(KCPA) 전북지회 사진전이 전북교육문화회관 1층에서 열렸습니다. 사진을 통해 하나님의 마음을 세상에 전하기 원하는 기독교인들이, 수입금 전액을 농촌 독거노인 후생복지사업에 쓰기로 하고 회원 20여 명이 귀한 작품들을 네댓 점씩 내놓아 모두 90여 점의 사진작품이 전시되었는데, 사진가마다 하나님이 지으신 세상과 사람을 보는 시각이 각기 다르다는 점에서 개인전과는 전혀 다른 묘미를 느낄 수 있었습니다.

회원의 한 사람으로서 저도 교회 일을 하는 짬짬이 전시장에 들러 멀리 서울, 부산 등 외지에서 오신 손님들을 영접하는 일을 조금씩 도왔습니다. 모두 다 카메라를 소중히 여기는 사람들이라, 한 손에는 늘 카메라를 챙겨 들고 서로가 서로의 모습을 담아주며 함께 일을 하고 있었습니다. 다른 회원이 소중하게 간직하고 오래 쓸 수 있는 프로필 사진 한 장 찍어주는 것이 사진가들이 서로를 섬기는 좋은 방법이기 때문이기도 하고, 또한 사진기를 들고 다니는 처지이다 보니, 다른 이들의 사진은 많이 찍어주면서도 정작 마음에 드는 자기 모습이 담긴 사진이 별로 없기 때문이기도 합니다.

사람이 두 눈으로 편하게 볼 수 있는 화각을 담아낼 수 있는 50mm 렌즈를 표준렌즈라 하고, 이보다 화각이 더 넓은 렌즈를 광각렌즈, 표준보다 화각은 좁지만 초점거리는 더 긴 렌즈를 망원렌즈라고 합니다. 광각으로 올수록 사진 화면전체가 다 또렷하게 나와 심도 깊은 사진이 되고 망원으로 갈수록 배경은 흐릿해지고 초점을 맞춘 피사체만 또렷하게 나오게 되어 심도가 얕아집니다. 광각렌즈와 망원렌즈 외에 몇 가지 특수렌즈가 있는데 그 가운데 하나가 어안렌즈입니다. 말 그대로 마치 물고기 눈처럼 아주 넓은 화각을 한꺼번에 담을 수 있는 묘한 렌즈입니다. 극단적으로 넓은 화각 안에 있는 모든 내용을 한 화면에 담아내려고 하다 보니 자연스럽게 사진에 담긴 피사체 윤곽에 심한 왜곡이 일어납니다. 곧 렌즈 가까이 있는 피사체는 극단적으로 확대시키고 멀리 있는 피사체는 극단적으로 축소시켜버리는 것입니다.

엊그제 전시회장에서 함께 일을 하는데, 평소 절친하게 지내는 김윤경 목사님께서 카메라에 어안렌즈를 장착하고 코앞에 바짝 접근하여 제 얼굴을 찍는데, 저와 김 목사님의 얼굴이 거의 맞닿을 정도로 가까이 사진을 찍는 장면도 우스웠지만 올챙이처럼 나온 사진속 제 모습은 더 가관이었습니다. 코는 주먹만 하게 나오고 이마와 턱은 홀쭉 훑은 모습이 영락없이 럭비공 모양새였습니다. 아주 재미있는 사진, 혼자 보기 아까워서 제 사진갤러리에 슬쩍 올려놓았더니 우리 교회 어느 청년회원이 이빨도 한두 개 뺀 모습으로 한 번 고쳐보라 해서 포토샵으로 이빨을 두어 개 뺀 영구 모습으로 고친 사진도 올려놓고 갤러리 안에서 여러 사람이 꽤 오래 즐겁게 웃었습니다. 힘든 때일수록 세상을 보는 시각을 어안렌즈로 용감하게 한번 바꿔 보는 지혜가 필요할 것 같습니다. 어쩌면 뜻밖에 즐겁고 기쁜 마음으로 바뀔 수도 있을 것이기 때문입니다.

2007. 3. 1.

몹쓸 것, 이내 심사

헤어지면 그리웁고 만나보면 시들하고, 몹쓸 것 이내 심사.

믿는다 믿어라 변치 말자 누가 먼저 말했던가.

아~ 생각하면 생각사록 죄 많은 내 청춘.

입에 달면 삼켜두고 입에 쓰면 뱉어내는 모를 것 이 내 마음.

봉오리 꺾어서 불러놓고 본체만체 왜 했던가.

아~ 생각하면 생각사록 죄 많은 내 청춘

어릴 적 자주 듣던, 손석우 작사, 박시춘 작곡, 남인수 씨가 노래한 "청춘 고백"이라는 유행가입니다. 가수 남인수 씨의 맑고 낭랑한 목소리가 40여 년이 지난 지금도 귀에 생생합니다. 참으로 몹쓸 것이 사람의 마음 이고, 참으로 알 수 없는 것이 사람의 마음인 것, 어찌 청춘 남녀가 만나 사랑을 속삭일 때만 그러하겠습니까? 세상살이 모든 일에 드러나는 사람 의 마음이 다 그럴 터이지요.

아무리 변화무쌍한 세상이라도, 나이 먹어갈수록 사람의 마음보다 더 변덕스러운 것은 세상에 없겠다는 생각이 더 듭니다. 하루에도 몇 번씩 변덕이 죽 끓듯 하고, 아침에 다져 먹은 마음, 저녁 때 되돌아서서 보면 하나도 마음 다져 먹고 결심한 대로 한 일이 없음을 발견하고 혼자 귀밑 이 뜨뜻해지는 일이 어디 한두 번입니까? 죄의 치명적인 후유증 때문에 우리의 마음이 썩을 대로 썩어서 그런지, 상황과 형편이 조금만 변해도 감사한 마음보다는 원망하고 불평하는 마음이 된장찌개처럼 부글부글 끓 어오르는 것을 느낄 때가 많습니다. 한겨울에는 봄여름이 오기를 그토록 절실하게 기다리다가도, 한 밤의 꿈처럼 잠깐 봄철이 지나가고 여름이 되어 조금만 무더워지면, 늘 "덥다 더워"를 입술에 달고 살며, 있는 짜증 없는 짜증을 모두 다 털어 내어 불평합니다. 여름이 이제 막 시작되었을 뿐인데 마음속에서는 벌써부터 시원한 겨울을 그리워합니다. 겨울에는 여름 생각으로 짜증을 내고, 여름에는 겨울을 고대하며 틈만 나면 신경질을 부립니다. 이런 것을 좀 고상하게 '불쾌지수'라고 표현하지요.

우산장수와 짚신장수 두 아들을 둔 어느 어머니의 이야기를 들은 적이 있는데, 이 어머니가, 비 오는 날은 짚신 파는 아들 장사 못할까봐, 날이 맑은 날은 우산 파는 아들 물건 못 팔까봐 날마다 걱정으로 세월을 지냈다는 이야기가 있습니다. 초여름의 첫들머리에서부터 "덥다 더워"를 연발하며 짜증스러워하는 우리들의 모습을 보며, 남인수 씨의 노랫말처럼 몹쓸 것이 사람의 마음이고, 못 믿을 것이 사람의 마음이라는 것을 거듭거듭 확인합니다. 늘 근심하며 사는 늙은 어머니에게 "맑은 날은 짚신장수 아들 장사가 잘 되니 기뻐하고, 비 오는 날은 우산장수 아들의 일이 잘 되니 비가 오든 해가 쨍하게 뜨든 감사하라"는 권면이 주어진 뒤로 늘 징징 짜고 지내던 그 어머니께서 날마다 감사하는 삶을 살았다 듯이, 지금 내게 없는 것 때문에 아쉬워하고 함부로 짜증내기보다는, 내게 은혜로 주어진 것들을 찾아 그것으로 감사하는 삶을 사는 지혜가 더 필요하리라 생각합니다. 그렇게 얼마동안 사는 습관이 들면 우리의 몹쓸 마음, 종잡을 수 없는 들뜬 마음도 감사와 사랑이 넘치는 착하고 좋은 마음으로 변화되어 보석처럼 빛날 수 있지 않을까요?

2007. 7. 12.

캐논 낮추기

성경의 정경(正經)을 가리키던 영어 Canon이라는 말은 오늘날 '규범, 원칙, 표준, 기준 또는 근본 원리' 라는 뜻으로 뜻이 약간 바뀌었습니다. 원칙이나 기준 또는 근본 원리가 중요한 이유는, 그것에 의해 다른 것들의 가치나 방향의 옳고 그름을 잴 수 있기 때문입니다. 절대적인 기준이 흔들리게 되면 사물이나 사건의 흑백을 분명하게 가릴 수 없게 되어 끝없는 혼란에 빠져들 가능성이 무척 높습니다. 어떤 상황과 사건을 바라보는 시각이 얼마나 보편타당한가는, 그 시각이 바탕으로 삼는 기준과 원칙이 어떤 것이냐에 달려 있다고 말할 수 있습니다.

생활수준이 꽤 많이 높아지고, 이른 바 '살 만한 세상' 이 되면서 자기 몸과 건강에 대한 사람들의 관심도도 눈에 띄게 높아졌습니다. 그래서인지, 얼굴이나 몸매가 그럭저럭 밉상이 아닌 듯 보이는데도, 정작 당사자는 자기 얼굴과 몸의 생김새가 별로 마음에 들지 않는다는 자세를 지닌 분들이 참 많습니다. 성형을 해서 더 예뻐진 사람들도 있는가 하면, 괜한 얼굴에 손을 대서 오히려 괜찮던 얼굴 더 망쳐 버리는 경우도 적지 않은 듯합니다. 나이에 비해 비교적 무난한 몸매인데도, 스스로 과체중이니 비만이니 하면서 자기 몸매를 못마땅해 하며 어떻게든 살을 빼야만 한다는 강박증에 시달리는 이들도 많습니다. 그런 사람들과 대화하며 그 원인을 찾아보면 뜻밖에도 옷가게 진열대에 세워져 있는 말라깽이 마네킹이 마음속에 캐논으로 자리 잡고 있음을 알 수 있습니다.

건강도 마찬가지, 나이에 비추어 그럭저럭 건강한 상태인데도 본인만은 유독 자기 몸 상태가 안 좋다고 마음속으로 부득부득 우기는 이들이 참 많습니다. 평소 친하게 지내는 의사선생님들의 말에 의하면, 이른바 건강하다는 것은 곧 '일상생활을 하는 데 큰 어려움이 없는 상태'를 가리킨다고 합니다. 그런데 어떤 이들은 마치 자기 몸속에 아주 작은 미생물이나 세균이나 박테리아가 단 하나도 없어야만 안심을 할 것처럼 지나친 결벽증과 강박증 때문에, 건강한 몸을 가지고도 스스로 마음의 병이 먼저 든 탓에 마침내 열심히 노력해서(?) 건강을 잃어버리는 경우도 있는 것 같습니다. 건강 여부를 판단할 때도, 건강에 대한 기본 원칙 곧 캐논이 무엇보다 중요한 것임을 새삼 확인케 됩니다.

의학자들은, 하루에도 수십 종의 암세포가 우리 몸속에서 생겨난다고 말합니다. 그럼에도 암 환자가 되는 비율이 암세포 발생률에 비해 현저히 낮은 것은 우리 몸의 방어기제인 면역체계가 있기 때문입니다. 다만 어느 한 순간 지나치게 몸을 혹사하거나 심한 스트레스로 면역체계에 구멍이 난 상태에서 그 암세포들이 세력을 얻게 되면 암이라는 질병이 되는 것입니다. 따라서 우리 몸과 건강, 또는 일상생활에 스스로 지나치게 높은 캐논을 적용하는 것이 오히려 건강을 해칠 수도 있습니다. 정기점진과 기본적인 운동은 날마다 꼭 챙겨서 하시되, 활동하는 데 큰 지장이 없으면 건강하다는 생각으로, 너무 높은 건강과 삶의 부담스러운 캐논을 조금 낮게 재조정해 보시면 어떻겠습니까?

2007. 8. 16.

화장실 갈 때마다

　2주 전, 77세의 고령(高齡)이신 아버님께서 위암을 치료하기 위해 큰 수술을 받으셨습니다. 두어 달 정도 식후에 거북하고 메스꺼운 느낌이 지속되자, 위 내시경 분야의 명의(名醫)로 알려진 전주 복음연합내과 김은화 원장님을 찾아가 진찰을 받은 끝에 위암을 조기 발견하였고, 곧바로 전주예수병원 외과에서 손끝이 날래고 치밀하여 위 절제수술 분야의 명의로 역시 손꼽히는 이종명 과장님의 집도로 몹시 부담스러웠던 수술을 성공적으로 마치고 회복 중이십니다. 위암판정을 받고 여기저기 알아본 결과, 위의 내면 점막에 발생하는 선암종(腺癌腫)인 위암은 의술의 눈부신 발달로 조기위암일 경우에는 치료 후 5년 생존율이 95%에 이른다는 것을 알게 되어 마다하시는 아버님을 힘들게 설득하여 수술을 받도록 한 것입니다.

　위는 체내에 들어온 음식물을 잠시 동안 저장했다가 잘게 부수고 살균시키는 기관입니다. 저장되는 기간 동안 위점막은 음식물과 계속 접촉을 하는데 만약 음식물이 해로운 화합물이나 발암물질을 포함하고 있다면, 위점막은 불가피하게 영향을 받게 되기 때문에 식습관의 차이에 따라 위암의 발생빈도가 달라질 수 있습니다. 위암의 발생과 관계가 있다고 추정되는 음식물로는, 불에 그을린 고기나 생선, 소금에 절인 저장음식, 뜨거운 녹차, 아질산염아민 및 너무 많은 양의 자극성 음식물 등이 있습니다. 반면, 신선한 녹황색 채소, 과일, 된장, 김치 같은 발효식품 등은 암 발생을 억제하는 음식물로 알려져 있습니다.

　지금까지 알려진 '암'의 발병 요인은, 인체 내에 있는 수백 가지의 화학물질 외에도, 탄화수소, 벤젠, 석면 등의 직업관련 화학물질, 생활폐수,

자동차 매연, 지나친 음주 흡연, 각종 살충제, 다양한 식품첨가제 등의 환경관련 화학물질, 그밖에 각종 바이러스, 암 유전자, 외상과 감염으로 인한 악성 인자의 확장과 전이 등입니다. 아무튼, 70대 후반의 나이가 무색할 정도로 수술 후 아버님의 회복속도가 아주 빠름에도 불구하고, 위장의 활동력이 많이 떨어져 회복과정에서 미음 섭취와 금식을 며칠씩 되풀이하시며 조금씩 지쳐 가는 아버님의 모습을 지켜보면서 마음이 영 편하지 않습니다. 이제는, 아버님 앞에서 무슨 음식을 즐겨 먹는 것은 물론 음식 이야기조차도 가려서 해야 할 처지에 놓인 자식의 마음 또한 착잡하기 그지없습니다.

십수 년 전, 친구의 아버님께서 장이 막혀 극한 고통에 오래 시달리다가 결국 장 부분절제 수술을 받고 회복되신 후 "앞으로는 화장실 갈 때마다 하나님께 감사해야겠다"며 웃으시던 모습을 뵌 적이 있는데, 요즘 위절제 수술을 받고 회복단계에서 몹시 힘들어 하시는 아버님을 보면서, 그저 편히 자고 일어나, 밥 먹고 화장실 다녀오고, 열심히 일하며 하루 일과를 마치고, 하나님께서 주신 보금자리에서 다시 단잠을 이루는 하루하루, 어찌 보면 따분할 정도로 틀에 박힌 우리네 일상사 하나하나가 다 크게 감사해야만 할 일들이라는 생각이 듭니다. 『문화 전쟁을 넘어서』(*Beyond Culture Wars*)라는 책에서 마이클 호튼이 잘 지적했듯이, "매일 먹고 마시는 일 하나 하나가 다 하나님의 능력으로 일어나는 큰 기적"이므로 아주 평범하고 작은 일에서부터 하나님께 감사하는 삶을 살아야겠습니다.

2005. 2. 21.

유머 학습법?

　　오랜만에 책방에 나들이를 가서 책꽂이에 빼곡히 꽂힌 책들을 훑어보다가, '사람들을 웃기는 방법' 또는 '유머 학습법'에 관한 책제목들이 눈에 들어와 쓴웃음이 절로 나왔습니다. 웃음이 건강에 좋다는 말에, 너나없이 어떻게든 웃으며 살아보겠다는 사람들의 욕구에 기대어 돈 좀 벌자는 속셈이 적잖이 깔려 있으리라는 지레짐작에서 그런 쓴웃음이 나왔을 것입니다. 하지만 일부 저질 코미디 프로그램이나 개그처럼 괴상망측한 복장으로 망가지는 모습을 열심히 보이고 누군가가 만들어 써먹은 농담을 열심히 메모하고 기억하여 그것을 앵무새처럼 되풀이 한다 해서 웃음이 나오는 것은 아닙니다. 똑같은 소재라도 말하는 이에 따라 사람들의 반응이 전혀 다른 것을 보면 누군가를 한껏 웃게 만드는 일이 그저 책 몇 권 읽고 배워서 되는 일은 아닌 것 같습니다.

　　운동 삼아 산행을 종종 하는데, 이른 아침 산 정상 근처 평지에 모여서 체조도 하고 나름대로 열심히 몸을 단련하는 분들이 한데 모여서 3분 또는 5분씩 허리를 잔뜩 젖히고 크게 웃는 연습을 하는 희한한 풍경을 지켜볼 때가 종종 있습니다. 웃음이 건강에 좋다는 확신 속에 심호흡을 바탕으로 남녀노소 가릴 것 없이 왁자하게 억지 너털웃음을 웃는 묘한 몸짓을 보면서 정말 고맙게도 배꼽이 빠질 듯이 신나게 웃고 돌아올 때가 많습니다. 허리를 잔뜩 젖히고 큰 소리로 그런 억지웃음을 웃음으로 몸의 여러 근육과 세포가 그냥 편안한 자세로 있을 때보다 더 많이 수축과 이완을 되풀이 할 것이므로 아무튼 건강에 도움은 되겠다는 생각은 들지만 그렇게 억지로 웃는 바로 그 웃음 때문에 그분들의 몸이 건강해지는 것은 결코 아닐 것입니다.

빛은 어둠을 뚫고 나옵니다. 그림자를 보면 빛을 짐작할 수 있듯이, 모든 기쁨은 슬픔 끝에 있고 슬픔 또한 큰 기쁨에 잇대어 오는 것입니다. 마찬가지로 웃음은 웃음에서 오는 것이 결코 아니기에, 웃음에 관한 책 몇 권 읽고 그 내용을 달달 외우고 연습한다고 남을 잘 웃기거나 잘 웃을 수 있는 것은 결코 아닙니다. 웃음에서 웃음이 나는 것이 아니라 웃음은 결국 울음에서 나오는 것이기 때문입니다. 잘 웃으려면 그래서 많이 울어야 합니다. 슬픔으로 눈이 축축이 젖어 있는 사람들이 남을 잘 웃길 수 있습니다. 웃음은 결국 우리 '마음의 여유'에서 오는 것이기 때문입니다.

울부짖지 않고는 도무지 견뎌낼 수 없는 삶의 낮은 자리에 서 본 경험이 있는 사람, 인생의 밑바닥을 처절하게 기면서 한없이 낮아져 본 귀한 경험이 많은 사람들은 어떤 처지와 상황에서도, 다른 이들은 감당치 못하는 힘겨운 순간에도 그 마음의 고통과 슬픔을 기억하며 '마음의 여유'를 지닐 수 있습니다. 그리고 그 여유로움에서 아주 자연스런 웃음이 나올 수 있는 것입니다. 예수님께서 산상수훈을 통해 마음이 가난한 자가 천국을 물려받는 진짜 복을 받을 수 있다고 말씀하신 뜻도 바로 거기에 있을 것입니다. 내일 웃으며 살 수 있도록, 눈물 나는 오늘을 주신 하나님께 감사합시다.

2006. 4. 6.

사진을 찍으면서

저의 외가 쪽 어르신들 가운데 유명한 서예가가 계셨습니다. 어린 시절을 외가에서 지낸 저는 자연스럽게 외가 어르신의 글씨 쓰는 모습을 아주 가까이서 보며 자랐습니다. 아버님 말씀으로는, 생전의 강암 송성용 선생님도 그 어르신의 예서 솜씨를 아주 귀하고 높게 평가하셨다고 합니다. 그래서 그런지, 저 또한 일찍부터 붓을 손에 쥐고 글씨를 배울 수 있었고, 고등학교 졸업할 때까지 여러 미술대학에서 주최하는 서예대회에 학교대표로 자주 나섰고 상장도 제법 많이 받았습니다. 한때는 감히 전라북도 미술전에 작품을 낼 궁리를 한 적도 있었습니다. 그러나 대학원에서 공부를 계속하느라 결국 붓을 놓고 말았지만, 아무튼 서예에 대한 연민만은 무슨 앙금처럼 제 가슴속에 지금도 남아 있습니다.

벼루와 먹, 그리고 붓과 종이를 펼쳐놓을 만한 공간도 만만치 않고, 또 차분히 붓을 놀릴 시간 여유도 거의 없어서 가끔씩 서예작품 전시회장에 남몰래 들락거리며 서예에 대한 향수를 달래 오던 중 몇 년 전부터 혼자 슬그머니 사진에 좀 더 깊은 관심을 갖기 시작했습니다. 디지털 카메라가 보편화된 까닭이기도 했지만, 어차피 매일 한 시간씩은 운동을 해야 하는데 그런 자투리 시간을 조금 더 잘 활용하는 한 가지 좋은 방편이 될 것 같은 생각에서였습니다. 이왕 찍는 사진, 조금 더 잘 찍어서 주변 사람들을 기쁘게 해 주고 싶은 마음에서 그동안 사진에 관한 책을 꾸준히 사서 읽으며 혼자서 기초부터 사진 공부를 다시 했습니다. 많은 생각 끝에, 얼마 전에는 한국기독사진가협회(KCPA)에 가입하여 홈페이지 갤러리에 제가 찍은 사진도 몇 점 올려놓았습니다.

카메라 렌즈를 통해 보는 세상은 우리가 늘 무덤덤하게 보는 세상과는 전혀 다릅니다. 전혀 달라 보이는 렌즈 속 풍경을 볼 때마다 우리를 사랑으로 굽어보시는 하나님의 눈을 의식하게 되고, 그때마다 제 카메라의 렌즈가 세상을 사랑하시는 하나님의 눈이 되기를 바라는 마음이 늘 새로워집니다. 똑같은 피사체인데도, 언제, 어느 각도에서, 얼마만큼의 거리에서, 어떻게 보느냐에 따라 전혀 다른 사진이 나옵니다. 불과 몇 초 차이로, 불과 몇 도 안 되는 각도 차이로, 정말 얼마 되지 않는 거리 차이로 화면에 담기는 피사체는 하늘과 땅만큼 달라집니다. 바늘 끝만큼 아주 작은 차이에서 걸작과 졸작이 뚜렷이 엇갈립니다. 피사체의 변화가 비교적 적은데도 무수한 결과물의 가능성이 나온다는 것이 때론 경이롭습니다. 그래서 사진은 늘, 피사체가 아니라 그 피사체를 바라보는 사진가의 시선과 마음을 담는 일이 됩니다.

　사진을 찍으면서 피사체를 바라보는 각도나 눈높이가 아주 조금만 달라져도 전혀 다른 실체로 보이는 것을 조금씩 더 깊이 깨우쳐 나가면서, 내가 세상을 보는 각도, 내 곁의 친애하는 이들을 보는 각도는 또 얼마나 폭이 넓어야 하는가를 끊임없이 생각합니다. 렌즈 각도를 아주 조금만 바꾸면 졸작이 걸작으로 바뀌듯이, 이 세상과 주변 사람들이 걸작으로 보이도록 내 시각을 다양하게 바꾸는 훈련을 하기 위해 카메라를 잡은 손에 더욱 힘을 주곤 합니다.

2006. 9. 21.

인생의 초점

　사람들의 대화 속에서 "초점이 안 맞는다", "초점이 뭐냐?", "초점을 잃었다"는 말을 자주 듣습니다. 유명 TV 토론 프로그램에서도 '초점 잃은' 이야기를 들어야 할 때도 많아서, 사회자가 조금이라도 더듬거리면 토론은 이내 논객 사이의 말싸움과 감정대립으로 이어지게 되고 마침내 참으로 낯 뜨거운 인신공격으로 끝나는 경우도 많습니다. 번거롭고 복잡한 세상에서 초점을 잃은 듯한 흐름을 대할 때처럼 답답하고 찜찜한 일도 없는 것 같습니다.

　새벽기도회를 마친 다음, 또는 운동 삼아 산행을 하는 틈틈이 자투리 시간을 활용하여 사진을 자주 찍다보니 "초점을 잃는다"는 말이 무슨 뜻인지 정말 실감나게 알 수 있게 되었습니다. 필름카메라와는 달리 디지털 카메라는 필름 값에 대한 부담이 상대적으로 덜하기 때문에 필름카메라로 사진을 찍을 때보다 훨씬 더 많이 사진을 찍게 됩니다. 필름 값에 대한 부담을 늘 느끼며 사진을 찍을 때는 '정말 꼭 찍어야만 하는 사진인가'를 끊임없이 되물으며 사진을 찍지만 디지털카메라에서는 아무래도 더 자주 셔터를 누르게 되고, 자연스럽게 사진보정 과정에서 버리는 사진이 많게 됩니다. 디지털 카메라가 많이 보급되면서 아무 생각 없이 셔터를 눌러대는 흐름이 생긴 것만은 솔직히 좀 아쉽습니다.

　디지털 사진의 경우, 필름카메라의 현상작업에 해당되는 포토샵 프로그램을 통한 후보정 작업을 하기 위해, 모니터를 통해 열심히 찍어온 사진들을 들여다볼 때마다 꼭 몇 장씩 초점이 흐트러진 사진이 나타납니다. 사진전체가 초점이 잘 맞지 않은 것도 있고, 어떤 땐 초점을 맞추었다고 생각되는 지점에 초점이 맞지 않고 묘한 곳에 초점이 맞아 있기도 하니다. 특별한 의도를 갖고 일부러 초점을 흐린 사진이 아닌 바에야 초점이 맞지 않는 사진은 거의 다 미련 없이 버릴 수밖에 없습니다. 정말 속상한 것은, 피사체가 정말 나무랄 데 없이 완벽한 자세나 표정으로 잘 잡혀있는데 초점이 흐릿한 경우입니다. 정 아쉬우면 보정과정에서 의도적으로 사진을 왜곡시켜 활용하기도 하지만 그것도 어려울 때는 아무리 아쉬워도 그 사진파일은 삭제할 수밖에 없습니다.

초점을 맞추는 일이 중요한 이유는, 가능한 한 초점이 분명하고 또렷해야만 의도한 주제를 효과적으로 살릴 수 있기 때문입니다. 아무리 주제가 선명해도 초점이 흐려지면 상대방의 동의나 공감을 얻어내기 어렵기 때문이기도 합니다. 원하는 주제를 잘 살려내기 위해서는 때로는 필요 없는 부분을 초점권 밖으로 일부러 밀어내 버릴 때도 있는데 이것을 사진용어로 '아웃포커싱'이라고 합니다. 사진의 심도를 얕게 하거나 망원렌즈를 사용하면 아웃포커싱이 됩니다.

인생은 한 장의 사진과 같다고 할 수 있습니다. 별 것 아닌 사진 한 장도 초점이 잘 맞아야만 한다면, 우리 인생은 더더욱 그러하지 않겠습니까? 잠시 시간을 내서 곰곰이 생각해 보십시오. 지금 어디에 초점을 맞추고 사는지, 내 마음의 렌즈는 초점을 맞출 가치가 있는 곳을 향하는지, 초점이 정말 잘 맞고 있는지, 또한 삶의 본질이 아닌 것들을 효과적으로 아웃포커싱해내고 있는지…….

2006. 10. 26.

빛과 그림자 사이

사진은 '빛의 예술'입니다. 하나님께서 우주만물을 말씀으로 창조하실 때 제일 먼저 만드신 것이 빛이었습니다. 그러므로 빛을 담아내는 사진이야말로 하나님의 창조능력을 가장 또렷하게 증거하는 빼어난 예술 장르라고 할 수 있습니다. 살아가면서 빛이 없으면 도무지 할 수 없는 일이 몹시 많다는 사실, 오직 빛이 있어야만 할 수 있는 일 또한 아주 많다는 사실에서 빛이 바로 생명임을 알 수 있습니다. 우리에게 끊임없이 공급되는 일용할 양식도 거의 대부분이, 아니 어쩌면 모두 다 빛의 열매라고 할 수 있습니다. 빛이 없으면 광합성 식물들이 도무지 자랄 수 없기 때문입니다.

빛과 어두움은 공존합니다. 빛이 있는 곳에는 늘 그림자가 있습니다. 빛 없는 어두움이 없듯이 어둠과 상관없는 빛 또한 생각할 수 없습니다. 그런 점에서 빛의 예술인 사진은 곧 '그늘의 예술'이라고 할 수도 있습니다. 좋은 사진을 잘 만들어내는 뛰어난 사진작가들은 한 사람도 빠짐없이 다 빛에 관한 한 아주 탁월한 감수성을 지니고 있습니다. 함께 대화를 하거나 또는 그분들이 만들어 놓은 작품을 통해서 그분들이 빛에 예민한 만큼 그림자에도 무척 예민하다는 것을 금세 알 수 있습니다. 사진작가들은 빛이 들어오는 각도나 밝기를 통해서 순간적으로 어둠의 형태나 질량을 읽어냅니다. 반대로, 빛을 눈으로 직접 확인하지 않고서도 어둠의 깊이에서 빛의 흐름을 정말 예리하게 짚어냅니다. 마치 아주 숙련된 운전자가 앞을 보며 운전을 하면서도 옆과 뒤쪽의 잘 보이지 않는 곳의 교통의 흐름을 자세히 알고 있는 것과 같습니다.

빛과 어둠의 폭, 빛과 그림자의 차이에서 피사체가 지닌 명도와 채도의 대비가 선명하게 드러나게 되면서, 입체를 평면 그림으로 보여 주는 사진 속 피사체들이 입체감을 또렷하게 유지할 수 있습니다. 칼라사진도 마찬가지지만 특히 흑백사진의 경우에는 빛과 어두움, 곧 가장 밝은 곳과 가장 어두운 곳의 중간쯤의 명도, 곧 중간계조의 빛이 선명하게 살아나지 못하면 그 사진은 그만 호소력을 잃고 형편없는 졸작이 되어버리고 맙니다. 밝은 곳이 너무 많으면 사진이 떠 보이고, 반대로 어두운 곳이 너무 많으면 사진이 칙칙해져 버립니다.

　사진작가마다 나름대로 좀 더 잘 쓰는 색깔이나 흑백 계조의 차이는 있겠지만 대체로 유능한 사진작가들은 빛과 어두움의 절묘한 조합을 잘 찾아내고 잘 아우르는 눈부신 재능을 갖고 있습니다. 곧 빛과 어두움을 정말 효율적으로 한데 엮어내는 능력이 남들보다 뛰어난 것입니다. 지나치게 밝은 것은 조금 더 어둡게, 너무 어두운 것은 조금 더 밝은 계조를 뒷받침하여 피사체의 안정감을 높이고 주제를 선명하게 부각시키는 것이 바로 사진작가의 역량입니다.

　'사진'이라는 말은 '진실을 베낀다'는 뜻이므로, 빛의 예술인 사진은 결국 인생의 참된 빛깔을 담아내는 도구입니다. 지금 내 인생의 사진은 어떤 계조, 어떤 빛깔일 것 같습니까? 삶의 형편이 너무 어두울 때는 조금 더 밝게, 너무 여유롭고 밝을 때는 좀 더 어두운 곳에 눈길을 주어 빛과 어두움이 적당하게 어우러진 '걸작 인생'을 만들어야만 하지 않겠습니까?

2006. 11. 2.

어리석은 염려

25년 전, 친지의 중매로 제 아내가 될 처녀를 만나 3주만에 번갯불에 콩 튀듯 결혼했습니다. 어느덧 4반세기를 알콩달콩 함께 살면서 하나님께서 저희 부부에게 주신 4남매를 맡아 기르며 오늘까지 왔습니다. 사범대학을 졸업하고 ROTC 장교로 공수특전단에서 군복무를 마친 뒤, 10년 동안 대학원에서 석사, 박사과정을 이수함과 동시에 고등학교와 대학에서 제자들을 가르쳤습니다. 그러다가 30대 후반 비교적 늦은 나이에 신학대학원에 들어가 늦깎이로 신학을 공부하면서 몹시 바쁘게 지내느라 그저 '애비' 라는 이름만 갖고 제 아이들에게 따스한 손길을 별로 주지 못한 채 세월이 흘렀습니다. 요즘도 분주한 교회사역 때문에 집에 들어가지 못하는 날이 많아 아비인 제가 해 줄 수 있는 일은 그저 아이들을 위해 하나님 아버지께 기도하는 것이 거의 전부입니다.

밤늦게 들어갔다가 새벽기도회 때문에 아이들 다 잠든 시간에 나오고, 아이들 역시 각기 제 할 일들이 바빠 여섯 식구가 모여 앉아 식사 한 번 변변히 하지 못하면서 무심한 세월이 가고 있습니다. 목사로서 교우들의 가정을 위해 늘 복을 빌어주면서도 정작 제 앞가림은 제대로 못하는 것 같아 민망할 때가 많습니다. 네 아이 중에 늦둥이로 나중에 태어난 두 아이는 첫째, 둘째와 나이 차가 꽤 많아 아직도 에미 애비의 손길이 많이 필요한 나이입니다. 목회사역을 한다는 핑계로 아이들에게 시간을 잘 내주지 못하는 안타까움과 미안함 때문에 새벽기도 하러 나올 때 아이들 방문을 열고 곤히 잠든 모습을 잠깐씩 지켜보다 나오곤 하는데 그때마다 한 가지 놀라운 사실을 발견하곤 합니다. 세상살이에 아무런 대책이 없는 우리 아이들이 그다지 잘나지 못한 에미 애비를 꿀떡같이 믿고 정말 무사태평하게 평온한 잠을 자고 있음을 늘 확인하기 때문입니다. 인생 5학년이 넘어 제법 세상살이의 지혜도 생기고 앞길을 헤쳐 나갈 힘도 어느 정도는 갖추고 있으면서도 종종 염려 근심에 빠져들곤 하는 애비와 달리 우리 아이들의 얼굴은 늘 평온하기 그지없습니다.

숨 막히게 복잡한 세상에서 몹시 분주하게 하루하루를 사는 사람들은 늘 불안과 초조 속에 염려와 근심에 사로잡혀 지내기를 잘합니다. 그런데, 우리가 늘 하는 염려와 근심의 약 96%는 이미 지나간 일이거나 내 힘으로 바꿀 수 없는 일들이라는 연구결과가 나와 있습니다. 설령 내일을 위한 염려라 하더라도, 그 내일이라는 시간이 반드시 내게 주어진다는 보장도 없고, 그 내일을 내가 산다 할지라도 어제 내가 그토록 염려했던 일이 실제로 일어날 가능성은 그리 높지 않은 법입니다. 그런 점에서 '내일을 위한 염려' 역시 현실로 나타나지 않을 가능성이 훨씬 높은 것입니다. 요즘 무슨 문제로 염려하고 근심하고 계십니까? 내 힘으로 어찌할 수 없는 지난 일, 반드시 일어난다고 장담할 수 없는 불확실한 내일 일로 괜히 사서 하는 마음고생은 아닌지 돌아보십시오. 이 화려한 가정의 달 5월에, 염려와 근심에서 해방된 여러분의 마음속에 평화와 기쁨의 아름다운 꽃밭이 환히 일구어지기를 기도합니다.

2007. 5. 10.

세상살이 1막 : 우리들의 삶

1막 2장 "살며 갈등하며"

'꼬마 인격자'의 몸가짐으로

약 40년 전, 한국전쟁의 심각한 후유증으로 나라꼴이 말이 아니었던 시절, 어려운 가정형편 때문에 중학교에도 진학하지 못할 뻔했던 저는, 입학시험을 치른 결과 다행히 장학금을 받게 되어 간신히 중학생이 되는 큰 기쁨을 누릴 수 있었습니다. 그 시절, 중·고등학생들이 입는 교복은 일본군 군복을 개조한 검은 색 제복 일색이었고, 남학생들은 너나없이 빡빡깎은 까까머리에 일본 군인들의 모자와 거의 같은 모양의 모자를 써야 했습니다. 그 무렵, 어려운 살림에 찌든 우리네 어머니들은 으레 한 2-3년씩 앞을 내다보고 자식들의 교복을 해 입히는 바람에, 갓 중학생이 된 우리들은 누구랄 것 없이 교복의 팔소매와 바짓가랑이를 한두 번씩 걷어 올린 꺼벙한 모습, 여전히 한심한 코흘리개의 모습이었습니다. 총 한 자루씩만 쥐어 주면 영락없이 일본군 병사인 칙칙한 검은 교복을 너나없이 새로 해 입은 우리들의 모습은 우리 눈에도 몹시 어설프기 그지없었습니다. 그 때, 매서운 겨울 추위가 아직 남아 있는 대운동장에 모여 몹시 발 시리고 한없이 지루하기만 했던 입학식에서, 우리 교장선생님께서 주셨던 말씀 한 마디를, 저는 40년 세월이 지난 지금도 생생하게 기억합니다.

말이 중학생이지 정말 어설프기 그지없는 우리들을 향해 교장선생님은, "이제 중학생이 된 여러분은 오늘부터 '꼬마 인격자'"라는 것을 내내 강조하셨고, 그 어르신이 하신 '꼬마 인격자'라는 말 한 마디가 그만 어린 제 가슴 깊이 꽂혔습니다. 아무래도 한낱 코흘리개에 불과했지만, 그 날 이후, 저도 몰래 초등학교 시절의 어설픈 버릇이 나오려 할 때마다, '꼬마 인격자'답게 의젓해지려고 무던히 애썼던 기억이 있습니다. 별 것 아닌 '꼬마 인격자'라는 존재 인식이 순간순간 어린 저의 생활을 곧추 세우는

데 크게 도움이 되었습니다.

송아지가 '음메~' 하고 열심히 울어서 소가 되는 것이 아니고, 소로 태어났기 때문에 그렇게 우는 것처럼, '내가 누구인가' 를 바로 알 때, '내가 무엇을 해야 할 것인가' 를 비로소 알 수 있습니다. 나의 '됨됨이' 를 바로 알 때 비로소 나의 행동에 일정한 방향이 생긴다는 것을 중학교 1학년 코흘리개 시절부터 알게 된 것을 지금도 감사하게 생각합니다. 이렇듯, 나이가 많든 적든 자기가 누구인지를 바로 아는 이보다 더 행복한 사람은 없습니다. 그는, 자기가 무엇을 하며 살다가, 무엇을 위해 죽어야 하는지를 이미 잘 알고 있기 때문입니다.

세월이 흘러, 그 어설프디 어설픈 '꼬마 인격자' 가 어느덧 '어른 인격자' 가 되었고, 예수님을 만나 거듭난 후로는 '하늘 인격자' 곧 '하나님의 성품에 참여한 자' 가 되었습니다. 제 안에 죄악의 옛 습성이 불거져 나올 때마다 저는 제 영혼에게 이제는 '하늘 인격자' 라는 것을 점잖게 깨우쳐 주는데, 그때마다 거룩하고 정직한 제 삶의 자리로 재빨리 되돌아오는 은혜를 경험하곤 합니다. 무엇을 해야 할 지, 어떻게 살아야 할 지 아직 잘 모르신다면, 내가 누구인가를 먼저 진지하게 생각해 보시기 바랍니다. 행위로 존재를 얻는 것이 아니라, 존재(됨)가 행위(함)를 결정하는 것이기 때문입니다.

2004. 6. 7.

고수 정신

　신학을 공부하기 전, 대학원 박사과정에서 한국고전시가를 전공하게 되면서, 세계적인 소리예술인 판소리의 사설의 시가(詩歌)적 성격 때문에 아주 자연스럽게 판소리에 깊이 빠지게 되었습니다. 판소리에 마음이 쏠리면서 마음 야무지게 먹고 전라북도 지정 무형문화재이자 명고수이신 홍정택 선생님으로부터 소리북을 전수 받았습니다. 난생 처음 북을 잡았지만 홍 선생님으로부터 '천재' 라는 과찬(過讚)까지 자주 들을 만큼 북을 다루는 제 솜씨가 말 그대로 일취월장했습니다. 아무튼 그렇게 가다듬은 소리북 가락으로, 생전의 박동진 명창과 함께 전북예술회관에서 잠시나마 공연을 할 수 있을 정도로 그럴 듯한 고수 대열에 합류하게 되었습니다. 그 무렵, 북가락을 연습하는 동안, 장정이 올라가서 굴러도 부서지는 법이 없는 북을 북채로 두 개나 찢어 먹을 만큼 한동안 소리북에 푹 빠져들었습니다. 어떤 때는 손가락 안쪽이 찢어져 북통에 벌겋게 피가 뿌려진 것도 모르고 북소리에 미치기도 했습니다. 소리북 이론에 대한 공부도 나름대로 열심히 하여 판소리 관련 학회지에 판소리 소리북 관련 논문을 몇 편 발표하기도 하였습니다.

　서양음악의 오페라와 달리 판소리는 이른 바 예행연습 곧 리허설이란 것이 없습니다. 그냥 소리꾼과 고수가 만나 소리판이 벌어지면 소리꾼이 처음 뽑아내는 소리의 장단을 고수가 재빨리 간파하여 북가락을 잡습니다. 그래서 소리꾼과 고수가 처음 만나면 가끔 치열한 공력 싸움이 먼저 벌어집니다. 소리꾼이 일부러 엇박으로 소리를 시작하여 소리꾼을 놀래주면, 고수는 교묘하게 장단을 밀고 당겨서 소리꾼의 공력을 이리 저리 시험합니다. 어느 한쪽의 공력이 심히 달리게 되면, 소리가 끝날 때까지 공력이 달린 쪽은 오금을 펴지 못하고, 평소 갖고 있던 기량을 별로 풀어내지도 못한 채 소리판이 끝나버립니다. 그 공력의 차이가 비교적 조금날 경우에는, 공력이 강한 쪽이 내내 소리판을 주도하며 약한 쪽을 끌고 가게 됩니다. 그러기에 소리꾼들 입장에서는, 자기 소리 공력에 잘 어울리거나, 공력이 자기보다 웃돈다 할지라도 참으로 편안하게 소리판을 잘 이끌어 줄 수 있는 고수를 만나기가 하늘의 별 따기만큼이나 어렵습니다. 그래서 '일고수 이명창'이라는 말이 생겨났을 것입니다.

북가락이 화려한 사람은 곳곳에 제법 많습니다. 그런데 어떤 소리판에서는, 고수가 자신의 화려한 북가락을 자랑하느라 소리의 맥을 여기저기서 함부로 끊어 소리를 망쳐 놓기도 합니다. 소리의 맥을 따라 소리꾼의 소리를 순간순간 뒷받침하여 절묘하게 북가락을 때려내는 고수, 소리꾼이 자신을 완전히 맡긴 채 두세 시간이든 네댓 시간이든 판소리 한바탕을 신명나게 완창할 수 있을 만치 소리북의 맛과 멋을 제대로 아는 고수는 참으로 귀합니다. 수많은 청중 앞에서 자기 북가락을 화려하게 내보이고 싶은 유혹을 끝까지 참고, 소리꾼을 한껏 북돋아 세워줌으로써 마침내 자신의 북도 생명을 얻는 매우 드높은 경지의 '고수 정신'이 우리 사회에 참으로 그리운 요즈음입니다.

2005. 1. 17.

허풍사회

전주열린문교회 개척 초기에 있었던 일입니다. 어느 날 저희 교회당에 대구에서 왔다는 어떤 젊은이가 찾아왔습니다. 대구에서 급한 볼 일이 있어 난생 처음 전주에 왔는데 그만 지갑을 몽땅 소매치기 당했다는 것, 전주에 아는 사람이 하나도 없다는 것, 몇 군데 가게에 들러 통사정을 했으나 별 도움을 받지 못했다는 것, 그래서 낙심하여 지나다가 마침 교회 간판이 눈에 띄기에 그래도 목사님은 도와주시지 않을까 하여 염치불고하고 들렀다며 대구까지 갈 차비만 좀 빌려 주시면 도착 즉시 송금해 드리겠다는 것이었습니다. 참 딱하다는 생각이 들었습니다. 멀끔한 생김새나 말투가 거짓말할 사람으로는 보이지 않았습니다. 제 태도가 호의적이라고 판단했는지, 얼른 자기 집 주소와 전화번호 그리고 이름까지 적어 주고는, 괜찮다는 데도 기어이 제 은행계좌번호까지 적어 달래서 제가 내미는 얼마간의 여비를 받고 감지덕지하며 떠나갔습니다.

물론, 그 사람이 교회당에 찾아오기 전에 이미 그런 식으로 접근하는 사람에게 두어 번 속아본 경험이 있어서 그냥 한 번 더 속아보자는 생각으로 돈을 내 주긴 했습니다. 사람의 속마음을 꿰뚫는 재주가 제게 없는 마당에 일부러 저희 교회당을 찾아와서, 자신도 대구의 어느 교회에 다니는 기독교 신자라고 하는 데야 안 도와줄 이유가 없었기 때문입니다. 결과적으로 "하나님의 이름을 두고 맹세컨대 정말 곤경에 처해 있으니 한 번만 도와주시면 은혜 절대 잊지 않겠다"던 그 친구에게 보기 좋게 배신 당하고 말았습니다. 그 일로, 가까운 사람들이 저를 아예 '세상 물정 몰라도 단단히 모르는 순진한 사람'으로 놀리는 것도 그렇고, 나의 선의가 허망하게 짓밟힌 것도 그렇고……. 하여간 그 불쌍한 사기꾼 젊은이가 생각

날 때마다 늘 안타까운 생각이 듭니다.

자신의 낮은 신뢰도를 잘 포장된 맹세로 위장하며 남을 속이고 세상을 속편하게 사는 사람들이 뜻밖에 많아 이 사회의 앞날을 생각할 때 마음이 늘 어두워져 오는 것을 어쩔 수 없습니다. 앞서 말한 헛된 맹세만큼이나 좋지 않은 언어습성이 '허풍'입니다. '세계 최초', '세계 최대', '세계 최장'이라는 말이 우리 사회만큼 흔한 나라는 아마 없을 것입니다. 음식점 간판을 만들어 달 때도 걸핏하면 '원조'라는 말을 덧붙입니다. 요즘 우리 과학계에서는 '원천 기술'이라는 말이 유행이지요. 심심산골 오지의 초라한 건물에도 '세계○○협회 총본부'라는 거창한 간판을 즐겨 내겁니다. 예수님은, 오직 '예' 할 것은 '예' 하고, '아니오' 할 것은 '아니오'라고 말해야만 한다고 가르치셨습니다. '예, 아니오'가 분명한 이들은 쓸데없이 맹세를 하거나 과장하여 허풍을 떨 필요를 느끼지 않기 때문입니다. '예' 해야 할 때 '아니오' 하거나, '아니오' 해야 할 때 '예' 하거나, 아니면 그때그때 사람들의 눈치나 살피며 해야 할 말을 하지 않고 '침묵'하는 좋지 않은 습성은 없으십니까? 허풍으로 거짓을 일삼는 이들이 발붙이지 못하는 정직한 세상을 만들기 위해서, '예, 아니오'가 분명하여 짧은 몇 마디 말에도 정직하고 성실한 인격을 담아낼 줄 아는 좋은 습성을 우리 모두 길러야겠습니다.

2006. 2. 9.

지름북

　판소리 마당에서 자주 나오는 말 가운데, '지름북'이란 말이 있습니다. 원래는 '기름북'이라는 말인데, 전라도 사투리로 '기름'을 '지름'으로 발음하는 까닭에 '지름북'이 된 것입니다. 소리북을 공력을 쌓아가다 말고 아주 능숙한 명고수가 되기 전에 북 공부를 중단한 까닭에, 북을 전혀 못 다루는 것도 아니고 그렇다고 공연마당에서 마음 놓고 소리꾼과 호흡을 맞출 만한 탄탄한 공력도 못 갖춘 경우, 그냥 버리자니 아깝고 써먹자니 문제가 많은 북솜씨를 가리킵니다. 기름을 발라 잘 손질하면 제법 빤질빤질한 모양이 나듯 북가락의 모양은 제법 그럴싸한데 그 모양에 걸맞은 공력이 전혀 없어 소리꾼들에게 실질적인 도움을 주지도 못하고 함께 공연하기 몹시 힘든 경우를 약간 비아냥거리는 투로 일컫는 말입니다.

　인공위성을 지구 궤도로 쏘아 올릴 때 얼마나 뛰어난 기술과 얼마나 엄청난 에너지가 필요한지 아실 것입니다. 그 거대한 몸집의 쇳덩어리를 궤도에 올리기 위해 쏘아 올렸는데 지구 궤도에 미처 오르기 전에 그만 추진 로켓이 멈춰버렸다고 한 번 생각해 보십시오. 수직으로 대기권을 향해 쏜살같이 올라가다 말고 추진 로켓이 그만 멈춰 서 버리면 올라간 그 고도에 멈춰 서 있는 것이 아니라 곧바로 지구 중력에 의해 맨땅으로 곤두박질하게 되고, 그럴 경우 참으로 골치 아픈 일이 생길 것입니다. 천문학적인 액수의 인공위성 제작비와 소중한 인재를 잃는 것은 말할 것도 없고 그것이 지상 어느 지점에 떨어지느냐에 따라 상상을 초월하는 피해가 발생할 수도 있는 것입니다.

　50년 넘게 살아오는 동안, 때로는 아기자기하고 때로는 몹시 고단하고 가슴 아픈 삶의 구비를 지나오면서, 삶의 절대 원칙으로 제가 믿고 따르는 성경의 망원경과 현미경으로 세상의 흐름을 보는 시각을 조금씩 정교하게 가다듬는 은혜를 많이 누렸습니다. 지구촌의 돌아가는 모습, 나라 안의 어지럽고 혼란스러운 흐름, 좁게는 제 고향 전라북도 도민들의 만성 속앓이, 제가 속한 몇몇 공동체의 심각한 고민들을 보며, 그 어지럽고 혼란스러운 소용돌이의 밑바닥 중심에 저 자신을 포함해서 '지름북' 들이 너무 많다는 결론을 얻게 되었습니다. 우리를 거미줄처럼 동이고 있는 공적인 약속과 사사로운 약속이 잘 지켜지지 않고, 시작과 끝이 일치하도록 한결같은 자세를 지니고 사는 이들이 안타깝게도 그리 많지 않습니다. 자신이 이미 '지름북' 이 되었고, 자기 마음 깊은 곳에 어쭙잖은 자부심으로 미화된 무서운 교만이 굳건하게 따리 틀고 있음을 생각조차 하지 못하기 때문에, 애써 잡은 인생의 북채를 놓기도 싫고 그렇다고 멈춰선 공력을 다시 궤도까지 끌어올리기 위한 피나는 노력도 전혀 하지 않습니다.

송구영신 예배와 함께 2006년 새해를 시작한 게 엊그제인 것 같은데 벌써 마지막달 12월이 코앞입니다. 잠시 시간을 내서 올 한 해를 한번 솔직하게 돌아보십시오. 처음 다짐, 처음 약속을 얼마나 성실하게 지켜냈는지, 혹시 나도 모르게 '지름북' 이 되지는 않았는지, 내년에도 또 그렇게 '지름북' 으로 살 것인지, 하나님 앞에서 정직하게 스스로를 평가해 보십시오.

2006. 11. 30.

진실이 힘입니다

늙으신 홀어머니를 고향에 두고 군에 입대한 청년이 있었습니다. 날이면 날마다 고향에 홀로 계신 어머니 때문에 마음 졸이느라 힘든 군대생활 더더욱 힘들게 견디는 안타까운 세월이 흐르고 있었습니다. 그러던 어느 날, 청년에게 고향에서 보내온 편지 한 통을 소대장이 전해 주었는데, 그 편지를 받아 몇 줄 읽기 시작하자마자 이 청년이 갑자기 그 자리에 털썩 주저앉아 대성통곡하기 시작했습니다.

소대장을 비롯해서 영문을 모르는 부대원들은, 한창 나이의 건장한 청년이 체면이고 뭐고 다 집어던진 채 동료들의 제지에도 아랑곳 않고 엉엉 우는 모습에 불길한 지레짐작만으로 너나없이 나서서 그 청년을 위로하기에 바빴습니다. 그렇게 얼마간의 시간이 흘러 이 청년의 마음이 약간 진정된 후 소대장이 그 까닭을 물었습니다.

그런데 청년이 소대장에게 겨우 겨우 털어놓는 이유는 참으로 엉뚱했습니다. 청년의 어머니는 일자무식이어서 글을 전혀 쓰지 못했다는 것, 그런데 자기가 군대에 온 뒤, 아랫집에 사는 코흘리개 초등학생을 불러다가 그 어린것한테서 자기 어머니가 한글을 배우기 시작하셨다는 것, 그리고 조금 전에 받은 바로 그 편지가 어머니께서 손수 써 보낸 첫 번째 편지라는 것이었습니다. 사연을 들은 소대장이 청년의 손에서 그 편지를 넘겨받아 읽어보니, 초등학생용 공책 한 장을 대충 뜯어서 연필에 침을 듬뿍 발라가며 "내 아들 아무개야, 잘 있느냐? 에미도 잘 있으니 밥 잘 먹고 건강히 잘 지내라"며 꾹꾹 눌러쓴 내용이 전부였는데, 그나마도 맞춤법도 엉망, 글씨 또한 삐뚤 빼뚤 몹시 어지러웠습니다. 그런데도 그 어설픈 편지가 억센 청년을 그만 엉엉 울게 만든 것입니다.

예쁜 디자인의 향내 나는 고급 편지지에 쓴 것도 아닙니다. 예쁘게 쓰인 글씨도 아니었습니다. 편지 내용에 무슨 심오한 철학이나 사상이 담긴 것도 아니었습니다. 전문작가들이 써낸 시나 수필처럼 문학적 기교가 탁월한 것도 아니었습니다. 그런데도 늙으신 어머니가 어찌어찌 글을 배워 군인이 된 아들에게 손수 써 보낸 편지 한 통이 사람을 울게 만든 것입니다.

솔직하면 손해보고, 진실하면 살아남기 어렵다는 사이비 진리가 판치는 무서운 세상이 되었습니다. 많은 이들이 거짓 웃음과 입에 발린 거짓말로 가슴속 살벌한 증오의 칼날을 숨긴 채 고공 줄타기하듯 피곤한 관계 속에 숨 막히는 삶을 살고 있습니다. 청년의 어머니가 보낸 편지에서 보듯이, 진실보다 더 감동적이고 설득력 있는 것은 없습니다. 비록 빛나는 모양이 없고 눈부신 내용이 없을지라도, 마음과 마음, 가슴과 가슴이 정직하게 부딪히는 것보다 큰 위로와 힘이 되는 것은 없습니다. 거짓과 위선, 부질없이 세련된 기교와 능란한 처세술의 추악한 가면을 모두 벗고, 이 어머니의 편지처럼, 있는 그대로의 소박하고 솔직한 모습으로 만나는 모든 사람들에게 따스한 감동을 주는 삶을 살고 싶습니다.

2004. 5. 31.

우리들의 일그러진 영웅

근대올림픽이 아마추어 정신을 바탕으로 진행된다는 점에서 선수들의 '기량' 보다는 공정한 경쟁을 통해 승리를 추구하는 스포츠 '정신' 을 더 중요하게 여긴다는 것을 알 수 있습니다. 영어 'sportsmanship' 이라는 낱말에 붙어 있는 접미사 —ship은, '창조하다', '만든다' 는 뜻의 'scieppan' 에서 파생된 말로서 어떤 일의 '질' 이나 '상태' 를 가리킵니다. 말하자면 스포츠의 '기술' 보다 더 중요한 것이 그 바탕에 흐르는 '정신' 이라는 것입니다. 그런 이유로 태권도, 유도, 검도 같은 운동은 그 이름에 '재주 술(術)' 자 대신 '길 도(道)' 자를 붙입니다. 세계적인 권위의 브리태니커 사전에서, 한국 고유의 전통무예인 태권도를, '수련을 통해 심신을 단련하는 행동철학' 으로 소개하고 있는 것을 보면, 모든 운동의 뿌리는 인간다운 정신과 철학임을 알 수 있습니다. 경기에 이긴 선수들에게 뜨거운 박수를 보내는 이유는, 그 경기 결과 속에서 육체의 한계를 정직하게 뛰어넘는 차원 높은 인간 정신을 발견할 수 있기 때문입니다.

안타깝게도 2004 아테네 올림픽은 '오심(誤審) 올림픽' 이라는 별명을 얻을 정도로 추하게 얼룩지고 말았습니다. 아마추어의 관점에도 까마득하게 못 미치는 저질 심판들의 악의에 찬 오심으로, 4년 동안 아니 어쩌면 자신의 일생을 걸고 그늘진 외길을 힘겹게 걸어온 많은 젊은이들의 가슴에 천추의 한을 심어 주는 일이 너무 많이 일어났기 때문입니다. 1986년 멕시코 월드컵에서 아르헨티나의 영웅 마라도나 선수가 자신의 핸들링 어시스트에 의한 득점을 함으로써 세계적인 축구 잔치가 추하게 일그러진 적이 있습니다. 2002년 솔트레이크에서 열린 동계올림픽 쇼트트랙 경기에서 눈부신 할리우드 액션의 미국대표 안톤 오노에게 금메달을 도둑맞은 김동성 선수로도 모자랐는지, 이번 올림픽에서는 한국체조의 간판인 양태영 선수가 심판들의 속 보이는 오심으로 미국의 폴 햄에게 금메달을 넘겨주어야 했습니다. 올림픽 축구 본선 8강 진출전에서 한국과 맞붙은 말리의 공격수 은디예바 역시 자신의 핸들링 어시스트로 전반 7분 만에 첫 골을 얻어냈습니다. 심판을 눈속임한 반칙으로 골을 얻고도 희희낙락하며 천연덕스럽게 골 뒤풀이를 한 마라도나와 은디예바 선수, 판정 시비가 일자, "착지실수로 엉덩방아를 찧는 순간 동메달이라도 땄으면 좋겠다는 생각이 들었다"던 폴 햄이 금메달을 걸고 귀국한 후에는 완전히 말을 바꾸어 "심판이 제대로 채점했다면 양태영 은 4등을 했을 것"이라는 헛소리로, 자기 양심의 외침을 애써 억누르며, 수준 이하의 심판들에 의해 우승자가 됐음을 스스로 인정하는 모습에서 세계 최정상급 선수다운 '구도자 정신'은 찾아볼 수 없었습니다.

　오심을 재확인한 국제체조연맹(FIG) 브루노 그란디 회장의 편지를 근거로 한국선수단이 스포츠중재재판소(CAS)에 제소하여 금메달을 되찾는 절차를 밟을 것이라는 소식에 몹시 우울해 집니다. 평소, 이 세상의 그 어떤 것보다 스포츠는 땀 흘린 만큼의 대가가 분명히 주어지는 가장 정직한 영역이라고 믿어왔기 때문입니다. 오심의 덕을 본 선수 자신의 정직한 양심선언으로 오심을 바로잡아 줄 수 있을 만큼, 뛰어난 기량에 걸맞은 위대한 정신과 철학을 갖춘 진정한 스포츠 영웅을 언제쯤 만나볼 수 있을는지요.

2004. 8. 30.

금빛 은메달

108년 만에 올림픽의 본고장 그리스 아테네에서 열렸던 '2004 올림픽'이 끝났습니다. 세월 따라 사라지는 영웅들의 그림자 뒤로 새아침 햇살이 돋듯 새로운 영웅들이 탄생하는 것을 지켜보면서 생각이 많았는데, 참 안타깝게도, 없었으면 좋았을 상식 밖의 일들이 많이 일어 2004 아테네 올림픽은 두고두고 스포츠 애호가들의 입방아에 오를 것 같습니다. 아무튼 몸의 건강과 정신 수련을 위해 하는 것이 운동인데, 너나없이 순간순간 뒤바뀌는 메달의 색깔에만 온 정신을 쏟는 바람에 경기장마다 스포츠 엘리트들의 눈부신 연기(?)만 있을 뿐 운동 본래의 목적과 정신은 온데간데없게 된 것이 몹시 아쉽습니다.

언제부터인지 우리 사회에는 '꿩 잡는 게 매'라는 속담이 유행하게 되었습니다. 실용성을 유난히 강조하는 신자유주의 경제정책의 영향 탓인지 지나치게 결과만을 중시하는 흐름이 완전히 뿌리내린 듯하여 몹시 조심스럽습니다. 그 과정에서 무슨 일의 동기나 과정은 철저하게 사람들의 관심 밖으로 밀려나고 말았습니다. 이런 흐름은 올림픽 경기에서도 여지없이 드러나서 그 과정이야 어떻든 금빛 메달만 목에 걸면 그것으로 모든 것이 다 끝나버린다고 생각하는 이들이 많은 것 같습니다. 아무리 꿩을 잡았어도 매가 아닌 것은 매가 아님에도 오직 그 결과만을 보고 매 아닌 것을 매라고 부르는 현실에서 성철 스님 같은 분이 "산은 산이요, 물은 물"이라는 말을 굳이 하지 않았을까 생각해 봅니다.

눈부시게 발달한 정보통신 매체 덕분에 오늘날 우리는 머나먼 아테네에 있는 경기장의 경기를 생중계로 시청할 수 있게 되었고, 그 과정에서 선수들의 모든 경기 내용과 심판들의 엉성한 판정까지도 속속들이 알게 되었습니다. 남자체조 개인 종합 부문의 양태영 선수가 1등을 하고서도 동메달을 딴 것도 알고, 비록 비인기종목이지만 여자핸드볼 대표팀이 덴마크 대표팀과의 결승전에서 스포츠사상 전무후무한 2차 연장전까지 정말 극적인 동점상황을 연출하고 최종 승부던지기에서 아깝게 패해 은메달을 차지한 것을 알게 되었을 때, 어느 누구도 그것이 은빛이라는 생각을 하지는 않았습니다. 마침내 어느 스포츠 전문기자는 '금빛 은메달'이라는 표현으로 그 멋진 경기의 극적인 측면을 실감나게 부각시켰습니다. 또한, 관중의 방해로 우승을 놓치고 남자 마라톤 동메달을 수상한 브라질의 리마 선수가 1등이 아니라고 생각하는 이도 거의 없을 것입니다.

여러모로 부족하고 아쉬운 점이 많은 아테네 올림픽이었지만, 이 대회는 우리 사회에 매우 주목할 만한 변화를 가져온 의미 있는 대회였다고 봅니다. '금빛 은메달'이라는 표현에서 드러나듯, 메달 색깔보다 더 중요한 무엇이 있다는 것, 메달 색깔로 상징되는 어떤 '결과'보다 그 결과에 이르는 과정이 더 중요하다는 평범하고도 소중한 진리를 깨우쳐 주었기 때문입니다. 아무튼 왜곡된 결과지상주의가 사라질 조짐을 보이기 시작했다는 사실이 너무 감격스럽습니다. 다시 말씀드리거니와, 메달의 빛깔보다 더 중요한 것이 묵묵히 정직하게 땀 흘리는 '과정'이고, 과정이 아름다워야 그 결과 또한 진정 의미 있게 받아들여지는 것이기 때문입니다.

2004. 9. 6.

인생교과서

가끔 기린봉이나 완산칠봉 혹은 전주 근교의 모악산이나 오봉산을 찾아갑니다. 늘 책상 앞에 고부라져서 성경이나 책을 읽고 글을 쓰고 가르치는 일을 주로 하는 저로서는 나름대로 신체활동의 균형을 맞추는 시간이기도 하고, 사방이 시멘트벽으로 둘러싸인 사무공간에서 벗어나 신선한 바깥바람을 쐬며 일상으로부터 한두 발짝 물러서서 제 삶의 테두리를 좀 더 객관적으로 바라보며 스스로의 자세를 바로잡는 즐거움도 쏠쏠하게 누릴 수 있는 기회여서 꾸준히 산행을 하는 편입니다. 때로는, 아무런 생각 없이 그냥 산길을 걷다 돌아와도 그 또한 그대로 상큼한 맛이 느껴지는 걸 보면 제 본바탕이 시골뜨기인 것만은 분명합니다. 하기야 고등학교를 졸업할 무렵까지, 집에서 학교까지의 시오리 남짓한 길을 그 무거운 책보따리를 들쳐 맨 채 날마다 걷고 뛰면서 자랐으니, 풋고추, 된장, 고추장 맛만큼이나 푸근한 흙냄새에 익숙해 있는 제 본바탕을 부인하려야 부인할 수는 없을 터입니다. 책상 앞에서 책을 읽으면서는 앞서가신 여러 선배 어르신들의 속 깊은 생각을 배우는 것이 많은 반면, 혼자 산행을 하면서는 때로 가슴 속 여기저기에 어수선하게 널려 있는 제 생각의 갈피를 하나씩 챙겨 들고 때로는 몹시 유치한 생각이나마 그 벼리를 간추리는 재미가 있어 좋습니다. 몇 사람이 되든 동행이 있으면 그 또한 그분들의 세상사는 이야기를 엿들으며 자잘한 삶의 지혜를 배우는 재미 또한 작은 것은 아닐 터이지요.

산을 오르내릴 때마다 느끼는 것이지만, 우리네 인생은 산길을 걷는 것과 참 많이도 닮아 있습니다. 산 정상을 향하는 갈래길이 수없이 많은 것도 그렇고, 한 번 산행에 오직 한 개의 길밖에 걷지 못하는 점에서도 그렇습니다. 어떤 때는 한동안 마냥 오르막길만 있을 때도 있고, 또 어떤 때는 뜻밖에 내리막길이 더 많을 때도 없는 것은 아니지만, 그저 꾸준히 산길을 걷다보면 오르막 내리막이 그래도 비교적 고르게 나타나는 것도 그렇고, 오르막길보다 무심코 만만하게 여긴 내리막길에서 발을 헛디뎌 다칠 가능성이 더 큰 점에서도 그렇습니다. 숨이 턱에 닿을 듯 힘든 코앞의 오르막에서 '그저 이 봉우리 하나만 넘으면 바라던 정상이 나타나겠거니' 생각하고 모든 힘을 다 썼는데 막상 올라서서 보면 엉뚱하게 생각지도 못했던 다른 봉우리들이 또 나타나 한 순간에 그만 맥이 완전히 풀리고 마는 것이나, 아무튼지 이를 악물고 한 발짝 두 발짝 기어오르다보면 마침내 정상에 서서 끝 모를 환희에 가슴이 터져 나갈 듯한 감격을 누리는 것이나, 어느 누군가는 정상아래 어느 산비탈에서 지친 발길을 아쉽게 돌이키기도 하는 것에서도 그렇습니다. 어디 그뿐이겠습니까? 언젠가, 지친 나머지 중도에 허망하게 포기하고 아쉽게 돌아서야만 했던 그 길을, 몸을 열심히 담금질한 얼마쯤의 세월이 흐른 다음에는 거뜬히 완주하여 정상에 어엿이 올라 챌 수 있는 점에서도 그렇습니다. 아무튼 산은, 사시사철 각기 다른 모습과 호흡으로 어수선한 우리 삶의 자세를 꾸준히 가다듬을 수 있도록 창조주 하나님께서 선물로 주신 참으로 귀한 인생 교과서입니다.

2005. 2. 28.

정신이 육체를

산의 높이나 모양이 제각각이듯이, 산에 오르는 사람들의 산행 자세나 습관 또한 천차만별입니다. 산에 오르는 옷차림에서부터 산을 대하는 사람들의 자세가 정말 있는 그대로 배어납니다. 등산복과 등산화 그리고 등산모자와 배낭, 지팡이에 이르기까지 모든 것을 다 격식 있게 갖추어 산을 찾아 나선 이가 있는가 하면, 아예 양복 정장 차림에 뾰족구두 그리고 양산까지 곱게 받쳐 들고 갖은 모양을 낸 채 수줍게 산비탈을 올라서는 연인들도 더러 있습니다. 어떤 이는 한겨울에도 반소매 속옷만 덜렁 입고 철 이른 객기를 부리며 으스대기도 하고, 또 어떤 이들은 그 험한 산골짜기 자갈길을 아예 맨발로 위험하게 징검징검 걸어 다니기도 합니다. 해가 서산에 뉘엿뉘엿 넘어가기 시작하는 시간에 땅거미 유난히 빨리 지는 산길을 전등도 없이 정말 겁 없이 어슬렁거리며 오르기 시작하는 이들도 있습니다.

타고난 시골뜨기인 저는 어려서부터 아주 자연스럽게 산이나 물과 친하게 지내며 자랐습니다. 그래서 요즘도 틈만 나면 산을 자주 찾고 물을 사랑하는 축에 들지만 마음 한 쪽에는 산과 물에 대한 두려움 또한 항시 있습니다. 산과 물을 좋아하면서도 그 산과 물을 많이 두려워하는 마음은 군복무기간에 좀 더 강화되었습니다. 몹시 고단한 공수특전단원 생활을 하며, 지도와 나침반 하나만 달랑 들고 난생 처음 가보는 태백 준령의 칠흑 같은 야간 산악행군을 밥 먹듯 하면서 산과 물에 대한 친근감이 커 가는 한편 그것들에 대한 두려움 또한 무한대로 커졌습니다. 팀 리더로서, 한 순간 방심하는 사이 소중한 생명이 허망하게 사라질 수 있는 위태위태한 상황을 숱하게 겪어야 했기 때문입니다. 특전단에서는 10km 구보를 할 때도 '폭풍구보' 라 하여 처음부터 끝까지 마치 100m 단거리경주를 하듯이 내달립니다. 일단 달리기 시작하면 중도에 쉬는 법은 아예 없습니다. 산악행군도 마찬가지, 30-40kg 무게의 배낭을 짊어지고 일단 산을 오르기 시작하면 제 아무리 높은 산이라도 중간에 쉬는 법은 없습니다. 부득이 쉬어야 할 때는 배낭을 내려놓고 편히 앉아 쉬지 않고 반드시 서서 쉽니다. 그런 까닭에, 산을 오르기 전에 지도를 놓고 미리 그 산의 높이와 산행의 코스를 치밀하게 분석한 다음 아예 처음부터 체력을 충분히 안배한 속도로 산행을 시작합니다. 그리해도 숨이 턱에 닿을 듯 힘든 순간이 끊임없이 찾아오지만 끝까지 인내합니다. 이런 특전단 생활을 통해 제 가슴과 뼈에 새긴 삶의 큰 원칙이 있습니다. 곧 '정신이 육체를 지배한다' 는 것입니다.

산을 오르다보면 산비탈에서부터 냅다 내달리며 열심히 앞질러 가는 사람들을 더러 만납니다. 얼마쯤 올라가다 보면 완전히 맛이 간 얼굴로 소나무 그늘 밑에 주저앉아 있습니다. 조금 더 지나쳐 가다보면 아까 그 사람이 또 쏜살같이 씩씩대며 앞질러 올라갑니다. 다시 얼마쯤 올라가 보면 숨을 할딱이며 또 널브러져 있습니다. 결국 산 정상에는, 쉬지 않고 서서히 산을 오른 제가 먼저 올라서게 됩니다. 하나님의 숨결이 진하게 배어 있는 산을 오를 때마다, 삶의 호흡을 묵묵히 조절하며 겸손히 인내하는 법, 꾸준히 걸으면서 쉬는 법을 다시 익히고 또 배웁니다.

2005. 3. 7.

일을 하다 잠깐씩 숨을 돌릴 때 중요무형문화재 45호 대금산조 인간문화재인 죽향 이생강 명인의 대금산조를 즐겨 듣습니다. 산조 자체가 지나칠 정도로 격식을 강조하는 정악장단이 아닌 민속악장단을 채택한 까닭에 비교적 편안하게 다가오기 때문이기도 하고, '부는 것에 관한 한 신선'으로 추앙 받는 이생강 명인의 신들린 듯한 대금 소리에 붙들린 까닭이기도 하고, 젊은 시절 한동안 넋을 빼앗긴 적이 있던 소리북에 대한 짙은 향수 때문에 지금은 고인이 된 소리북 분야의 인간문화재 김득수 선생님의 장고 가락에 귀 기울이며 세월 속에 많이 무뎌진 우리 장단에 대한 감각을 아주 잃지 않기 위해서이기도 합니다. 날씨가 좀 우중충할 때는 좀 빠르고 경쾌한 중중머리와 잦은머리 부분을, 좀 차분하게 마음을 가라앉힐 필요가 있을 때는 진양조와 중머리 부분을 골라 듣습니다. 요즘은 멀티미디어 기능이 탁월한 컴퓨터 프로그램이 많아 윈앰프 프로그램을 구동시킨 다음 되풀이 기능을 활용하여 어떤 때는 꽤 긴 시간 동안 같은 대목을 듣고 또 들으며 주어진 일을 처리하기도 합니다.

전라북도지정 인간문화재인 명창 홍정택 선생님으로부터 소리북을 전수 받던 시절, 매번 소리꾼의 소리에 맞춰 북가락을 연습할 수는 없기 때문에, 어떤 때는 판소리 주요 대목의 공연실황을 녹음한 테이프를 녹음기에 걸어 두고 이웃집 사람들에게 욕먹지 않기 위해 북통에 이불을 둘둘 감아 놓고 북을 연습하는데 어느 순간 북의 한배가 영 맞지 않아 당황한 경우가 많았습니다. 처음엔 내 북가락의 한배에 문제가 있어 그런가 했는데 국악계의 거봉으로 손꼽히는 이들도 비슷한 고백을 하는 것을 들으며 조금 마음이 놓였던 기억이 있습니다. 판소리 공연현장에서 고수와 소리꾼 그리고 청중이 한데 어우러지면서 들썩거리는 현장의 분위기와 상황에 따라 순간순간 요령껏 박을 밀었다 느꿨다 하기 때문에 그랬던 것임을 꽤 오랜 수련을 거친 뒤에야 깨닫게 되었습니다.

공연도중 장단의 한배가 아주 조금씩 빨라져 가는 것을 판소리 전문 용어로 '몰려간다' 고 합니다. 컴퓨터 멀티미디어 프로그램에 녹음파일을 걸어놓고 같은 대목을 되풀이시키다보면, 곡의 끝부분 다음에 바로 그 곡의 첫 부분이 뒤따라 나오는 순간이 있는데 놀랍게도 그분야의 신선으로 추앙 받는 이들의 연주에서조차 바로 그 대목에서 장단이 정말 머리카락 한 올만큼씩 '몰리는' 현상이 또렷이 확인됩니다. 연주자나 반주자 어느한 쪽의 잘못이라기보다는, 긴 연주시간 내내 서로에게 서로를 맞춰 보듬으려는 노력이 공연과정에 배어든 결과가 그렇게 나타났을 것입니다. 이생강 명인의 대금과 김득수 명인의 장고가 어우러져 세계적인 음악작품으로 극찬을 받는 '명작 중의 명작' 에서조차 한배의 처음과 끝이 약간 다른 것을 느낄 때마다 세상만사 '초심(初心)' 을 줄기차게 유지하는 일이 생각처럼 그리 쉬운 일은 아님을 뼈저리게 느낍니다. 하기야 이생강, 김득수 선생님 같은 불세출의 명인들이 함께 어우러졌기에 망정이지, 그저 그렇고 그런 쟁이들이 만났다면 처음과 끝의 차이는 차마 말을 끄집어내기조차 어려웠을 터, 아무튼 처음 마음을 끝까지 잃지 않을 수만 있다면 그게 바로 빛나는 명품 인생 아니겠습니까?

2005. 3. 28.

궤도에 오르기

1687년 아이작 뉴턴이 지구 궤도를 비행하는 인공위성에 대한 착상을
내놓은 지 약 300년이 지난 1957년 10월 4일 소련은 최초의 인공위성인
스푸트니크 1호를 발사했고, 미국은 그보다 3개월 늦은 1958년 1월 31일
에 처음으로 익스플로러 1호를 궤도에 쏘아 올렸습니다. 그 뒤, 미·소 두
나라의 치열한 경쟁 덕분에 인공위성 관련 기술이 꾸준히 축적되어 지금
은 적어도 15개국에서 5천대 이상의 인공위성을 지구 궤도에 올려놓을
수 있게 되었습니다. 이 위성들은 아주 작은 공만 한 것에서부터 우주실
험실만 한 것까지 크기와 형상이 다양하며, 그 종류와 기능도 과학위성,
기상위성, 통신위성, 항법위성, 정찰위성 등 쓰임새에 따라 여러 가지, 오
늘날 인공위성은 현대인의 생활 깊숙한 곳까지 알게 모르게 깊은 영향을
끼치고 있습니다. 한마디로 인공위성이야말로 현대 과학문명의 눈부신
기술력과 엄청난 자본력의 화려한 꽃이라 할 수 있습니다.

학창 시절, 미국 휴스턴 우주선 발사기지에서 집채만 한 유인우주선이
발사되는 장면을 TV중계로 지켜보면서 인간의 기술과 능력이 참으로 대
단하다는 생각을 한 적이 있습니다. 그런데 만일 상승 비행 중에 추진 로
켓이 멎어버린다면 상상할 수도 없는 큰 재앙이 일어나고 엄청난 손실이
뒤따를 것입니다. 아무리 큰 위성이라도 일단 궤도에 오르기만 하면 지구
궤도를 순항하며 제 역할을 할 수 있기 때문에, 위성발사 과정에서 위성
이 궤도에 진입할 때까지 그것을 밀어 올리는 강력한 로켓 추진장치는 대
단히 중요합니다.

운동도 할 겸, 한 달쯤 전부터 막내 아들 녀석에게 짬짬이 직접 탁구를
가르치기 시작했습니다. 탁구는 궂은 날씨에도 할 수 있고, 할머니와 손

자가 함께 즐길 수 있는 가족적인 운동이고, 그리 과격하지 않아서 평생 즐길 수 있는 데다, 평소 아들놈의 손놀림이 그리 둔하지 않아 보였기 때문입니다. 단 한 번도 탁구채를 잡아본 적이 없는 아이를 무던히 어르고 달래며 기본 스매싱을 가르친 지 한 달쯤 되는데 기대 이상으로 빠르게 실력이 붙고 있어 그럭저럭 기분이 좋았습니다. 그런데 제 딴에 무슨 바쁜 일이 있었는지 며칠 동안 연습을 거르다가 엊그제부터 연습을 다시 하기 시작했는데 무던히 애써서 조금 올려놓은 실력이 며칠 새 많이 내려앉아 있었습니다. 이유는 단 하나, 탁구 실력이 아직 수준급 궤도에 오르지 못했기 때문입니다.

　탁구뿐 아니라 세상사는 이치가 다 그런 것입니다. 큰일이건 작은 일이건, 일단 뜻을 정하고 시작했으면 일정한 궤도에 오를 때까지는 치열하고 줄기차게 집중력을 갖고 줄달음쳐야만 무슨 열매를 얻을 수 있는 것이지, 조금 높이 올라갔다고 자만하거나, 조금 힘들다고 멈춰버리면 마치 궤도에 미처 이르지 못한 인공위성의 추진로켓이 멈춰버린 것처럼 참으로 속쓰리고 불행한 결과를 낳고 마는 것입니다. 큰 뜻을 품고 시작한 일일수록, 궤도가 가까워질수록 힘이 더 든다는 것을 알고 마침내 궤도에 오르는 마지막 순간까지 한 번 더 용기를 내어 최선을 다하는 자세가 무엇보다 중요할 것입니다.

2005. 6. 30.

이 봄이 가기 전에

경칩(驚蟄)이 지나고 황홀한 꿈처럼 봄이 왔습니다. 경칩은 양력 3월 6일경, 태양의 황경이 345도가 되어 개구리를 비롯해서 겨울잠을 자던 동물들이 깨어나기 시작한다는 절기입니다. 경칩 때는 자라나는 보리의 싹을 보아 그 해 농사의 풍흉을 가늠했으며, 개구리나 도롱뇽의 알을 먹으면 건강에 좋다 하여 그것을 먹었습니다. 또한 성가신 빈대를 잡기 위해 흙담을 쌓거나, 물에 재를 타서 그릇에 담아 두기도 했습니다. 약 보름쯤 뒤인 양력 3월 21일 경 태양의 황경이 0도가 되는 춘분(春分)이 되면, 태양이 적도를 똑바로 비추고 있어서 낮과 밤 시간이 같아집니다. 농부들은 이 때부터 본격적으로 흙을 일구고 씨 뿌릴 준비를 서두릅니다.

경칩이 지나면서 아침 최저 기온도 5-6도를 오르내리고 한낮 최고 기온도 20도 가까이 올라가면서 은근히 무더운 느낌까지 드는 것이 정말 봄이 왔나 봅니다. 저희 집에서 멀지 않은 전주시 변두리의 논과 밭에도 한해 농사를 서둘러 준비하는 농부들의 일손이 따사로운 봄 햇살 아래 바지런합니다. 서슬 퍼런 동장군이 할 수 없이 밀려나고 매화 향내 가득한 봄소식이 저만치 오기 시작하면서 겨우내 움츠려 있던 농부들의 마음은 한껏 설렙니다. 어디 농부들만 그렇겠습니까? 비록 막연하기는 해도 거의 대부분의 사람들이 다가오는 새봄에 대한 이러저러한 꿈과 희망을 가슴에 품고 무거운 겨울옷을 벗어 던집니다. 봄에 심고 가을에 거두는 것, 봄에 심은 것을 가을에 거두어 긴 겨울을 버티는 것이 하나님께서 세우신 자연의 흔들림 없는 법칙이고 사람이 사는 근본 이치임을 잘 알기에, 풍성한 가을걷이의 꿈이 담긴 씨앗을 심는 봄이 오면 사람들의 가슴속에 희망의 봄풀이 하나 둘씩 그렇게 돋아나는 것입니다.

"심는 대로 거둔다"는 아주 평범한 진리의 터가 있기에 힘들고 어려워도 한 번 더 용기를 내어 일어설 용기를 낼 수 있습니다. "심은 대로 거둔다"는 말은 심지 않으면 거둘 수 없다는 뜻입니다. 심은 씨앗과 전혀 다른 열매를 거둘 수는 더더욱 없다는 뜻이기도 합니다. 봄에 심은 것을 가을에 거두어 한 해를 살고 날마다 해마다 평생토록 그 흔들림 없는 진리의 터에서 여태껏 살아왔으면서도 사람들은 틈만 나면 심지 않고 거둘 궁리를 합니다. 공부를 열심히 하지 않은 학생이 그저 좋은 성적만 거두고 싶어 하는 것처럼, 세상살이를 그렇게 요령과 잔재주로만 끌어가려는 이들이 뜻밖에 너무 많습니다. 심지 않은 것을 거두려하고, 심은 씨앗과 전혀 다른 열매를 헛되이 꿈꾸면서, 심는 수고도 하지 않고 편히 놀고먹기 위해 틈만 나면 다른 사람의 피와 살을 뜯어먹고 살려고만 하는 빈대 같은 이들이 많으면 세상이 시끄러울 수밖에 없습니다.

심는 대로 거둡니다. 오늘 하루, 그리고 남은 인생에 내가 무엇을 심든지, 내 인생의 겨울로 넘어서는 늦가을에 그대로 거둘 것입니다. 창조주 하나님께서 세우신 영원한 삶의 법칙이기 때문입니다. 좋든 싫든 인생의 겨울은 반드시 올 것입니다. 이 봄이 가기 전에, 지금 내 삶의 논밭에 무슨 씨앗을 심고 있는지, 무엇을 거두고 싶어 하는지 정말 정직하게 되짚어 봐야할 것 같습니다.

2006. 3. 9.

남자화장실의 여자

소변을 보려고 화장실에 들어갔는데 남자화장실 안에서 뜻밖에도 30대 초반으로 보이는 젊은 여성이 남자용 소변기 앞에서 또래의 남자를 꽉 끌어안고 있는 모습이 눈에 들어왔습니다. 평소에 여자 청소부들이 남자화장실을 출입하는 모습을 자주 보아온 터라 그런 풍경에는 얼추 적응이 됐다 싶었는데도 순간적으로 '아차 내가 잘못 들어왔나' 하는 생각이 잠시 들었습니다. 요즘은 벌건 대낮에 길거리에서도 젊은 사람들끼리 부담 없이 애정표현을 하는 경우가 많기 때문에 그저 그런가보다 했는데, 이 여인이 한 손으로는 남자를 끌어안고 다른 한 손으로 남자의 허리띠를 서서히 풀더니 이어 남자 바지의 지퍼를 내리고 속옷까지 슬그머니 끌어 내렸습니다. 그러더니 남성의 소중한 고추를 손으로 받쳐 들었습니다.

여기까지만 이렇게 말을 하면 이 무슨 음란하고 해괴망측한 이야기인가 싶을 것입니다만, 사실은 지난 주 제가 들렀던 어느 종합병원 남자화장실에서 보았던 풍경입니다. 어쩌다 한창 나이의 남편이 중병에 걸렸는지, 자기 몸조차 제대로 가누지 못하는 남편을 부둥켜안고 남자들만 조용히 드나드는 곳에 염치불고하고 들어와서 그 가녀린 몸으로 장정인 남편을 간신히 부축하여 한 손으로 겨우겨우 바지 지퍼를 열어 소변을 볼 수 있게 도와주는 젊은 아내의 모습을 보며 가슴이 몹시 답답했습니다. 많이 어색해 하고 부끄러워하는 여인의 몸짓이 엿보여서 선뜻 다가가 부축해 주겠다는 말도 잘 못한 채 볼 일을 보는 척하며 곁눈질로 그 젊은 부부의 몸짓을 제법 오래 훔쳐보았습니다. 앞뒤 형편을 살피지 않고 앞서 제가 말씀드린 것과 같은 내용만을 말한다면 천하에 버릇없고 음탕한 짓으로 욕을 얻어먹을 그 젊은 여인의 행동이 사실은 제가 지금껏 보아온 어떤 장면보다도 더 아름답고 따스하게만 느껴져 화장실 문을 나서면서 조용히 하나님께 그 남편의 회복과 조기 퇴원을 위해 기도했습니다.

어떤 몸짓의 겉만 보고 그런 행동이 나올 수밖에 없는 내면의 숨은 동기와 상황을 세밀하게 살피지 못하면, 같은 몸짓에 대해 그처럼 정반대의 판단을 내릴 수 있다는 사실이 늘 조심스럽습니다. 우선, 겉으로 드러난 그 몸짓을 내가 정확히 보지 못했을 가능성도 늘 있고, 나아가 그 몸짓 속에 담긴 말 못할 안타까운 속내를 제대로 읽어내지 못하여 칭찬받아 마땅한 어떤 몸짓에 대해 정말 참혹하고 무참한 욕설을 해댈 수도 있기 때문입니다. 신문 지면에 실린 한 장의 보도사진에서도 화면에 감춰어진 사진기자의 의도와 시각을 읽어내는 지혜가 있어야 하듯이 우리네 일상사 역시 사물의 중심을 꿰뚫는 지혜가 뒷받침되지 않으면, 나도 모르는 사이에 검은 것을 희다하고 흰 것을 검다고 벅벅 우겨대며 함부로 재판관 노릇하여 남에게 상처를 입힐 가능성이 아주 높습니다.

사람들은 짐작도 할 수 없는 가슴 속 깊은 곳의 탄식과 아픔을 세밀히 살피시고 싸매시는 하나님 아버지의 그 신비로운 지혜를 온전히 배우고 싶은 마음, 비단 저만의 소망은 아닐 터이지요.

2006. 3. 30.

가장 중요한 약속

"가장 중요한 약속이 있습니다. 친구와의 약속을 어기면 우정에 금이 갑니다. 자식과의 약속을 어기면 존경이 사라집니다. 기업과의 약속을 어기면 거래가 끊어집니다. 그래서 우리는 메모를 해가며 약속을 지킵니다. 하지만, 꼭 지키지 않아도 크게 문제가 되지 않는 약속도 있습니다. 그것은 바로, 나 자신과의 약속입니다. 약속을 어겼다는 사실을 아무도 모르기에, 그리고 그때그때 쉽게 스스로를 용서해 주기에, 우리는 자기 자신과의 약속엔 부담을 느끼지 않습니다. 그러나 내가 나를 못 믿는다면 세상엔, 나를 믿어줄 사람이 단 한 사람도 없습니다. 나 자신과의 약속을 맨 먼저 지키십시오. 어쩌면 그게 가장 중요한 약속인지도 모릅니다."

며칠 전, 한국기독사진가협회 홈페이지 자유게시판에 존경하는 어느 사모님께서 옮겨놓으신 글입니다. 글을 새겨 읽으면서 마음 한쪽이 축축해짐을 느꼈습니다. 가장 중요한 약속인 저 자신과의 약속을 올 한 해도 성실하게 지키지 못한 것들이 몇 가지 생각나서였습니다.

착잡한 마음으로 작년 연말의 다이어리를 펼쳤습니다. 누가 시킨 것도 아닌데 하나님 앞에서 스스로 다짐했던 것들을 하나 둘 확인해 나가면서 책상 앞에서 혼자 끊임없이 얼굴을 붉혀야 했습니다. 제가 섬기는 교회공동체 앞에 이러이러한 일을 하겠다고 다짐한 약속은 그럭저럭 지킨 것 같은데, '올 한 해는 이러이러한 것을 꼭 하자'고 저 자신에게 다짐했던 것들이 무슨 이유에서인지 제대로 지켜지지 못한 것들이 많아 안타까웠습니다. 자기 몸을 잘 추스린 뒤에 집안을 단속하고, 집안단속을 잘 한 다음에 나랏일을 하고, 나랏일을 무난히 감당한 뒤에야 천하를 평정할 수 있다는 옛 어르신들의 가르침에 비추어 보면 교회공동체는커녕 가장으로서 집안도 제대로 이끌 자격이 없다는 것이 너무 허망하게 드러나 버려서 몹시 난감했습니다.

자기 혼자 자기에게 한 약속은 그렇다 치고, 지키지 못할 약속을 함부로 하고, 아예 지킬 마음이 없는 약속을 은밀한 속셈을 따라 으시딱딱하게 하여 실속을 챙기고, 볼장 다 본 다음에는 내가 언제 그랬냐는 듯이 시치미를 떼는 사람들이 활개 치는 한, 세상은 어둡고 추할 수밖에 없을 것입니다. 인간관계에서 가장 중요한 것이 상호신뢰라면, 그 신뢰의 정도는 결국 약속을 어떻게 지켜내느냐에 따라 확인될 수밖에 없을 것입니다. 규모가 어떠하든 약속이 지켜지지 않는 사회, 약속을 밥 먹듯 어기는 공동체에서는 아무리 빛나는 비전이나 구호도 한갓 말잔치에 그치고 말 것입니다. 그렇게 말잔치만 무성한 단체나 조직은 결코 꿈의 열매를 품에 넣을 수 없을 것입니다.

훌쩍 또 한 묶음의 시간이 가고 또 다시 2007년 새해를 꿈꾸는 계절이 되었습니다. 신실하신 하나님의 은혜를 따라 정말 정직하게 흐르는 시간과 빈틈없는 계절의 순환 앞에서 또 한 번 삶의 옷깃을 정갈하게 여미는 기회가 우리 모두에게 은혜롭게 주어졌습니다. 자기 자신에게 한 약속까지도 잘 지켜서, 내년 요맘때는 오늘의 이 부끄러움이 감사와 감격의 열매로 바뀔 수 있도록 최선을 다해 사는 새해가 되기를 바랍니다.

2006. 12. 28.

삶의 기본기

"제대 말년에 몸조심하라."는 말이 있습니다. 군대에 가기 전에는 도대체 이 말의 뜻을 잘 알지 못했고, 실제로 제대할 무렵이 되기까지도 그 의미를 정확히 알지 못했습니다. 그러다가 제대를 두어 달 앞두고 했던 마지막 낙하훈련에서 동기생들이 뜻밖에 줄 부상을 당하는 모습을 보면서 어렴풋이 그 뜻을 짐작할 수 있었습니다. 중상은 아니었지만, 꽤 여러 날 동안 부상 후유증으로 시달리는 동료들로부터 들은 이야기를 혼자 종합한 결과, 공수기본교육을 받을 때 몸에 익혔던 낙하기본수칙을 무시하거나 제대로 지키지 않은 탓에 그런 일이 벌어졌음을 알게 되었습니다. 자신의 경험과 경력만 믿고 자만한 나머지 아주 기본적인 수칙을 가볍게 여기다가 터무니없는 부상을 당했던 것입니다.

2002년 월드컵에서 우리 국가대표팀이 4강에 들었을 때 온 나라가 흥분의 도가니가 되어 마치 월드컵 우승이나 한 것처럼 들뜬 분위기가 한동안 이어졌습니다. 이미 수십 번 되풀이해서 본 닳고 닳은 화면을 지금도 틈만 나면 방송사에서 재방송할 생각을 갖고 있는 듯합니다. 당시, 내친 김에 준우승이나 우승을 했으면 참 좋았겠다는 생각이 있었기에 저 또한 당시 독일과의 4강전에 대한 아쉬움과 미련이 많이 있습니다. 그처럼 과분한 욕심을 냈던 이유는 우리 팀의 기량이나 전력으로 보아 4강권에 진입할 기회가 그리 쉽게 오지는 않을 것이라고 보았기 때문입니다. 축구에 관한 한 문외한이나 다름없는 처지이지만, 제가 보기에 우리 축구의 문제점은 골 결정력이 결코 아닙니다. 골 결정력만 생기면 당장 세계 강호의 대열에 쉽게 합류할 수 있을 것처럼 말들을 하지만, 그 골 결정력이란 것이 축구의 기본기와 깊숙이 맞물려 있기 때문에, 골 결정 능력이 말처럼 그리 쉽게 올라가고 내려갈 간단한 문제는 아닙니다.

아주 어려서부터 어린이 축구 클럽에 들어가 천연잔디 구장에서 축구의 기본기를 아주 탄탄하게 몸에 익히면서 성장한 유럽권 선수들과, 행여 부상으로 선수 생명이 뜻밖에 끝날까 늘 마음 졸이며, 맨 땅바닥에서 제대로 된 슬라이딩 기술 한 번 익히지 못한 채, 축구의 기본정신이나 기본 기술보다는 어떻게든 전국대회에서 좋은 성적을 내어 대학진학 허가증을 받기 위해 수단 방법 가리지 않고 '점수 따는 기술'만을 일찌감치 익혀온 우리 선수들이, 서구 선수들의 몸에 익숙한 잔디구장에서 맞붙었을 때 같은 기량일지라도 이미 몇 수 접히고 들어가는 것은 당연한 일이므로 그런 경기에서 이겨주기만을 바라는 것은 너무 무모한 꿈일 수 있습니다. 차범근 감독이 독일에 처음 갔을 때 제일 힘들었던 부분이 바로 이런 기본기의 차이였다고 고백한 적이 있는데, 어쩌면 그래서 그가 유소년 축구 클럽에 그토록 깊은 관심을 갖고 있는 지도 모릅니다.

어디 운동경기만 그러겠습니까? 우리네 삶 자체가, 삶의 기본이 전혀 튼실하지 못한 채 얄팍한 처세의 기술에만 능하면, 자신뿐만 아니라 그가 속한 공동체 구성원에게까지 뜻밖의 큰 아픔과 슬픔을 줄 수 있다는 것을 제대로 아는 이가 별로 없어 세상이 이토록 어둡고 추한 것 아니겠습니까?

2007. 1. 25.

헌신의 세 가지 시제

　3차원의 세계에서 시간과 공간의 제약을 받으며 사는 인간은, 시간을 과거, 현재, 미래로 구분해서 이해합니다. 과거는 말 그대로 이미 지나가 버린 시간이고, 미래는 아직 오지 않은 시간입니다. 지나가 버린 시간을 되돌릴 능력이 인간에게 없는 것처럼, 오지 않은 시간을 끌어당겨 누릴 수 있는 재주 또한 인간에게는 없습니다. 결국 인간이 누릴 수 있는 가장 확실한 시간은 '현재' 밖에는 없는 것입니다. 시간의 흐름은 바람결 같아서, 현재라고 생각한 바로 그 순간에 이미 저만큼 흘러가 버린 과거가 되고 맙니다. 결국 인생은 '현재' 라는 극히 짧은 순간들이 무한히 많이 모여서 하나의 흐름을 형성하는 시간의 수평선 위에서 이루어지는 한 편의 드라마인 것입니다.

　그 시간의 흐름 속에서 우리는 자기 삶의 자리에서 꼼질꼼질 무슨 일을 하며 나름대로의 삶을 꾸려갑니다. 주어진 자리에서 주어진 시간에 주어진 일에 시간과 청춘과 재능과 돈과 심지어는 목숨까지도 쏟아 부으며 나름대로 열심히 살아갑니다. 내게 있는 모든 것을 최선을 다해 쏟아 부으며 살아간다는 점에서 우리네 삶 자체가 '헌신' 입니다. 물론 각 사람이 헌신하는 대상은 서로 조금씩 다를 수 있습니다. 어느 전직 대통령이 "인사는 만사"라고 했듯이 몸담고 밥 벌어먹고 사는 모든 직장에서 어떤 직원을 어떻게 뽑아 쓰느냐에 그 일터의 사활이 좌우될 때가 많습니다. 어떤 직장이나 회사의 최고 경영자들이 사람을 뽑아 쓸 때 나름대로 인선 기준이 있겠지만 한 마디로 정말 헌신적인 사람을 가려내려는 점에는 별 차이가 없습니다.

　'헌신' 은, 과거형 헌신, 현재형 헌신, 미래형 헌신의 세 가지로 그 시제를 구분할 수 있습니다. 다 똑같이 헌신이라는 이름을 달고 있지만 실은 이 세 가지 가운데 현재형 헌신 하나만 참된 헌신이고 나머지 둘은 가짜입니다. 이 두 가지 사이비헌신은 그 자체가 거짓일 뿐 아니라 지극히 기만적인 요소가 많아 몹시 위험하기까지 합니다. 과거형 헌신을 잘 하는 이들은 늘 "아, 그 때 그것을 그렇게 했어야 하는데……."라는 탄식조의 말을 즐겨 씁니다. 그 당시에는, 눈앞의 이익을 위해 자신이 알고 있던 삶의 중요한 원칙을 무참히 짓밟으며 모든 이익을 실컷 누리고는 뒤늦게 멋진 명분까지 갖추려는 아주 치사한 태도입니다. 미래형 헌신은, 어떤 조건을 내걸고 "무엇 무엇을 끝낸 다음에는 배나 더 잘 하겠다"는 말로 미래의 헌신을 호기 있게 장담하는 태도입니다. 문제는, 약속한 미래의 시간이 확실히 주어질지 아무도 장담할 수 없다는 데 있습니다. 그러기에 진정한 헌신은 현재형 헌신 밖에 없습니다. 지금 나에게 주어진 현재라는 시간에 최선을 다해 헌신하는 사람만이 참 헌신자입니다. 현재 주어진 시간에 최선을 다해 헌신하는 삶이 꾸준히 이어진 결과 마침내 한평생 한결같이 헌신하는 삶을 살게 되는 것입니다. 지금 하고 계신 일이 무엇이든, 나는 과연 어떤 유형의 헌신자인지, 혹시 사이비 헌신자는 아닌지, 정직하게 생각해 보시기 바랍니다.

2007. 4. 5.

warming-up, cooling-off

교통수단과 각종 정보통신 망이 발달하면서 사람들이 몸을 움직일 일이 눈에 띄게 줄어들었습니다. 농경사회에서는 일과 놀이가 곧 운동이었습니다. 자동차와 같은 탈 것이 거의 없던 시절, 집에서 일터로, 일터에서 또 다른 일터로 옮겨가는 것도 오로지 직접 걸어 다니는 것 외에 다른 수단이 없었습니다. 아이들의 놀이도, 갖고 놀만한 그럴 듯한 장난감이 별로 없어서 늘 하는 짓이 서로 몸을 부대끼며 마당이나 운동장에서 마냥 뛰노는 게 전부였습니다. 그런데 요즘은, 애나 어른이나 시간만 나면 핸드폰이나 게임기 또는 컴퓨터에 매달려 손가락 몇 개로 자판이나 두들기는 것이 몸놀림의 거의 전부여서 꽤 많은 사람들이 뚱보가 되어가고 있다는 통계가 발표되기도 하였습니다. 한 삼사십 년 전만 해도 깡마른 사람들이 많은 터라 좀 오동통한 것이 미인의 표준이었지만 비만형이 많은 요즘은 매우 날씬한 체형이 아름다움의 표준으로 변했습니다. 오죽하면 살빼다가 죽는 사람들까지 나오겠습니까?

풍요로워진 우리 세태를 그대로 반영하듯, 우리 시대의 정신을 반영하는 낱말 가운데 어색하기 그지없는 '웰빙' 이라는 말이 버젓이 들어가 있습니다. 좀 과장된 우스개 소리겠지만, 우리 남한 사람들이 살빼기 위해 쓰는 돈이면 북한 사람들을 모두 다 먹여 살릴 수 있다는 말도 심심찮게 들려옵니다. 좀 한적한 곳에 가 보면 낮 밤을 가릴 것 없이 꽤 많은 사람들이 운동복 차림으로 열심히 걷고 뛰는 것을 볼 수 있습니다. 유행을 잘 타는 우리나라 사람의 습성 탓이겠지만, 그 운동이 자기에게 잘 맞는지, 그 운동량이 건강에 보탬이 되는 것인지를 미처 생각하기도 전에 남들 하는 대로 느닷없는 열심을 내어 부산을 떠는 이들이 퍽 많습니다. 물론 그렇게 해서 꾸준히 자기 몸을 관리하는 이들의 비율은 그리 높지 않습니다. 걷고 달리는 게 몸에 좋다니까, 그저 젊었을 때의 마음만으로 잔뜩 둔해진 몸 상태를 생각지 않고 느닷없이 하프 마라톤이나 심지어 마라톤에까지 도전하는 이들도 많습니다. 얼마 전, 저녁 뉴스 시간에 '마라톤 돌연사'에 대한 집중 보도도 그래서 나왔을 것입니다.

기독교인들이 종종 하는 금식기도도, 작정한 기간의 약 3배 정도의 기간을 잡아서 시행해야만 몸에 부담이 없다는 것이 정설입니다. 가령 40일 금식을 하고 싶다면, 금식 전 40일 동안 차근차근 준비하고, 금식 후 40일 동안의 충분한 회복기간을 미리 생각해야만 한다는 것입니다. 운동도 마찬가지입니다. 곧 본 운동을 하기 전의 달구기(warming-up)와 운동 후의 식히기(cooling-off)를 분명히 하지 못하면 운동을 하다가 도리어 크게 해를 당할 수 있습니다. 세상살이의 이치는 다 엇비슷합니다. 자기 분수와 처지를 모르고 부질없는 객기와 느닷없는 열심만으로 차분한 준비와 여유 있는 뒷마무리를 생각지 않고 덤비다 보면 나중에 아무리 후회해도 돌이킬 수 없는 수렁에 빠지고 마는 법입니다. 무슨 일을 준비하고 시작할 때의 그 정성이 끝마무리 때까지 한결같이 유지될 수만 있다면 그보다 더 아름다운 인생은 없을 것입니다.

2007. 4. 19.

세상살이 1막 : 우리들의 삶

1막 3장 "살며 준비하며"

영화가 끝나고
'묘비명'을 써 보세요
이삿짐을 챙기면서
다 놓고 가라고
이별 준비
'내일'은 있는가?

영화가 끝나고

　친한 벗들과 함께 영화관에 갈 때가 더러 있습니다. 여가를 활용하는 방법이기도 하고, 나름대로는 시대의 흐름과 코드를 읽어내는 좋은 과정이기도 해서 꼭 보아야 할 영화는 가능한 한 놓치지 않고 챙겨 보려고 애쓰는 편입니다. 컴퓨터 안에서 DVD로 보는 것과는 다르게 훨씬 더 실감나고 현장감 넘치는 느낌이 좋아 영화는 웬만하면 영화관에 가서 봅니다. 두어 시간 남짓 상영되는 영화가 모두 끝나면 이내 스크린 가득 마지막 자막(ending credit)이 조용히 흐르기 시작합니다. 좋은 영화일수록 영화가 남긴 여운을 잘 간직하기 위해 자막이 다 끝날 때까지 저는 가능한 한 자리에 계속 앉아 있는 편입니다. 한 편의 영화를 만들기 위해 크고 작게 수고하고 협력했던 이들의 이름과 역할이 빼곡히 적힌 자막이 느릿하게 흐르기 시작하고 어둡던 극장 안에 희미한 조명등이 다시 켜질 때, 자리에서 일어나 일상으로 다시 돌아가는 관객들의 가슴에는 이러저러한 감동과 여운 그리고 아쉬움이 남게 됩니다.

　관람료가 아깝다는 생각이 들 정도로 몹시 실망스러운 작품이 있는가 하면, 한두 번쯤 더 챙겨 보고 싶은 영화도 있습니다. 어떤 영화의 어떤 장면, 어떤 대사는 관객의 머리와 가슴에 평생 남아 삶을 풍요롭게 하는 나침반과 자양분이 되기도 합니다. 우리 육체의 삶이 한 편의 영화라면, 각자의 삶이 모두 다 끝나고, 나를 추억하는 조문객들이 모인 장례식장에서 친애하던 누군가에 의해 영화의 마지막 자막처럼 떨리는 목소리로 조사(弔辭)가 낭독될 때, 아니 장례식마저 다 끝나고 문상객들이 하나 둘 흩어져 각기 주어진 일상으로 돌아갔을 때, 내 육체의 삶 속에 숨 가쁘게 수놓아진 수많은 일들, 여러 이유로 만나 무슨 관계를 맺으며 내 인생의 영화 속에 등장했던 많은 이들, 그리고 그것을 내내 유심히 지켜보았던 더 많은 이들 앞에 어느 만큼의 감동을 남기게 될 것인지, 생각하면 참 두렵습니다.

나 하고 싶다고, 내가 좋아한다고, 내 기분에 맞는다고 무심코 말하고 행한 일들이 행여 함께 영화 같은 삶을 꾸려 가는 이들에게 나도 모르게 큰 상처와 아픔이 된다면 그 얼마나 가슴 아프고 부끄러운 일이겠습니까? 어쩌다, 주변 사람들이 다 환호하는 빛나고 멋진 줄거리의 삶을 살았다 해도 하나님 앞에서 그것이 별 의미가 없는 것이라면 또 어쩌겠습니까? 영화의 끝을 알리는 마지막 자막 앞에 설 때마다, 내 삶이 그려가고 있는 감동의 깊이가 하나님 앞에서 너무 천박하지는 않은지 조심스러울 때가 많습니다. 내 인생에 단 한 순간이라도 나 이외의 누군가에게 덕과 사랑을 베푸는 삶이 되어, 훗날 저를 추억하는 이들 가운데 저와의 만남을 하나님께서 베푸신 큰 은혜요 선물이라고 여기는 이들이 한 사람이라도 더 많으면 정말 좋겠습니다. 하나님의 형상인 사람이 내 생명만큼이나 존귀한 다른 이를 해치는 일이 많은 세상에서 그처럼 귀한 일은 없을 것이기 때문이고, 또한 "사람이 무슨 무익한 말을 하든지 심판 날에 이에 대하여 하나님 앞에서 심문을 받을 것"(마 12:36)이기 때문입니다.

2007. 7. 26.

'묘비명'을 써 보세요

작년 겨울, 『성공하는 사람들의 7가지 습관』이라는 책으로 유명한 세계적인 리더십훈련 전문가 스티븐 코비 박사의 이론을 바탕으로 세워진 시민리더십학교 국제인증과정에서 훈련받을 기회가 있었습니다. 시민사회단체장들과 임원들만을 대상으로 하는 과정이어서, 저는 생명평화전북기독인연대의 공동대표 자격으로 훈련에 참가하였습니다. "주도적이 되라, 끝을 생각한 다음 시작하라, 소중한 것부터 먼저 하라, 상호 이익을 도모하라, 이해한 다음 이해시켜라, 시너지를 활용하라, 끊임없이 훈련하라"는 일곱 가지 리더십 기본원칙을 배우고, 그것을 실제 삶에 적용시키는 다양한 방법을 익히는 매우 유익한 교육훈련 프로그램이었습니다. 늘 분주한 목회 현장을 잠시 떠나 시민사회운동 각 분야의 지도자들과 마음을 열고 교제하는 중에 저 자신을 좀 더 깊이 되돌아보며 안목의 지평을 넓힐 수 있는 복된 기회를 가질 수 있어서 참 좋았습니다.

훈련 과정에, 자기 인생의 대헌장이라 할 수 있는 '개인사명서'를 작성하는 단계가 있었습니다. 그 '개인사명서'를 작성하기 위한 준비작업으로 강사께서 몇 가지 항목을 먼저 생각해 보도록 주문하였습니다. 이를테면, 자신이 갖고 싶은 것, 하고 싶은 것, 되고 싶은 것 등등, 곧 자기 인생에서 얻고자 하는 결과, 인생의 공헌과 성취 목표, 가장 큰 영향을 준 사람, 인생에서 남기고 싶은 유산 등등을 구체적으로 생각해 보도록 한 것입니다. 그러면서 각자 제 손으로 자신의 '묘비명'을 미리 써 보는 시간을 가지기도 하였는데, 막상 써 놓고 보니 뜻밖에도 제 삶을 그 어느 때보다 진지하게 살펴 볼 수 있어서 아주 유익했습니다.

그 과정에서, 훈련을 인도하는 강사를 통해 19세기 스웨덴이 배출한 세계적인 화학자이자 실업가인 알프레드 노벨이 자신의 전 재산을 털어 노벨상을 제정한 배경 이야기를 듣게 되었습니다. 어느 날, 노벨의 형이 죽었는데, 언론사의 착오로 그만 알프레드 노벨이 사망한 것처럼 1면 톱기사로 보도되고 말았던 것입니다.

알프레드 노벨 사망하다.
죽음의 사업가, 파괴의 발명가,
다이너마이트의 제왕이 죽다.

그야말로 특급 오보였지만, 자기 사망보도 기사들의 몹시 부정적인 제목을 보고 노벨은 큰 충격을 받았습니다. 평화주의자로서, 자신이 발명한 다이너마이트로 작은 전쟁을 끝내고 세계 평화를 앞당길 수 있으리라는 큰 희망으로 실험과정에서의 실수로 안타깝게도 자기 동생까지 죽는 아픔을 겪으며 미친 사람 취급을 당하면서까지 폭약 연구에 몰두했던 노벨은 그 일로 큰 충격을 받아 자신의 사후에 어떻게든 선한 흔적을 남기기 위해 평생 노력했고 마침내 자신의 전 재산을 털어 노벨상을 제정하게 되었던 것입니다.

"5분 뒤를 아는 사람이 있다면 그는 세계를 지배할 수 있다."는 말이 있습니다. 내일 일에 관한 한, 눈 먼 듯이 살아가는 게 인생이라는 뜻일 것입니다. 들꽃 같고 아침 안개 같은 짧은 인생, 자신의 '묘비명'을 한 번 직접 만들어 보며 단 한 번뿐인 내 삶의 마지막을 진지하게 준비하는 일, 참으로 뜻 깊은 일이라고 생각합니다. 잠시 짬을 내어, 한 번쯤 자신의 '묘비명'을 손수 만들어 보며 분주한 삶의 물꼬를 좀 더 선한 방향으로 간추려 보시면 어떻겠습니까?

2004. 6. 28.

이삿짐을 챙기면서

전북 정읍시에 있는 어느 교회에 다니시는 권사님께서, 제가 섬기는 전주열린문교회의 교회당 부지를 사 주신 데 힘입어, 교회 개척 11년 만에 전주시 효자동 1가 안행지구, 참으로 아름답고 복된 땅에 새 교회당을 지어 지난주에 예배처소를 옮겼습니다. 우리 교우들이 새 교회당 안에 담임목사인 저의 서재를 아름답게 꾸며 주셔서, 저의 집안 구석구석에 수북이 쌓여 있던 제 책 짐도 함께 옮길 수 있게 되었습니다.

대학을 졸업한 후, 대학원 석사, 박사과정에서 공부하면서 사 모은 문학관련 서적 한 트럭 가까운 분량을 대학에서 교수로 일하는 친구에게 넘겨주었는데도, 그러고도 남은 책이 또 다시 한 트럭분이 되었습니다. 사실, 어려운 살림에 근근이 돈을 모아 한 권 한 권 정말 피나게 사 모은 책을 친한 교수 친구에게 그냥 넘겨주던 날, 그 책을 실은 트럭이 우리 아파트 앞마당을 출발하는 순간 소중한 팔 다리 하나를 잘라낸 듯 마음이 아파 느닷없이 눈물이 핑 돌기도 했습니다. 넘쳐나는 책 때문에, 집에 아주 작은 공간만 있어도 거기에 맞는 책장을 구입하여 거기에 책을 꽂고, 그러고도 남는 책들은 제 책상 주변, 집안 구석구석에 빼곡히 쌓아 두고 지낸 까닭에, 집안에 들어서면 어디 발 디딜 곳이 마땅치 않을 정도로 늘 비좁기 그지없었고, 제 책상 위에도, 글을 쓰고 성경을 연구하면서 펼쳐 놓은 여러 권의 책 때문에 컴퓨터 자판 하나 올려놓을 틈새를 찾기도 쉽지 않아 몹시 복잡하고 힘들던 터에, 교회당 안에 예쁜 서재를 만들어 주신 우리 교우들의 사랑과 정성이 얼마나 감사한지 모르겠습니다.

교회당 짐을 옮겨 주기로 한 이삿짐센터의 양해를 얻어 제 책 짐을 한 이틀 먼저 옮기기로 하고 책 짐을 싸기 시작했습니다. 책을 끄집어 낼 때마다 매캐하게 푸석거리는 먼지 속에 묻혀 질식하던 손때 절은 책들이 마침내 다시 햇빛을 보게 되었습니다. 짐을 정리하다 보니 책뿐만 아니라 그간 수집해 둔 많은 자료들과 신문 기사 스크랩, 해묵은 원고뭉치들이 꾸역꾸역 쏟아져 나왔습니다. 책 짐을 싸는 틈틈이 그 책과 자료들을 다시 분류하여 어떤 것들은 버리고, 또 어떤 것들은 쉽게 눈에 띄도록 손닿기 쉬운 곳에 둘 요량으로 따로 포장하였습니다. 구석구석 쌓아 두었다가, 이렇듯 한참의 시간이 흐른 후 이삿짐을 싸면서 정리하다 보니, 굳이 지니고 있어야 할 이유가 이제는 별로 없는 것을 몹시 소중하게 간직해 온 것들도 많고, 더러는 결코 잊어서는 안 되는 참으로 소중한 자료를 그 위치조차 모른 채 까맣게 잊고 지낸 것들도 많음을 알게 되었습니다. 며칠 동안, 어렵사리 책 짐을 싸고 옮기고 다시 풀어서 새 교회당 안 저의 서재에 다시 정리하는 작업을 하면서 저는 '인생'을 다시 생각하게 되었습니다.

언젠가, 육신의 장막에 거하는 이 땅의 나그네 삶이 다하고 죽음의 강을 건너 영원한 생명의 나라로 이사할 때, 별 의미가 없을 지도 모를 허망한 것들을 부질없이 짊어지고 허덕인 어리석음이 제발 없어야겠고, 결코 잃어서는 안 되는 삶의 본질적인 것들을 함부로 놓쳐 버린 안타까움은 더더욱 없어야 할 것 같습니다.

2004. 6. 14.

다 놓고 가라고

사무실에서 설교를 준비하다가 무언가를 찾으러 책장 쪽으로 자리를 옮겼는데 막상 책장 앞에 서는 순간, 무엇 때문에 그쪽으로 왔는지를 그만 까맣게 까먹고 말았습니다. 한참동안 그 자리에 서서 책장 앞에 선 이유를 아무리 생각해도 도무지 생각이 나질 않았습니다. 이렇듯 언제부터인지, 설교 도중, 인용해야 할 책제목이나 저자 또는 출판사의 이름이 전혀 생각이 나지 않아 버벅대는 일도 차츰 늘어나고 있고, 어떤 때는 교우들의 익숙한 성과 이름도 까맣게 생각이 나지 않아 답답할 때도 많습니다. 그동안에는 아내가 꼬박꼬박 잘도 귀띔해 주곤 했는데 요즈음은 아내조차, 갑자기 물어보니 잘 생각이 나지 않는다며 똑같이 겸연쩍어할 때가 있습니다.

어느 겨울날 성서유니온선교회 성경강론 차 나가는 길에 집 근처에 살고 있는 집사님을 태워드리마 약속하고 아파트 앞 공중전화박스 앞에 서 계시라고 당부해 놓고는 아파트 계단을 내려오는 사이에 그만 그 사실을 까맣게 잊은 적도 있습니다. 약속 시간 안에 선교회 사무실에 도착해야만 한다는 생각하나로 열심히 차를 몰아 목적지에 거의 도착할 무렵에야 한데서 내내 기다리고 있을 집사님 생각이 나 황급히 약속장소로 되돌아가야 했습니다. 그 바람에 성경 공부하러 모인 분들에게 본뜻과 달리 큰 실례를 범하고 말았습니다. 지나치게 심해지는 건망증 때문에 의사 선생님께 고민을 이야기했더니, 너나없이 치매는 결코 아니니 그냥 그 현실을 순순히 받아들이시라는 별 위안이 안 되는 조언만 해 줄 뿐입니다. 한 술 더 떠서, 하고 있는 일이 너무 많기 때문에 그런 것이니까 지극히 정상이라는 말까지 친절하게 덧붙입니다.

며칠 전, 병문안 차 예수병원에 가서 잠시 복도에 앉아 기다리는 동안 7순이나 8순쯤으로 되어 보이는 노부부를 보았습니다. 투병중인 할머니를 남편 되시는 할아버지가 부축하여 병원 복도를 걸어가시는데, 늙은 아내를 부축하시는 할아버지도 젊은 누군가의 부축을 받아야할 정도로 힘이 부쳐 보였습니다. 아내 된 할머니의 어깨를 감싸 안고 지극 정성으로 부축하여 진찰실로 가시는데, 양 무릎 사이가 크게 벌어져 어기적거리며 느릿하게 걸음을 떼 놓으시는 두 분의 자세를 어디서 참 많이 본 듯했습니다. 어디서 봤을까 한참 생각하다가 마침내 그분들의 걸음새가 막 걸음마를 시작하는 어린아이들 몸짓과 많이 닮았다는 것을 알게 되었습니다. 늙으면 아이 된다는 말이 비단 정신과 생각에서만 그런 것은 아니지 싶었습니다.

나이 들어가면서 어린 시절의 총명이 조금씩 사라지고 건망증이 심해지는 것, 육신의 몸가짐과 걸음걸이가 어린 시절로 되닮아가는 것이 생명의 근원이신 하나님의 품으로 돌아가 안식할 준비를 하나님께서 시키시는 것이라는 데 생각이 미치면서, 날로 심해지는 건망증도 감사해야겠다는 생각을 했습니다. 가져가 봤자 하나님의 나라에서는 어차피 쓸모없는 쓰레기 같은 생각들은 다 버리고, 오래 남겨둘 따스한 사랑 하나만 고이 간직하고 이 땅을 떠나야 할 것이기 때문입니다.

2005. 9. 22.

이별 준비

"천하에 모든 일이 기한이 있고 만사가 다 때가 있나니, 날 때가 있고 죽을 때가 있으며, 심을 때가 있고 심은 것을 뽑을 때가 있으며, 죽일 때가 있고 치료할 때가 있으며, 헐 때가 있고 세울 때가 있으며, 울 때가 있고 웃을 때가 있으며, 슬퍼할 때가 있고 춤출 때가 있으며, 돌을 던져 버릴 때가 있고 돌을 거둘 때가 있으며, 안을 때가 있고 안는 일을 멀리 할 때가 있으며, 찾을 때가 있고 잃을 때가 있으며, 지킬 때가 있고 버릴 때가 있으며, 찢을 때가 있고 꿰맬 때가 있으며, 잠잠할 때가 있고 말할 때가 있으며, 사랑할 때가 있고 미워할 때가 있으며 전쟁할 때가 있고 평화할 때가 있느니라."

구약성경 전도서 3장에 있는 말씀입니다. 그렇습니다. 만날 때가 있으면 헤어질 때가 있습니다. 그러기에 어떤 의미에서 만남은 이별의 시작이고 이별은 새로운 만남의 출발입니다.

한 해가 가고 새로운 한 해가 오면서 우리들은 묵은 시간과도 이별했습니다. 이미 과거가 되어버린 한 묶음의 시간과 이별했기에 큰 소망과 기쁨의 새 날과 만나게 되었습니다. 만남은 이렇듯 언제나 가슴 설레고 기쁘기 그지없는 일이지만 헤어짐은 늘 우리 가슴에 크고 작은 상처와 아쉬움을 남깁니다. 지금 우리 눈에 보이고 손에 잡히는 모든 것들, 언젠가 큰 기쁨과 즐거움 속에 만났던 모든 것들은 얼마 뒤 이별의 아픔 속에 우리 곁을 떠날 것입니다. 그것들이 떠나지 않는다면 우리가 그것들 곁을 떠나게 될 것입니다. 별 것 아닌 사물들과의 이별조차 쓸쓸할진대 사람이 사람과 헤어지는 일은 훨씬 더 고통스럽고 가슴 아플 것입니다. 사람을 만나는 일보다 사람과 헤어지는 일이 몇 십 배 아니 몇 백 배 더 힘들고 고통스러운 것임을 50여 년의 세상살이를 통해 잘 알게 되었습니다. 때로는 헤어짐의 슬픔과 아픔이, 서로 만나 함께 한 세월 속에 누렸던 기쁨을 한 순간에 덮어버릴 수도 있을 만큼 클 수도 있습니다.

흔히 이별을, 특별히 정해진 어떤 때에 우리 만남의 방문 밖에서 점잖게 노크를 하고 정장을 한 채 그것이 들어와 정중한 인사와 번듯한 송별식과 함께 하는 것이라고 생각합니다. 그러나 그것은 그저 우리들의 희망사항일 뿐 인생의 규칙은 아닙니다. 이별의 날이 정해져 있고 그런 식으로 정해진 절차를 따라 이별해야 한다면, 만남의 기쁨을 누리는 순간조차도 하루하루 이별의 순간이 다가오는 두려움 속에 평생 살아야만 한다면, 인생은 순식간에 지옥이 되고 말 것입니다. 내가 죽을 날, 죽을 자리, 죽는 방식을 자세히 알고 살아야 한다면 그것처럼 고통스러운 일은 없을 것입니다. 비록 '오늘'이 될 지도 모르지만, 뜻밖의 순간, 뜻밖의 자리에서, 전혀 생각지 못한 방식으로 이 땅의 모든 것과 이별할 수 있는 것, 다시 말해서 정말 '느닷없는' 이별을 하며 사는 것은 큰 복입니다.

하늘 아래 모든 일에 때가 있습니다. 2007년 한 해 동안, 지금 누리고 있는 만남, 사랑하는 짝꿍과 부모형제와 친구들과의 모든 만남이 바로 오늘 끝나버릴 수도 있기 때문에, 조금 덜 가슴 아픈 이별이 될 수 있도록 하루하루 성실과 정직으로 뜨겁게 사랑하며 살아가야 할 것입니다.

2007. 1. 4.

'내일'은 있는가?

며칠 전 캄보디아 국내선 항공기가 추락하는 사고가 생겼는데, 우리나라 여행객 세 가족 십여 명이 그 항공기에 탑승했다가 안타깝게도 모두 세상을 뜨고 말았습니다. 사고로 세상을 떠난 이들 가운데에는 난생 처음 어렵게 해외 여행길에 나선 것이 그만 영원히 돌아오지 못할 길을 간 분도 있다고 들었습니다. 아직 한창 때인데 어린 자식들을 늙으신 어른들께 맡기고 길을 나섰다가 그만 참변을 당한 이들도 있습니다. 단 며칠만이라도 앞날을 내다보는 지혜가 우리에게 있다면 그런 슬픔과 아픔을 어떻게든 피해갈 수도 있었겠지만, 피조물인 우리 인생은 한 치 앞도 내다보지 못한 채 마치 눈 먼 듯이 미래의 시간을 현실 쪽으로 끊임없이 당기며 하루하루를 살고 있습니다. 불과 몇 분 뒤에 일어날 일을 모른다는 점에서 '눈 먼 인생'이라는 말을 하는가 봅니다.

1999년 3월 26일 저희 부부 결혼 16주년이 되던 날 비 내리던 깊은 밤에, 저희 교회 안수집사님 한 분이 병원 응급실로 들어갔다는 연락을 받고 심방하러 나가던 길에, 음주운전에 신호를 위반하고 달려 온 대형 갤로퍼에 들이 받혀 양쪽 차가 모두 다 폐차되는 큰 사고를 당했습니다. 제 차를 들이받은 갤로퍼가 세 바퀴를 구르며 전주천으로 날아 들어갈 만큼 큰 사고였음에도 상대방 운전자도 아주 중상은 아니었고 저 또한 큰 외상이 없었습니다. 약 10주 정도 치료를 했지만 심장에 약간의 이상이 발견된 것을 제외하고는 아직까지 큰 문제없이 지내오고 있습니다. 물론 판사에게 탄원서를 정성껏 써 보내줌으로써 상대방 운전자가 형사 처벌을 받지 않게 도와주었습니다. 그리 길지 않은 입원기간이었지만, 집에 가지 못하는 날이 많아지면서 어느 날 밤에는 갑자기 아내와 아이들이 미칠 듯이 보고 싶어 병원 1층 수족관 앞 소파에 혼자 웅크리고 앉아 어둠 속에서 잠든 물고기들을 물끄러미 지켜본 적도 있습니다. 마음만 먹으면 쉽게 만날 수 있고 언제든 볼 수 있는 처지인데도 마음이 착잡했던 것을 생각하면, 사랑하는 가족을 느닷없는 사고로 저 세상으로 보낸 유족들의 흐느낌, 그 깊이를 얼추 짐작할 수 있을 것 같습니다.

　평소 목사로서 "내일은 없으니, 오늘 최선을 다해 신앙생활 잘 하자."고 교우들에게 다짐해 왔던 저의 삶을 병상에서 하나하나 점검하면서 뜻밖에도 그대로 끝났으면 미련이 많이 남았을 일들이 몇 가지 생각나서, 퇴원하자마자 그 일들을 깨끗하게 정리했습니다. 언제 어떻게 이 땅의 삶이 끝나고 사랑하는 이들과 잠시 이별하게 되더라도 미련 없이 하루하루 최선을 다해 살자는 생각으로 오늘도 살고 있습니다. 내일, 아니 5분 뒤, 1분 뒤를 장담할 수 없는 것이 인생이고, 앞일을 까맣게 모른 채 하루하루를 사는 세상, 오늘 하루가 내 생애의 마지막 날이라는 생각으로 최선을 다하지 못한다면 마지막 순간에 후회스런 일이 너무 많을 것이기 때문입니다. 성실하게 잘 산 사람이 미련 없이 잘 죽을 수 있습니다. 반드시 한 번은 만날 그 마지막 순간이 너무 안타깝지 않도록, 잘 죽기 위해 하루하루 더 열심히 살아야 할 것 같습니다.

2007. 6. 28.

세상살이 1막 : 우리들의 삶

1막 4장 "살며 소망하며"

범생이 여러분!

요즘 젊은이들이 즐겨 쓰는 은어에 '범생이' 라는 말이 있습니다. '모범학생' 을 비꼬아 부르는 말입니다. 학창시절 저는 아주 눈부신 범생이었습니다. 5남매의 맏이로서 말 그대로 쑥맥 중의 숙맥으로 자랐습니다. 범생이답게, 늘 어른들께 순종 잘하고 하라는 공부도 꼬박꼬박 열심히 했습니다. 학교와 집 외에는 달리 나다니는 곳도 별로 없었고 그래서 늘 다람쥐 쳇바퀴 돌 듯 집과 학교 사이를 정직하게 오갔습니다. 좀 조숙했던 친구들이 자주 드나들던 학생 지도부실 같은 곳은 저하고 아예 아무 상관이 없었습니다. 오죽하면 통신표의 품행 평가란에 '이 아이는 성품에 관한 한 학교에서 더 가르칠 것이 없으니 그냥 집에 가도 좋다' 며 거의 모든 항목에 줄줄이 '가, 가, 가' 라고 써 있었겠습니까?

세상을 순둥이처럼 착하게만 사는 사람을 일컬어 흔히 '법 없어도 살 사람' 이라고들 하는데 저 같은 사람은 법이 없으면 이 세상을 잘 살 수 없고 오히려 법이 있어서 적극적으로 보호해 주어야 살 수 있는 사람 축에 들었습니다. 저는 그렇게 생각하지 않으려 해도 저를 잘 아는 주변 사람들이 한결같이 그렇게들 말씀을 자주 하셔서 한동안 저 스스로도 그런 사람이려니 여기며 살았습니다. 특별히 나쁜 평은 아닌 듯하여 굳이 그렇지 않다고 벅벅 우기고 싶은 마음도 솔직히 별로 없었기 때문입니다. 세상에 저 같은 사람만 있다면 그야말로 살 만한 세상이 만들어지지 않을까 하는 생각도 자주 했습니다.

그런데, 벌써 30년도 더 지난 일이지만, 대학교 2학년 겨울방학 무렵부터 어머니의 간청을 못 이겨 교회당 출입을 하기 시작하면서 제 마음 속에 이상한 소용돌이가 일기 시작했습니다. 교회당을 출입하는 사람들 입에서 한결같이 "나는 죄인"이라는 말이 나오고 있었고, 더 기가 막힌 것은 그 양반들이 틈만 나면 저 같은 범생이에게도 "당신은 죄인"이라는 몹시 기분 나쁜 악평을 서슴지 않았기 때문입니다. 수십 년 동안 제 주변 사람들의 입에서 듣던 호평을 아예 깡그리 무시하고 그런 악담을 해대는 것이 늘 언짢고, 걸핏하면 "벌레만도 못한 인생" 어쩌고 하는 것이 기분 나빴습니다. 저 같은 수준급 범생이를 그리 함부로 헐뜯는 기독교인들이 제 정신인가 한동안 몹시 궁금했습니다.

그렇게 한 7-8년 몹시 기분 나쁘고 속상한 세월이 속절없이 흐르던 어느 날, 느닷없이 그토록 듣기 싫고 역겹기만 하던 성경말씀의 강렬한 빛이 제 가슴의 창틈으로 비쳐들기 시작했습니다. 마치 사무실 안에 무수히 떠도는 먼지입자들을 전혀 보지 못하다가도 새아침 창틈으로 비쳐드는 강렬한 아침햇살 속에서 비로소 무수한 먼지 입자들의 군무를 확인할 수 있듯이, 하나님의 절대적인 빛을 거부하면서 스스로 빛나는 모범생인 줄 알고 지낸 일이 너무 황당한 착각이었음이 드러나면서 한 순간에 '나보다 더 나쁜 인간은 세상에 없다'는 고백을 하게 되었고, 그제야 비로소 하나님 앞에 참된 모범생 인생의 첫 걸음을 뗄 수 있었습니다. 범생이 여러분, 하나님의 절대적인 말씀의 빛을 향해 오랜 세월 강철처럼 굳어진 마음의 창을 한 번 열어보시지 않겠습니까?

2006. 9. 14.

내 인생의 사진언어

'사진'을 영어로는 'photograph'라고 하는데, 이 말은 그리스어의 '빛'이라는 말과 '글을 쓴다/그림을 그린다'는 말이 합쳐진 것입니다. 말하자면 사진은, '빛으로 그린 그림' 또는 '빛으로 쓴 글'로서 3차원의 현실공간을 2차원의 평면 영상으로 전달하는 시각언어입니다. 실존철학자 하이데거의 말처럼 언어가 인간의 실존을 드러내는 거의 유일한 '존재의 집'임을 감안할 때, 어떤 언어수단보다도 시각을 통한 지시적 기능이 아주 강한 사진은 인간존재를 효율적으로 드러낼 수 있는 아주 중요한 매체입니다. 그래서 단 한 장의 사진이 수천 권의 책보다 더 큰 사회 변혁적 힘을 발휘하는 경우도 아주 많습니다.

눈부신 디지털 정보화 사회, 특별히 지성보다는 감성이 무엇보다도 중시되는 포스트모던 사회에서, 인류역사상 가장 눈부신 영상매체의 혜택을 날마다 누리는 현대인들에게 사진은 이제 삶의 중요한 일부가 되었습니다. 하루에도 수백 개씩 눈에 띄는 신문잡지의 보도사진이나 자료용 사진 또는 광고사진, 각종 포스터나 현수막에 실리는 선전용 사진, 거의 모든 책에 들어가는 기록사진이나 참고자료용 사진, 텔레비전의 스틸사진, 각종 홍보전단의 설명사진과 광고 사진, 상품 진열장의 선전용 사진 또는 장식용 사진, 병원이나 실험실의 기록 사진, 법원이나 경찰서에 제출하는 증거자료 사진, 수첩이나 일기장의 스티커 사진, 각 개인이 몇 권씩 갖고 있는 앨범사진, 심지어는 요즘 꽤 발달한 휴대전화 사진 등등, 우리가 알게 모르게 접하는 사진은 날마다 적어도 수백 장은 될 것입니다. 이쯤 되면 오늘 우리 사회에서 사진이 의사소통의 중요한 언어수단으로 이미 든든히 뿌리내렸음을 인정하지 않을 방법은 도무지 없습니다.

사진의 장르가 어떠하든, 한 장의 사진언어를 만들어내는 사진기호는 아주 다양합니다. 감도와 조리개값, 셔터 속도, 피사체의 밝기에 따라 결정되는 노출 조건, 빛의 종류와 특성, 빛이 흐르는 방향, 그림자의 깊이, 렌즈의 성능, 사용하는 필터의 종류와 특성, 작품의 구도, 색상과 색 온도의 차이, 채도, 화면을 구성하는 중요한 선들의 배치, 카메라의 화각, 사진작가의 앵글, 피사체의 질감, 주제와 배경 등등이 아주 복잡하게 어우러지는 까닭에 같은 시각 같은 장소에서도 전혀 다른 사진언어가 만들어집니다. 이 언어의 효율성을 높이기 위해 작가들은 밤낮을 가리지 않고 최선을 다합니다.

　"대상이 움직일 수 없으면 내가 움직여야 한다."는 말이 있습니다. 자신이 뜻하는 최적의 사진언어를 만들기 위해 힘을 다한 끝에 숨죽이며 셔터를 누르지만, 예컨대 풍경사진의 경우처럼 피사체의 조건을 작가가 어쩌지 못할 때는 그 조건에 맞는 시간과 장소를 찾기 위해 카메라의 위치를 바꿀 수밖에 없기 때문에 그리 말할 것입니다. 시대와 문화가 어떻게 변하고 대다수 사람들의 생각이 어떠하든 영원히 변치 않는 한 가지가 있습니다. 그것은 바로 창조주 하나님의 말씀입니다. 영원히 변치 않는 하나님의 말씀 앞에서 내 마음을 바꿔 인생의 사진언어를 좀 새롭게 써 보실 생각, 아직도 없으십니까?

2006. 11. 23.

아름다운 동행

두어 해 전 평양을 다녀오는 길에 존경하는 홍정길 목사님께서 즐거운 여행의 중요한 조건 세 가지를 말씀하셨습니다. 첫째, 짐이 가벼울 것, 둘째, 마음에 맞는 동행이 있을 것, 셋째, 돌아갈 고향이 있을 것. 이방 중국 땅에서 밤을 지새다시피 이런 저런 이야기를 나누던 중에 잠시 스쳐 지나가는 말씀이었지만 결코 예사롭게 들리지 않는 소중한 말씀이었습니다. 우리네 인생살이 또한 그러려니 하는 생각이 늘 있기 때문입니다. 여행은, 출발하자마자 결국 고향으로 돌아가기 시작하는 것이므로, 문제되는 것은 결국 두 가지 조건밖에 없을 텐데 그 중에 어느 것이 더 중요할까를 자주 생각합니다. 제 생각에는, 아무래도 짐의 무게보다는 마음에 맞는 동행이 더 중요할 것 같습니다. 마음에 맞는 동행이 있다면 등에 짊어진 짐이 좀 무거워도 얼마든지 기쁨으로 함께 감당할 수 있을 것이기 때문입니다.

군 복무 시절의 객기가 아직 죽지 않은 탓인지, 정리해야 할 생각이 많을 때 혼자 야간산행을 종종 합니다. 어쩌다 한두 사람 동행이 생기는 날은 그네들과 함께 어둠 속에 깊이 잠든 산길을 걷습니다. 혼자 걷는 것과 여럿이 함께 걷는 것 모두 다 나름대로 독특한 멋과 맛이 있고 좋은 점과 아쉬운 점 또한 얼추 반반씩입니다. 한밤중에 혼자 산을 오를 때는 마음과 가슴으로 생각의 깊이를 한껏 더할 수 있는 유익이 있기는 하지만 문득 문득 좀 심심하고 외롭다는 생각이 들 때가 있습니다. 수많은 피조물 가운데 오직 사람만이, 삼위가 일체를 이룬 하나님의 형상을 간직하고 있기 때문에 공동체적 피조물인 사람들이 본능적으로 외로움을 잘 타는 존재임을 혼자 야간산행을 할 때마다 절실히 느낍니다. 바람결에 떡갈나무

잎새가 서걱이는 소리에 가끔 신경이 예민해질 때마다 어둔 세상 혼자서는 결코 살 수 없는 게 사람임을 늘 새롭게 깨닫고, 그럴수록 쉽지 않은 인생길 함께 걷는 이들이 더더욱 소중하게 다가옵니다.

비가 추적추적 내리는 밤에 혼자 공동묘지 앞길을 지날 때 갓 태어난 강아지 한 마리라도 같이 있으면 큰 위로를 받는 게 사람입니다. 언젠가 호남지방에 폭설경보가 내린 날 밤에 중인리 코스로 모악산에 혼자 오른 적이 있습니다. 세차게 쏟아지는 눈이 산 중턱에 이르렀을 때 벌써 발목까지 차오르더니 헬기장으로 이어지는 능선에 올라섰을 때는 퍼붓는 눈과 휘몰아치는 바람으로 길조차 사라져 눈이 무릎까지 푹푹 빠져들고 있었습니다. 사라진 길을 근근이 더듬어 힘겹게 헬기장 너머 정상으로 혼자 향하던 그 밤, 외로움의 그림자가 사실은 두려움이라는 것을 알았습니다.

우리 생명의 고향인 하나님의 품을 향하는 결코 만만치 않은 인생길, 무거운 짐을 함께 나눠질 동행이 있으십니까? 누군가의 소중한 동행이 되어 그의 무거운 짐을 사랑으로 나눠지는 삶을 살고 계십니까? 그 동행이 때로는 내 생명의 보호자가 될 수도 있음을 아십니까? 짐의 무게가 어떠하든, 소중한 동행 때문에 고단한 인생길 내내 아름답고 행복하시기를 바랍니다.

2005. 11. 10.

까치 새끼와 대추벌

얼마 전, 새벽기도회를 마친 뒤 완산칠봉에 올라갔다 내려오는 길에, 효자동 안행지구 저희 전주열린문교회당 바로 앞 실내골프연습장 그물 속에 까치 새끼 한 마리가 들어가 갇힌 것을 보았습니다. 어떻게 그 그물 속으로 들어갔는지, 가만히 보니 그물 밖으로 나오는 길을 쉬 찾지 못해 골프장 그물에 끊임없이 작은 몸을 부딪치며 애처로이 몸부림을 치고 있었습니다. 실내골프장 안 비좁은 허공으로 날아올랐다가는 힘차게 그물 쪽으로 돌진하고, 그물에 부딪치면 잠시 버둥대다 다시 날아올라 그물을 향해 화살처럼 날아가 꽂히기를 수없이 되풀이하면서, 작은 새는 조금씩 지쳐가고 있었습니다. 당장에 그 까치를 붙잡아서 너른 하늘로 훨훨 날려 보내주고 싶었지만 그럴 수도 없는 처지여서, 걸음을 멈추고 고개를 뒤로 젖힌 채 한동안 골프장 그물 속 어린 까치의 애처로운 몸짓을 마냥 지켜볼 수밖에 없었습니다. 그날 하루 종일, 그 까치새끼 생각에 신경이 쓰여 사무실에서 일하는 틈틈이 창밖으로 골프연습장 그물 속을 유심히 살폈습니다. 오후쯤 되어 까치가 보이지 않아 혹시 밖으로 나갈 구멍을 제대로 찾아 제 둥지로 돌아간 것 아닌가 하는 바늘구멍 같은 억지 희망의 줄을 잇느라, 일을 하면서도 온종일 마음 한 구석이 영 개운치를 않았습니다.

다음 날 아침, 또 다시 완산칠봉 등반을 마치고 돌아오는 길에 여전한 궁금증 까닭에 골프연습장 울타리 옆으로 바짝 다가가 목을 길게 빼고 골프장 안 땅바닥 쪽을 살피다가 안타깝게도 저만치 싸늘한 땅바닥에 나뒹굴고 있는 까치의 희뜩한 주검을 보았습니다. 골프장 밖으로 나가는 길을 알았더라면, 그 까치가 그토록 허망하게 죽지는 않았을 터인데, 그 길을 끝내 찾지 못하고 허망한 죽음을 맞이하고 말았던 것입니다.

며칠 전, 제 방을 청소하다가 방충망 바로 아래쪽 창문 문틀 바닥에 죽어 있는 큰 대추벌 한 마리를 보았습니다. 한여름에 잘못 쏘이면 사람의 목숨도 앗아간다는 그 사나운 대추벌의 주검이 을씨년스럽게 나뒹굴고 있는 모습을 보며 골프장 안에서 죽은 까치새끼 생각이 또 났습니다. 대추벌의 몸뚱이가 방충망 바로 아래쪽에 흉하게 널브러져 있는 것으로 보아, 방충망 밖으로 빤히 보이는 밝은 세상으로 다시 나가기 위해 실낱같은 목숨이 마저 끊어질 때까지, 골프장 그물로 끝없이 돌진하던 어린 까치처럼, 방충망에 이리 부딪히고 저리 부딪히며 고통 하다가, 하염없이 숨져갔을 대추벌의 외로운 몸부림을 생각하며 한낱 곤충이지만 안쓰러운 생각이 들었습니다. 어느 한 순간 얼떨결에 들어서버린 억압과 죽음의 자리, 그곳을 혼자 힘으로 벗어나기 위해 죽기까지 몸부림을 쳤지만 결국은 빠져나가는 '길'을 찾지 못해 허망하게 죽음을 당한 미물의 몸짓에서 '길'을 아는 것이 곧 '생명'을 얻는 것임을 또 한 번 확인했습니다.

인생은 풀의 꽃과 같고 아침 안개와 같습니다. 미국의 우주왕복선 컬럼비아호 폭발사고에서 보듯이 아무리 머리 좋은 사람이라도 1분 뒤, 아니 단 5초 뒤에 일어날 일을 알지 못합니다. 이렇듯 눈 먼 듯 살아가는 인생이기에 인생의 길잡이를 제대로 만나는 것, 생명만큼 중요합니다. 여러분은 지금 어떤 길잡이와 동행하고 계신지 자못 궁금합니다.

2004. 11. 15.

믿음의 케이블카

'믿음'을 이야기하면 사람들은 제일 먼저 '기독교인'을 떠올립니다. 이런 생각은, '오직 기독교인들만이 믿음을 갖고 산다'거나, '기독교인이 아닌 사람들은 믿음 없이 사는 것'이라는 오해에서 비롯된 것입니다. 그러나 기독교인이 아니면서도 '믿음' 없이 살아가는 사람은 이 세상에 단한 명도 없습니다. 사람들마다 그 나름대로 이른 바 '믿는 구석'이 하나 둘 정도는 다 있기 때문입니다.

어떤 이는 돈을 믿고 살고, 또 어떤 이는 권력을 믿고 살고, 또 누구는 자신의 인맥을 믿고, 또는 자기 학벌이나 재능을 믿고, 혹은 부모나 배우자나 자식들을 믿고, 또는 자신의 업적이나 능란한 처세술을 믿고 삽니다. 그러기에 이 세상에 믿음 없이 사는 사람은 단 한 명도 없다고 잘라 말할 수 있는 것입니다. 이렇게 말하면 "나는 정말 아무 것도 믿지 않는다."며 악착같이 덤비실 분도 있겠지만, 정말 아무 것도 믿는 것이 없는지를 알아보는 손쉬운 방법이 하나 있습니다. 곧 내 마음에 소중히 여기는 것이 무엇이든, 그것이 없어지고 나면 정말 죽을 것 같은 것이 바로 '내가 믿고 있는 것'입니다.

믿음 없이 사는 사람이 하나도 없다면, 결국 문제가 되는 것은 그 믿음의 대상일 것입니다. 곧 무엇을 믿느냐가 문제의 핵심인 것입니다. 그러기에 정말 중요한 것은 믿음의 유무가 아니라, '내 믿음의 대상이 과연 믿을 만한 것인가'입니다. 내가 믿는 그것이 나에게 확고부동한 구원의 능력을 영원토록 변함없이 베풀어 줄 것인지를 치밀하게 따져 보는 일이 그래서 중요합니다.

골짜기를 가로지르는 두 대의 케이블카가 있다고 합시다. 한 대는 안전한 것이고, 다른 한 대는 바닥에 구멍이 숭숭 나 있고 케이블 연결고리도 녹슬어 있다면, 사람들은 너나없이 안전한 케이블카에 먼저 타려고 덤빌 것입니다. 만일 자신이 이미 올라탄 케이블카에 아주 작은 문제라도 하나 드러난다면, 서둘러 거기에서 빠져 나오려고 너나없이 요란을 떨 것이 뻔합니다.

이렇듯 믿음의 대상에 따라 내 존재의 본질이 하늘과 땅만큼이나 큰 차이로 벌어질 수 있다면, 다시 말해서 내가 무엇을 믿기로 결단하느냐에 따라 죽고 사는 문제가 결정된다면, 적어도 내 믿음의 대상을 선택하는 문제는 처녀 총각이 배우자가 될 사람을 선택하는 일보다도 훨씬 더 심각하게 다뤄야만 할 정말 치명적인 문제일 것입니다. 당장 눈앞의 고통을 잠시 느끼지 못하게 돕는 진통제처럼, 그저 잠시 잠깐 내 삶을 좀 더 안락하고 편안하게 해 주는 일회용 믿음의 대상이 아니라, 이 땅에서뿐만 아니라 오고 오는 세상에 나의 영원을 지탱해 줄 믿음의 대상을 서둘러 붙드는 일이 정말 중요합니다. 저는 성경말씀을 통해 예수님 안에서 그 찬란한 구원의 빛을 찾았습니다만 여러분은 지금 어떠십니까? 지금 믿고 있는 것이 정말 당신의 영원한 생명을 끝까지 지탱해 줄 것이라고 확신하십니까?

당신 인생의 케이블카, 지금 그 자리에 그대로 앉아 있어도 정말 아무 일 없을 것인지, 이 시간 정말 정직하고 세밀하게 다시 점검해 보시지 않겠습니까? 5분 뒤를 장담할 수 없는 아침 안개 같은 인생인지라, 내 삶과 생명을 온전히 맡길 내 믿음의 대상을 세밀히 살피고 따져 보는 일보다 더 급하고 중요한 일은 없을 것이기 때문입니다.

2004. 8. 2.

T.O.T.는 생명이다

　꽃샘추위가 몹시 매섭던 1977년 3월에 저는, 대학교에서 2년에 걸친 ROTC 훈련을 받은 끝에 육군소위로 임관하여 광주 상무대 육군보병학교에 입소했습니다. 동복 유격장에서의 고달픈 유격훈련을 끝으로 16주 간의 초급장교 훈련과정이 끝나갈 무렵, 저는 느닷없이 공수특전단 차출 명령을 받게 되었습니다. '이제 정말로 육군 장교가 됐나보다' 하던 차에, 장교 계급장을 떼버리고 특전사령부에서 허리춤에 독수리 번호표 하나 달랑 붙인 채 10주 동안의 숨가쁜 공수훈련과 특수전술 훈련을 또 다시 받아야 했습니다. 30년 가까운 세월이 흐른 지금까지도, 생각만으로도 여전히 숨이 꽉 막히는 그 혹독한 훈련과정을 짧은 시간에 아둔한 몇 마디 말로 다 설명할 수는 없습니다.

　공수훈련과 특수전술훈련을 마치고 마침내 자대 배치를 받아 38선 너머 최전방에 주둔 중인 우리 여단으로 들어가던 날, 여단본부 위병소 옆의 거대한 돌비에 새겨진 '안되면 되게 하라' 는 구호가 젊은 가슴을 천만근으로 짓눌러 오는 것을 느꼈습니다. 그 구호 아래쪽에는 'Nothing is impossible' 곧 '불가능은 없다' 는 영문(英文) 토가 달려 있었습니다. 그렇게 해서 시작된 자대 생활······. 태권도 집체 훈련에 뒤이은 중대훈련, 지역대훈련과 천리행군 등의 훈련을 받는 사이, 강원도 태백산 비탈에서 소위에서 중위로 진급하여 부대로 돌아오게 되었습니다.

　이렇듯, 전방 여단에 배속되어 자대 생활을 하는 과정 역시, 우리들 스스로 우리 특전단을 일컬어 '국군 헬스클럽' 이라고 이름 할 정도로, 이미 충분히 단련된 몸을 또 다시 무쇠로 다듬는 여러 가지 훈련이 끊임없이 계속되었습니다. 그 훈련과정 중에 1년에 몇 차례씩 의무적으로 해야만 하는 실제 낙하훈련이 포함되어 있었습니다. 우리 여단 안에 낙하경험 수백 회를 웃도는 최정예요원들도 많이 있었지만, 낙하산을 메고 비행장 활주로 갓길에 서서 군용 수송기를 기다릴 때의 표정은 늘 무겁기만 했습니다. 때로 한껏 여유를 부린답시고 억지로 웃어 보이기도 하지만 그나마도 제가 보기에는 거의 쓴웃음에 지나지 않았습니다.

낙하훈련을 할 때마다 우리들은 늘 "T.O.T.는 생명이다"라는 구호를 암송했습니다. T.O.T.는, 'Time on target' 곧 '목표상공 도달시간' 을 말합니다. 특전부대의 특성상, 유사시 적 지역에서 주로 작전을 수행하기 때문에 적 지역에 은밀히 침투하기 위해 낙하산을 이용하는데, 약속된 시간에 목표상공에 도착하지 못하면 정상적인 낙하가 이루어지지 못하고, 그럴 경우, 적 지역에 미리 침투해 있는 아군 길잡이들을 제 때 만나지 못함으로, 작전이 실패로 돌아가는 것은 말할 것도 없고 목숨 자체가 몹시 위태로워지기 때문에 무엇보다도 'T.O.T.를 생명처럼 여기라' 는 것이었습니다.

공수특전단의 낙하훈련 못지않게, 우리네 인생에도 '길을 아는 것' 이 대단히 중요하다고 생각합니다. 저는, 길을 아는 것, 그 길을 안내해 줄 유능한 길잡이를 제 때 만나는 것이 죽고 사는 것을 판가름하는 치명적인 것임을, 몹시 힘겨운 군대생활을 통해 뼈저리게 배웠습니다. 지금, 당신이 걷는 '길' 은 무엇이며, 어디로 가고 있는지 알고 계십니까? 잘 모르신다면, 그 길을 인도해 줄 당신 인생의 영원한 길잡이는 혹시 만나셨습니까?

2004. 11. 8.

'길'은 여기에

2003년 늦가을, 남북나눔운동 대북지원사업을 시찰하기 위해 홍정길 목사님, 신명철 장로님과 함께 평양을 방문했습니다. 분단 60년이 거의 다 되었음에도 여전히 말이 통하고 문화가 같은 우리 동포들이 사는 우리 땅을 찾아가는데, 남북이 정식 수교를 하지 못하고 있는 까닭에 북한 비자를 받기 위해 중국 베이징까지 가서 하룻밤을 묵었고, 평양방문을 마치고 돌아올 때는 다시 중국 심양에서 하룻밤을 묵으며 아까운 여행경비를 중국 땅에 뿌려야만 했습니다. 이처럼 속상한 우리 조국의 현실을 실감하면서 단 1분 1초라도 빨리 평화적인 통일이 돼야겠다는 생각을 더욱 더 굳혔습니다. 올 추석 연휴 무렵에는, 남북나눔운동 '씨감자 사업'을 시찰하기 위해 러시아 연해주의 블라디보스토크와 우수리스크 그리고 미하일로브까 등지를 방문했습니다. 이때도 역시 북한영공을 피하여 블라디보스토크로 가는 바람에 30-40분 정도 더 비행기를 타며 더 비싼 비행기 삯을 내야 했습니다.

분단조국의 아픔을 곱씹으며 평양과 중국 러시아 연해주 등지를 오가는 길, 어디로 가야 평양이 나오고 베이징이 나오고 블라디보스토크가 나오는지 저는 그 '길'을 거의 알지 못합니다. 자동차와 비행기를 번갈아 타고 중국으로 평양으로 러시아로 바삐 왔다 갔다 했지만, 여러 갈래의 항로에 대해 아는 바 전혀 없고, 그 거대한 점보 여객기를 조종하는 방법 또한 전혀 모릅니다. 길도 모르고 비행기도 조종할 줄도 모르는 제가 그 머나먼 곳을 용케도 잘 찾아다니고 무사히 돌아왔다는 사실에 솔직히 놀랄 때가 많습니다. 북한의 깊은 속사정과 평양이나 베이징 그리고 블라디보스토크 시가지의 지리에 턱없이 무지하면서도 제가 무난히 여행을 마칠 수 있었던 것은, 그때마다 성실과 친절로 길을 잘 안내해 준 길잡이들에 대한 굳은 믿음이 있었기 때문입니다. 비행기를 탈 때도, 조종실 문이 어디에 있는지조차 모르는 저는 제가 탄 비행기의 조종사들과 승무원들을 그냥 야무지게 믿었습니다. 목적지까지 가는 길은 누구보다도 그 이들이 잘 알고 있음을 확신했기 때문입니다. 무사히 조국으로 돌아올 때마다 저는 저의 그 믿음이 결코 헛되지 않았음을 확인했습니다.

신약성경 요한복음 14장 6절에서 예수님은 "내가 곧 유일한 길이요, 유일한 진리요 유일한 생명이라"고 말씀하셨습니다. 내가 어디로 가고 있는지, 또 어디로 가야만 하는지 확실히 몰라 무던히 방황하고 밤을 하얗게 지새우며 방랑하던 청년시절의 저에게 그 말씀은 청천벽력처럼 몹시 큰 울림으로 다가왔습니다. 30여 년 전 대학시절에 길 되신 예수님을 따르기 시작하여 그분을 믿고 한 30년쯤 살아본 결과, 제가 걸었던 그 길이 옳다는 것, 역시 예수님 외에 다른 길은 없다는 것을 분명히 확신케 되었습니다. 그 '길'이 너무 좋기에 제 가족과 친구들뿐만 아니라 저를 알고 제가 사랑하는 모든 분들이 다 함께 그 길을 걸었으면 하는 간절한 바람이 있습니다. 솔직히 저는 단 하루라도 더 일찍 이 길을 찾지 못한 것이 못내 아쉬울 때가 많습니다.

예수님이 유일한 길입니다. 그분만이 우리를 진리의 푸른 초장 쉴 만한 물가로 이끌어 가실 수 있는 생명의 길잡이이십니다. 사랑하는 여러분, 진리이신 주 예수님을 따르는 복되고 아름다운 길, 함께 걸어보시지 않겠습니까?

2004. 11. 22.

대책 없는 아이들

며칠 전, 일 년에 한두 번 모이는 대학동기생 모임에 나갔습니다. 동기생들을 볼 때마다 30여 년 전 대학시절의 순수와 객기가 바로 어제 일인 듯 또렷하게 되살아나는데, 자식들 결혼 이야기가 슬슬 나오기 시작하는 것을 보며 선뜻 받아들이기 싫은 세월의 무게를 어쩔 수 없이 느껴야 했습니다. 어설픈 더벅머리와 검정 뾰족 구두의 촌티를 도무지 감출 수 없었던 가난한 국립사범대학생들이 이제는 사회의 중견 대열에 올라서서 누구는 교육청의 장학사로 또 누구는 교감후보로 또 누구는 대학의 고참 교수로 주어진 자리에서 갈 길을 열심히 가는 당당한 모습을 확인하는 것으로 훌쩍 날아가 버린 30여 년 세월의 아쉬움을 그나마 달랠 수 있었습니다. 저 또한, 어린 시절 죽어도 되기 싫다던 선생이 되어 10여 년을 살다가 뜻밖에 목회자의 길로 접어든 탓에 사범대학 동기생 모임에서는 그냥 '별종'에 속하지만 대학시절과 똑같이 속 편히 어우러지는 술좌석에서도 제 몫의 청량음료를 따로 시켜 주며 살뜰히 배려해 주는 친구들이 있어서 대학시절처럼 함께 어우러지는 데 스스럼은 별로 없습니다.

토요일 오후인데도 멀리 서울서 달려 내려온 여자 동기생은 사위 될 총각이 장모 후보인 자기에게 얼마나 지극 정성으로 따스하게 대해주는 지를 자랑하느라 열을 내고, 그 곁의 동기생 역시 엇비슷한 자식 이야기로 장단을 맞추며 분위기가 어우러지는 모습을 조용히 지켜보며 '인생이 참 짧다'는 생각이 들었습니다. 자식을 하나나 둘 정도 둔 동기생들이 대부분인 까닭에, 셋째와 넷째가 아직 중학교와 초등학교에 다니는 저에게 "아무튼 늦게까지 젊게 사니 참 좋겠다."며 반농담조로 걸어오는 친구들의 말을 들으며 여러 가지 생각이 많았습니다. 아무튼, 자식들 결혼시킬 때 동기회에서 주는 축의금 이야기를 하는 도중에 "우리 셋째와 넷째가 결혼할 때쯤이면 우리 모두 다 70대 늙은이가 되어 있을 터이니 그 아이들 몫은 좀 당겨서 지급해 주는 게 어떠냐?"는 으지짠한 농담으로 새삼 묵직하게 다가오는 아비의 짐을 마음속으로 추슬렀습니다.

밤늦게까지 교회당에서 일을 하고 집에 돌아와, 딴엔 열심히 산다고 바지런히 꼼지락거리다 지친 몸으로 곤히 잠들어 있는 4남매의 얼굴을 한참씩 들여다 볼 때가 있습니다. 좀 피곤해 보이기는 해도 헤아릴 수 없는 평안과 안식이, 하나님께서 선물로 주신 네 아이들의 얼굴에 깃들어 있는 모습을 보며 마지막 순간까지 부끄럼 없는 아비가 될 것을 다짐 또 다짐합니다. 사실, 어미 아비가 없으면 한순간에 길거리로 나앉아 천덕꾸러기가 될 아무 대책 없는 아이들은 어설픈 제 부모를 철석같이 믿고 그토록 태평한데, 다소간의 경제능력이 손에 쥐어진 어른들이 늘 근심하고 걱정하는 것, 참으로 이해하기 어려운 아이러니입니다.

성경에, 예수 믿으면 하나님의 자녀가 되는 권세를 준다는 약속(요 1:12)이 들어 있습니다. 정말 대책 없는 우리 아이들이 믿음으로 부모의 권세를 똑같이 누리며 당당하게 사는 것처럼, 믿음으로 우주만물의 주인이신 하나님의 자녀 되는 권세를 받은 이들이 헤아릴 수 없는 평안과 안식을 누리지 못하는 불가사의한 역설은 제발 없어야 할 것입니다.

2005. 3. 21.

우리들의 고향

　미주지역에서 오랫동안 살다 귀국한 친구로부터, 그쪽에서 사는 동안 길거리에서 얼굴빛이 좀 노란 사람이 눈에 띄면 그가 중국사람이든 일본사람이든 따질 겨를도 없이 무조건 마음이 따스해지는 것을 느끼게 된다는 말을 들으면서 정말 그렇겠다는 생각을 했습니다. 아무리 넉넉하게 잘 살아도 외국과 우리 조국이 주는 느낌은 하늘과 땅 차이라는 말도 순순히 수긍이 되었습니다. 그러기에 외국에 나갔다가 귀국하는 길, 그저 단 며칠 동안의 짧은 여정이라 할지라도 멀리 인천공항의 희미한 그림자만 눈에 들어와도 마음이 갑자기 푸근해지는 것을 누구나 느낍니다. 엇비슷한 출입국 절차인데도 귀국길 인천공항 출입국관리소 직원 앞에 설 때의 기분은 또 얼마나 따사롭고 편안한지 모릅니다.
　다른 분들도 다 마찬가지겠지만 귀국수속을 마치고 항공화물을 되찾은 다음 공항을 빠져 나와 차를 타고 내 가족 내 집이 있는 내 고향 전주로 향하는 길, 서해안 고속도로만 접어들어도 마음이 한결 느긋해지고, 열심히 내달린 다음 마침내 전라북도 도계 표지판을 지나칠 때쯤이면 나도 모르게 '이제 다 왔다' 는 생각과 함께 마음이 정말 편안해지는 것을 매번 느낍니다. 여행이 아무리 즐겁고 재미있어도 고향이 말없이 전해 주는 포근함과 안정감은 잘 느끼지 못하는 것이 사실입니다. 객지생활이 아무리 풍요롭고 넉넉해도 가슴속에 차곡차곡 쌓인 삶의 무게와 만만찮은 부담 탓에 고향동네에서 아주 자연스럽게 느끼던 정이 늘 사무치게 그리운 것도 사실입니다.
　언젠가 홍정길 목사님의 말씀을 빌어, 좋은 여행이 되기 위한 세 가지 조건으로, 첫째 좋은 동행이 있어야 하고, 둘째 짐이 가벼워야 하고, 세

번째 돌아갈 집이 있어야 한다는 말씀을 드린 적이 있습니다. 세 가지 다 무시 못 할 중요한 요건들이지만 아무리 좋은 동행이 있고 아무리 짐이 가벼워도 돌아갈 집이 없다면 그 여행은 이미 여행이 아닐 터, 그래서 돌아갈 집 곧 고향이라는 것은 나그네에게 그야말로 생명과도 같은 것입니다. 삶이 여유로우면 여유로운 대로, 삶이 고단하면 고단한 대로 그래서 사람들은 끊임없이 고향을 찾아 길을 나서는 것입니다. 교통이 발달하고 도로가 좋아졌다고는 해도 보나마나 평소보다 두세 배 더 긴 시간을 시달려야 고향에 닿을 것을 빤히 알면서도 너나없이 고향 찾아 길을 나서는 것을 보면 고향이라는 것이 정말 부모님의 품만큼 푸근하고 따스한 곳임을 알 수 있습니다.

세월이 꾸준히 흐르고, 세월 따라 나이 들고 삶의 경륜이 풍부해질수록 늙으신 부모님 생각과 함께 고향을 생각하는 마음 또한 깊어지는 것, 지극히 당연한 본능이라 생각됩니다. 어딘가로부터 와서 이 땅에 아주 잠시 머물다가 어딘가로 가는 인생, 우리 육신의 고향을 찾는 본능처럼 우리 영혼의 고향, 마침내 우리 모두가 돌아가야만 할 우리 영혼의 고향인 하나님을 찾는 마음의 발걸음 또한 너무 늦기 전에 한결같이 바지런해야 할 것 같습니다. 모처럼 찾으신 고향에서 모쪼록 즐겁고 복된 한가위 지내시기 바랍니다.

2006. 10. 5.

강무성(强無聲)

　어느 골목길을 걷고 있는데, 골목에 나와 놀고 있던 네댓 살쯤 되어 보이는 사내아이가 와르르 달려들더니 저의 바짓가랑이를 걷어차며 "야 임마!"하고 덤볐습니다. 느닷없이 당한 일이라 어이가 없어 바지에 묻은 흙을 털어내며 꼬마를 쳐다봤더니 이번엔 한 수 더 떠서 팔짱을 딱 끼며 큰 소리로 "너 나 이겨?" 이렇게 묻습니다. 아이 엄마가 바로 곁에 있으면서도 자기 자식 하는 짓이 마냥 귀엽고 신기한지 실실 웃기만 할 뿐 무슨 미안하단 말 한 마디를 하거나 철부지 자식을 말릴 기색은 아예 없어 보였습니다. 애나 어른이나 하는 짓이 똑같다 싶어, 그냥 장난조로 "아니 내가 져." 그랬더니, 이 꼬마 녀석이 "그럼 가 봐, 임마." 그러는 겁니다. '하룻강아지 범 무서운 줄 모른다"는 옛말 하나도 그른 것 없다 싶었습니다.

　태권도, 유도, 검도, 합기도 무엇 무엇해서 모두 18단 쯤 되는 친구가 하나 있습니다. 어려서부터 워낙 날쌘돌이인 데다 몸이 아주 단단하더니 종목을 가리지 않고 열심히 무술을 연마한 결과 이것저것 합하여 18단쯤 되니 몸 전체가 그야말로 인간병기라고 할 수 있습니다. 주먹을 내지르면, 진짜로 팔에서 바람소리가 휙휙 납니다. 하지만 저는 그 친구의 진정한 싸움 실력을 본 적이 없습니다. 오히려 별 것 아닌 뒷골목 어깨들에게 얻어맞는 모습만 두어 번 보았을 뿐입니다. 늘 맞고 다니는 친구에게 도대체 무술은 뭐 하러 연마했는지 물었더니 이 친구 대답이 걸작입니다. 사람의 몸 구석구석이 다 급소로 보이고 한 방 갈기면 상대가 죽어버릴 수도 있기 때문에 괜히 사고 치기 싫어서이고, 그래도 자기는 수련을 많이 해서 매 맞는 법을 잘 알기 때문에 많이 맞아도 별로 다치지는 않으니까 그냥 맞는 게 속 편하다는 것이었습니다.

'빈 수레가 요란하다'는 속담과 대응될 만한 경구(警句) 중에 강무성(强無聲)이란 말이 있습니다. 강할 강(强), 없을 무(無), 소리 성(聲), '강한 것은 소리가 없다'는 말인데, 어느 공공기업체에서 이 말을 번역하여 '소리 없이 강하다'는 광고 문구로 써먹기도 했습니다. 애나 어른이나 손톱만큼의 힘과 권세만 있어도 자기보다 힘이 모자라고 약한 이들을 함부로 무시하고 짓밟기를 일삼는 우리 사회는 여기저기서 요란한 소리가 나는 것에 비해 실속은 별로 없는 '빈 깡통 사회'라고 할 수 있을 것 같습니다. "목소리 큰 사람이 왕"이라는 말이 곳곳에서 자주 들리는 것이 그 증거입니다.

정말 강한 힘이 있는 이들은 말이 별로 없고 힘도 함부로 쓰지 않습니다. 하나님의 아들이신 예수님이 그랬습니다. 인간의 무서운 질병을 고치고 죄를 단번에 용서하고 우주 만물을 다스릴 수 있는 무한한 힘이 있었지만 그 힘을 자신을 위해 단 한 번도 쓰지 않고 불쌍한 죄인들을 섬기다가 십자가에서 정말 힘없이 죽고 말았습니다. 2천여 년 세월이 흐른 지금, 그 무기력해 보였던 십자가는 희망과 꿈과 사랑과 구원의 상징이 되어 지구촌 곳곳을 밝히고 있습니다. 우리 모두가 진정한 강자가 되기 위해, 남보다 요란한 깡통소리를 자랑하기보다 우리 마음의 깡통을 진리와 사랑과 섬김의 정신으로 채우는 일을 먼저 힘써야 할 것 같습니다.

2005. 10. 13.

죽어 버리고 싶으세요?

얼마 전, 경제협력개발기구(OECD)에 소속된 나라의 자살 통계가 발표되었습니다. 불행히도 우리나라의 인구 10만 명 당 자살자 수가 2위인 헝가리의 22.6명보다 월등히 높은 25.2명으로 OECD국가 중 1위를 차지하였습니다. 이 통계의 세부내용을 보면 안타까움은 훨씬 더 커집니다. 사회적 활동력이 가장 왕성한 40대의 자살률이 가장 높은 점도 가슴 아프고, 20-30대의 사망원인 1위가 자살이라는 점도 그렇고, 사회활동이 상대적으로 활발한 남성의 자살수가 여성의 3배 수준이라는 사실, 그리고 노인들의 자살율 역시 세계 1위를 달리고 있다는 점 등에서 이 문제가 심각한 사회문제임을 짐작할 수 있습니다.

하나밖에 없는 생명은 한 번 사라지면 인간의 힘으로 도무지 되돌릴 수 없고, 문제해결을 위한 모든 가능성이 원천적으로 차단된다는 점에서 자살은 본인에게나 가족을 비롯한 주변 사람들에게나 참으로 가슴 아픈 일입니다. 오죽하면 하나밖에 없는 목숨까지 스스로 끊겠습니까만, 스스로 목숨을 끊어낼 만큼 독한 마음으로 문제의 답을 찾을 각오를 한다면 한줄기 소망의 빛은 틀림없이 찾을 수 있을 것입니다.

일본군의 가미가제 특공대나 자살특공대처럼 자신을 소속집단과 동일시하는 이타적 자살도 아주 없는 것은 아니지만, 대부분의 자살은 정말 사랑과 인정을 받고 싶은 이기적인 동기에서 비롯됩니다. 누군가로부터 사랑 받고 싶지만 마음껏 사랑을 받지 못할 때, 나를 아끼는 그와 나를 동일시하여 그가 아끼는 자신을 죽임으로써 사랑하는 이를 아주 고통스럽게 처벌하는 방식이 자살입니다. 곧 자신을 죽임으로써 사랑하는 이를 죽인다고 생각하는 것입니다. 그런 점에서 사랑과 증오는 백지 한 장 차이

이거나 거의 동일한 감정입니다. 사랑하지 않는 대상에게는 증오심도 생기지 않는 것이므로 사랑의 반대말은 증오가 아니라 무관심입니다.

현대인들의 고통은 대중 속의 고독에서 비롯됩니다. 대가족이 해체되고 서구처럼 핵가족화 되면서 가족공동체 안에서조차 마치 객지생활을 하는 듯한 외로움 속에 사는 이들이 뜻밖에 많습니다. 공동체성이 파괴되고 사람들이 파편화되면서 근원적인 고독감을 애완동물이나 술, 담배나 마약 등으로 달래보다가 몸과 마음이 한꺼번에 무너지는 이들이 많습니다. 하나님의 형상인 인간은 하나님을 닮아 본질상 공동체적으로 지어졌기 때문에 공동체 안에서 안정감을 누리지 못하면 늘 불안해 합니다. 인간이 하나님의 형상이기 때문에, 사람에게는 돈과 명예로도 도무지 채워지지 않는 마음의 빈자리, 오직 하나님을 통해서만 채워야할 마음의 공백이 있습니다. 사랑을 주고받을 수 있는 친구가 단 한 사람만 있어도 자살하지는 않습니다. 정말 죽어버리고 싶을 만큼 살기 힘드십니까? 우리 영혼의 주인이자 친구이신 하나님 앞에 나오십시오. "수고하고 무거운 짐진 자들아 다 내게로 오라. 내가 너희를 쉬게 하리라"고 약속하시는 예수님 앞에 믿음으로 나아가 쉼과 사랑을 받고 새 삶의 보람을 이어가십시오.

2005. 10. 6.

벼리막길을 생각하며

하늘을 나는 새를 바라볼 때마다 늘 유년기처럼 가슴이 설렙니다. 새들의 유연한 비행과 사뿐한 앉음새는 늘 경이롭습니다. 새는 비행기의 날개와 프로펠러의 역할을 동시에 하는 날개를 상하로 움직여 비행하고 주로 꼬리를 이용해 방향을 잡으며 재빠르게 회전합니다. 새는 날개의 크기나 각도를 마음대로 조절할 수 있는 특성이 있어 날개의 깃털을 펴거나 접어 비행방향이나 속도를 마음대로 조절합니다. 날개 전반부 또는 그 한 부분의 각도를 조절해 기체역학적 조정기능을 하기 때문에 새의 날개는 사람이 만든 비행기의 날개보다도 훨씬 정교해 얼마든지 복잡한 비행을 할 수 있습니다.

새들이 이 눈부신 비행술을 몸에 지니고 태어나지는 않습니다. 자라면서 생명을 걸만큼 맘 졸이는 비행연습을 숱하게 한 끝에 마침내 높푸른 하늘을 훠얼훨 나는 것입니다. 미처 다 자라지 못한 깃털과 약하디 약한 날개의 힘으로 허공을 향해 날아오르는 일이 어린 새들에게는 몹시 두렵고 어려운 일이겠지만 그 두려움과 어려움을 딛고 숱하게 되풀이되는 아슬아슬한 날갯짓 끝에 하늘을 향해 자유로이 날아오를 수 있습니다. 서툰 비행을 하면서 만난 성질 고약한 기류의 거친 흐름과 마침내 친숙해지기까지 허공에서 버둥대는 가냘픈 날갯짓은 늘 위태로울 수밖에 없습니다. 허공을 향해 차오르는 것 그리고 난기류 속을 위태롭게 나는 것만큼이나 어려운 또 다른 일 한 가지는 안전하게 목표지점에 내려앉는 것입니다. 착륙과정은, 지쳐버린 날개의 가녀린 힘 탓에 늘 배나 더한 부담이 되곤 합니다. 실제로 비행에 익숙하지 못한 어린 새들은 착륙과정에서 적잖은 부상을 당하거나 목숨을 잃기도 합니다.

눈부신 과학기술의 발달 덕분에 사람들은 비행기를 만들어 새들보다 더 멀리 더 높이 날게 되었습니다. 머나먼 유럽이나 미주지역까지 단번에 비행하는 거대한 여객기의 복잡한 조종실이나 잡다한 기기장치만 보더라도 날개 없는 사람이 새처럼 하늘을 나는 일이 얼마나 힘들고 어려운 일인지를 이내 짐작할 수 있습니다. 항공기 사고가 이착륙과정에서 주로 일어나는 것으로 미루어 조종사 훈련과정에서 복잡한 비행기의 구조와 기능을 익히는 일 외에 이륙과 착륙과정에 얼마나 고단한 훈련과 연습이 뒤따라야만 하는지를 알 수 있습니다.

산을 오르내리는 것도 마찬가지입니다. 정상을 향한 오르막보다 정상을 정복한 다음 출발점으로 되돌아오는 내리막길이 훨씬 더 힘들고 고달프다는 것을 실감나게 아는 이들은 그리 많지 않습니다. 정상에 서로 먼저 오르려고 높이 올라채며 온 힘을 다 쏟아버린 나머지 내리막길에서 뜻밖의 사고로 실족하는 이들이 그래서 많습니다. 정상을 향해 한 걸음 더 잽싸게 다가설수록 휘청거리는 내리막길이 한 걸음 더 늘어난다는 평범한 상식에 기대어, 나의 체력과 남은 산길 그리고 해넘이 시각을 진지하게 살피며 지혜롭게 산을 오르는 이들은 그리 많지 않습니다. 인생의 산길을 오르는 우리 모두에게, 행복한 귀환을 기약할 내리막길의 안전을 깊이 생각하며 산을 오르는 지혜가 정말 필요할 것 같습니다.

2005. 9. 29.

일상의 기적

신학자 마이클 호튼은 "우리가 일상생활에서 누리는 모든 일들이 모두 다 기적"이라는 말을 한 적이 있습니다. 피조물인 인간의 어쩔 수 없는 한계를 겸허하게 인정함과 동시에 창조주 하나님의 영광을 한없이 경외하는 정직한 고백입니다. 오랜 세월 이분법적인 사고의 틀에 젖어 지낸 인간들은 일상사와 이적을 철저하게 구별하는 못된 버릇이 있습니다. 곧 '이적은 이적이고, 일상사는 일상사'라는 생각의 덫에 치인 나머지 이 두 가지가 통합될 수 있는 길을 마음 깊은 곳에서부터 아예 차단하여, 일상에서 이루어지는 정말 기적 같은 은총에 대해 감사할 기회를 그만 놓치고 말았습니다.

엊그제, 어느 종합병원 중환자실에서 삶의 소망이 거의 다 끊긴 채 허덕이는 이를 보았습니다. 순풍에 돛 단 듯 남부러울 것 없이 승승장구하며 실패와 좌절이라는 것을 아예 모르고 살던 이가 하루아침에 몹쓸 병에 걸려 몸져눕고 만 것입니다. "갖고 있는 것 다 내주어도 좋으니 그냥 몸만 건강해졌으면 좋겠다."는 말을 연신 내뱉으며 얼마 남지 않은 생명의 실오라기를 허옇게 야윈 손으로 붙들기 위해 몸부림치는 모습, 퀭하니 초점 풀린 허연 눈자위에서 죽음의 공포가 가득한 모습을 보았습니다. 끝 모를 고통에 시달리면서 비로소 삶의 마지막에 대한 아무런 대책이 없이 지내 온 것을 한없이 후회하는 모습을 지켜보며 생각이 참 많았습니다. 사람은 어쩔 수 없이 고통 속에서 너무 늦게 철이 드는 것만 같아, 짙은 연민의 정과 함께 그이의 고통을 나누어 져 줄 수 없는 처지가 안타까웠습니다.

하루 세 끼 우리가 꼬박꼬박 먹는 밥을, 먹고 싶어도 못 먹는 이들이 이 땅에 아직 많고, 먹을 밥이 산처럼 쌓여 있어도 밥을 도무지 먹을 수 없는 병약한 이들도 많습니다. 하나님께서 지으신 이 멋진 세상을 볼 수 없는 이들도 많으며, 혼자 힘으로는 단 한 걸음도 땅을 디디고 걷지 못하는 이들도 많습니다. 일하고 싶어도 일자리가 없어 몸과 마음이 한없이 여위는 이들도 많으며, 옷을 입고 싶어도 입을 수 없는 이들 또한 참 많습니다. 정말 정직하게 생각해 보면, 내 안에 숨 쉬는 신비한 생명현상부터 시작해서, 외롭지 않게 내 곁을 사랑으로 보듬고 있는 부모, 형제와 배우자와 자녀들과 친구들 또한 내 힘과 재주로 만든 것들은 아닙니다.

몸져누워 오랫동안 밥숟갈을 들지 못하다가 겨우 일어나 앉아 내 손으로 다시 수저를 잡고 떠 넣는 한 숟갈의 밥에 감사와 감격의 눈물이 왈칵 쏟아지듯이, 고통과 고난의 망원경 너머로 보는 우리네 일상사의, 자잘하여 하찮아 보이는 모든 일들이 다 기적이고 이적입니다. 내가 아무 생각 없이 일상적으로 하는 하찮은 몸짓이 어느 누군가는 한평생 가슴에 품고만 사는 꿈에 지나지 않을 수도 있는 것입니다. 혹시 지금 삶의 어두운 늪에 빠져 원망과 불평이 마음속에 있다면, 조금만 더 시선을 낮춰 나보다 힘들고 고통스럽게 사는 이들을 보살피며 감사한 마음으로 그들을 섬겨 보십시오. 감사가 커지는 만큼 불평이 사라지는 또 하나의 이적을 분명히 체험하실 수 있을 것입니다.

2006. 2. 2.

세상살이 2막 : 우리들의 땅

2막 1장 "살며 살리며"

꽃은 다 이쁘다

꽃은
다
이쁘다.

이 꽃
저 꽃
저 꽃 이 꽃
꽃은
다 이쁘다.

산을 벗하는 이들에게 초여름의 평화로운 향기를 마음껏 선물하고 있는 뒷산 산자락의 밤꽃을 먼빛으로 짬짬이 바라보다가, 문득 평화콘서트를 열기 위해 우리 교회당을 방문했던 가수 홍순관 씨가 불렀던 이 동요가 생각났습니다.

이 노랫말처럼, 이 꽃 저 꽃 가릴 것 없이 정말로 꽃은 다 예쁩니다. 장미처럼 화려한 빛깔과 향기로 혼자서도 빛나는 꽃만 예쁜 것이 아니라, 혼자서는 꽃처럼 여겨지지도 않는 아주 작은 들꽃들도 한 데 어우러져 바람을 벗하고 벌, 나비와 춤추는 모습이 여간 멋진 것이 아닙니다. 장미꽃다발을 장식할 때 흔히 쓰이는 안개꽃을 가까이 들여다보십시오. 크기도너무 작고 향내도 거의 맡을 수 없어서 어설퍼 보이는 작은 꽃들이 무리지어서, 화려한 장미는 도무지 흉내도 낼 수 없는 안개 같은 포근한 느낌을 연출하는 것을 보면 정말 황홀하지 않습니까? 장미와 안개꽃이 한데어울려 서로 보듬고 감싸며 눈부신 시너지 효과를 낼 때 참으로 눈부신 사랑의 꽃무리가 완성되기도 하는 것입니다.

성철 스님이 "산은 산이요, 물은 물이로다."라는 화두를 굳이 던져야만 했던 까닭이 산을 산으로 받아들이지 않고 물을 그냥 물로 보지 못하는 시대의 뒤틀린 눈 때문이었듯이, 시인이 "꽃은 다 이쁘다."라는 빤한 말을 굳이 해야만 했던 이유도 꽃 한 송이에까지 인간의 추한 탐욕의 가치를 덧씌워 제멋대로 편 가르는 흐름이 가슴 아팠기 때문일 것입니다. 우리 조국 삼천리 방방곡곡마다 점차 검푸르게 변해 가는 초여름의 숲 그늘에 무리 지어 연노랑 또는 연녹색의 눈부신 빛깔로 대자연의 여름 화폭에 환한 생동감을 불어넣으며 아주 질 좋은 밤꿀을 만들어 내는 밤꽃 또한 예쁘기 그지없음을 깨닫기까지 저 또한 세속의 때에 절어 무딘 감성으로 50여 년 세월을 지내온 것이 몹시 부끄럽습니다.

꽃이 다 예쁜 것은 그것이 생명이기 때문입니다. 장미를 좋아한다면서도 시든 장미는 싫어하는 것은 오직 장미가 내게 줄 수 있는 빛깔과 향기만을 좋아하는 우리의 탐욕 때문입니다. 예쁘지 않은 꽃이 없듯이 사람의 생명 또한 귀하지 않은 게 없습니다. 다른 꽃들은 하나도 없이 온 세상에 장미만 가득하다면 그게 바로 지옥일 터, 똑똑하고 잘난 이들만 사는 세상은 바로 살인마, 전쟁광 히틀러가 꿈꾸었던 지옥 같은 곳입니다. 장애인이 될 가능성을 늘 안고 사는 이들이 어쩌다 이미 장애인이 된 이를 함부로 멸시하는 세상, 이제껏 난치병 환자의 고통을 철저히 외면해 오던 이 땅이 이제는 그분들을 위한다는 명분으로 자신들의 탐욕을 위장해서, 순진한 애국심까지 들먹이며, 아직 태어나지 않은 말도 못하는 생명들을 실험실에서 함부로 죽이는 참혹한 짓을 마냥 환호하고 격려하는 이 땅의 앞날이 어떠할지를 정직하게 고민해 봐야만 할 때입니다. 초여름의 밤꽃무리처럼 모든 꽃은 다 이쁘고, 귀하지 않은 생명은 하나도 없기 때문입니다.

2005. 6. 16.

노비들의 사회

2006년 3월 29일 남북나눔운동본부(사무총장 홍정길 목사)와 함께 못자리용 비닐 3천만 평방미터를 북한에 전달하기 위해 육로로 개성을 방문했습니다. 어둠이 채 가시지 않은 이른 시각에 서울에서 출발하여 임진각을 거쳐 남측 출입국관리소에서 출경수속을 마치고 우리 차를 직접 몰아 비무장지대를 지나 오전 9시쯤 개성에 도착했습니다. 서너 시간동안 꽃샘추위가 가시지 않은 찬바람을 맞으며 개성 봉동역 홈에서 못자리용 비닐 1차분 하역작업을 지켜본 다음 북한측 민경련 임원들의 안내를 받아 자남산여관 민족식당에서 회담을 겸하여 함께 점심을 먹었습니다.

남북관계가 많이 좋아졌다고는 하지만 아직도 여느 나라 출입국절차 못지않게 복잡한 수속을 밟아야 하고, 또한 육로로 통행하는 만큼 휴전선 비무장지대를 반드시 거쳐서 오가야 하는 현실입니다. 그래서 비무장지대에서 근무하는 남북한 군 당국자들 사이의 합의에 따라 들고나는 시간이 정해지기 때문에 할 일이 끝났다고 마음대로 들고 날 수도 없는 상황이어서 남쪽으로 내려오기로 약속한 시간까지 약간의 자투리 시간을 활용하여 포은선생의 충혼이 깃든 선죽교도 둘러보고 선죽교 맞은 편 표충사도 구경한 다음 북측의 아주 특별한 호의로 고려사박물관까지 둘러볼 기회도 주어졌습니다.

아무튼 개성시내를 북으로 가로질러 주행하는 동안 아주 가까이에서 북녘동포들의 살아가는 모습을 좀 더 자세히 보게 된 것도 모처럼의 큰 소득이었습니다. 고려사박물관은 고려시대 성균관자리를 개조하여 관광 상품의 하나로 만들어 놓은 곳입니다. 우리나라 최초의 대학인 국자감이 설치되었던 곳이라는 옛 성균관 터에 깨끗하게 잘 보존되어 있는 전통한 옥식 건물들이 늘어서 있는 아주 널찍한 뜰에는 어림잡아 수백 년은 더 묵어 보이는 아름드리 느티나무들이 곳곳에 버티고 서 있었습니다. 꽃무늬 유똥치마저고리 차림인 여성안내원의 자상한 안내를 받으며 고려시대의 문물을 영역별로 소개하고 유물을 전시해 놓은 박물관 내부를 속속들이 구경할 수 있었습니다.

관람 도중 어느 방에선가 고려시대 노비를 팔고 사는 값을 적어놓은 도표가 눈에 띄었습니다. 도표의 맨 오른쪽에는 소 한 마리 값이 비단 400필로 적혀 있었고, 그 옆에 노비들의 몸값이 비교하기 좋게 막대그래프로 그려져 있었습니다. 15-50세의 여자 종은 120필, 15-50세의 남자 종은 100필, 15세 이하와 50세 이상의 여자 종은 60필, 15세 이하와 50세 이상의 남자 종은 50필. 종이 자식을 낳으면 역시 종이 되기 때문에 남녀 불문하고 15-50세 사이의 종들이 생산성이 높다하여 비교적 높은 몸값을 지닌다는 설명이었습니다.

'몸짱'이다 '얼짱'이다 하여 얼굴과 몸매가 그대로 돈이 되는 요즘, 곳곳에서 "아무개는 몸값이 얼마"라는 소리가 들리는 우리 사회, 사람을 한사코 돈으로만 환산하려 드는 우리네 현실이 생각나 노비 몸값 도표 앞에서 한참동안 얼어붙은 듯이 서 있었습니다. "몸값", "몸값"을 외치며 제 발로 노비의 길에 들어서는 우리 시대의 얄팍함이 너무 너무 조심스러웠기 때문입니다.

2006. 4. 27.

양비론의 위험

　지방선거 후보로 나서는 이들의 출판기념회가 곳곳에서 열리고 지방 일간지 지면 가득 출마하는 이들의 얼굴이 자주 보이는 것이 선거철이 오긴 왔나 봅니다. "말 많은 정치판에서는 목소리 큰 사람이 왕"이라는 말이 맞는지 본격적인 선거판이 아직 벌어지지도 않았는데 벌써부터 이러쿵저러쿵 말들이 참 많습니다. 그런 입소문 중에는 경상도 말로 "~카더라" 식의 공작성 발언도 많고, "아니면 말고" 식의 무참한 흑색선전도 많습니다. 그처럼 허황되고 말도 안 되는 헛소문에도 "아니 땐 굴뚝에 연기 날 리 없다"고 생각하는 순진한 유권자들이 아직 많은 탓에 '아무튼 절반의 효과는 있다'는 확신으로 지저분한 헛소문을 전략적으로 생산하는 한심한 정객들이 아직도 많아 보입니다.

　이래저래 속이 상한 유권자 중에는, 그처럼 치사한 흐름에 넌더리가 난다며 아예 선거판의 흐름에는 나 몰라라 손사래를 치며 도망치거나, 벌써부터 선거 당일 어딘가로 나들이 할 계획을 세우느라 마음이 들뜬 분들도 더러 눈에 뜨입니다. 나의 소중한 한 표를 포기한 대가가 당선된 정객들의 불의하고 부도덕한 정치행적의 치명적인 후유증으로 유권자들에게 고스란히 되돌아온다는 생각은 아예 하지 않습니다. "기권하시지 말라"고 권면하면 한결같이 "어차피 마음에 드는 후보가 하나도 없다"는 대답입니다. 그처럼 답답한 대답을 들을 때마다 저는 늘 "그러면 조금 덜 나쁜 후보에게 표를 찍으라"고 권합니다. '양비론(兩非論)'이야말로 우리 사회의 개혁과 발전을 가로막는 주범이라는 생각 때문입니다. 예를 들어 보겠습니다.

　회사의 사활이 걸린 매우 중요한 일을 처리하지 않으면 안 되는 김 씨가 급히 서울로 가기 위해 기차역으로 향하고 있습니다. 역으로 가는 도중 평소 몹시 불편한 관계에 있던 박 씨를 우연히 만나 역 앞에서 시비가 붙었습니다. 시비가 길어지면서 심각한 언쟁이 벌어져 분위기가 아주 험악한 상황에서, 두 사람을 다 잘 아는 이 씨가 마침 거기를 지나가고 있었는데, 상황의 심각성을 알아챈 이 씨가 김 씨와 박 씨의 손목을 꽉 붙들고 일장연설을 하며 화해를 촉구했습니다. 이 씨에게는 어떻게든 두 사람을 화해시키고 싶다는 나름대로의 착한 마음이 있었습니다. 두 사람의 손목을 붙들고 아무리 설득해도 두 사람이 자신의 의견을 받아들이지 않자 이 씨는 '김 씨와 박 씨 모두 다 똑같이 나쁘다' 는 생각(양비론)으로 꽤 오랜 시간동안 화해를 종용하며 두 사람의 손을 놓아주지 않았습니다. 결국 김 씨는 서울행 열차를 놓쳤고 그 결과 사업에 심각한 타격을 입게 되었습니다. 이 씨 나름의 아주 공정한 중재가 사실은 김 씨에게 심각한 타격을 입히고 만 것입니다. 이것이 바로 양비론의 허점입니다.

상황을 살피며 팔짱끼고 눈치만 살피다가, 적당히 나서서 "모두 다 나쁘다"는 식으로 함부로 말하면서 순식간에 힘 안들이고 자신의 의로움을 확보하는 비겁한 '박쥐 정신' 을 하루 속히 뿌리 뽑지 못하면 우리 사회에 진정한 발전과 개혁의 희망은 그 가능성의 싹조차 돋아날 수 없을 것입니다.

2006. 3. 23.

우리들의 몸값

연말이 다가오면서 프로운동선수들의 몸값 흥정이 본격적으로 시작되었습니다. 박찬호 선수의 연봉이 우리 돈으로는 잘 계산도 되지 않는 1천 몇 백만 달러라느니 어느 구단의 어떤 선수가 몇 십 억에 계약을 했느니 마느니 하는 몸값관련 기사들이 스포츠 면에 날마다 올라옵니다. 힘 좋은 젊은 시절에 힘껏 벌어서 평생 살아야만 하는 운동선수들의 처지를 십분 감안하더라도 그 몸값이 서민들의 눈에는 그림의 떡처럼 감감해 보이는 까마득히 높은 액수인 것은 분명합니다. 오죽하면 '스포츠 재벌'이니 뭐니 하는 용어까지 생겼겠습니까?

6년쯤 전 저희 교회 안수집사님이 병원 응급실에 입원했다는 연락을 받고 밤늦게 서둘러 심방 나가는 길에, 어은다리 앞 교차로에서 신호를 위반하고 돌진하는 음주차량에 들이받히는 교통사고를 당했습니다. 양쪽 차가 모두 다 폐차되는 큰 사고였지만 가해자도 생명을 건지고 저도 큰 부상을 당하지 않았습니다. 그래도 통원치료기간까지 합해 약 10주 정도 병원을 들락거려야만 했습니다. 가해자가 책임보험조차도 가입하지 않아서 별 수 없이 제가 가입한 자동차보험의 무보험 뺑소니사고 항목을 적용하여 근근히 사고를 수습했습니다. 어느 용감한 목격자의 증언 덕분에 100% 가해자과실로 판결은 났지만 민사보상도 결국은 제가 가입한 보험사에서 하게 되었는데 보험사 직원은 저를 일용잡직으로 분류하여 퇴원 후 약 7주 동안 병원에 오간 택시비를 포함하여 총보상액 72만원을 들이밀고 있었습니다. 교회에서 주는 생활비로 지내는 목사신분이라 소득을 법적으로 인정할 수 없다는 것이 그 이유였습니다. 일용직에 종사하는 분들의 기막힌 서러움을 한 번 더 체험한 것으로 하나님께 감사하며 쾌히

서명해 주고 고통스런 사건을 서둘러 종결지었습니다.

아무튼 옛날 노예시장 뺨칠 만큼 사람의 몸값을 흥정하는 일이 이제는 일상적 상식이 되어버렸습니다. 몸값이 비싼 이들은 '신의 자식'이고 몸값이 헐값인 이들은 '어둠의 자식'으로, 같은 하늘 아래서도 전혀 딴 세상을 사는 일 또한 누구도 토를 달지 않는 상식으로 굳어버렸습니다. 며칠 전 어느 재벌 회장의 막내딸이 미국 뉴욕에서 자살한 사건이 일어난 직후 그 사건에 뜨거운 관심을 보이고 있는 우리 사회를 비꼰 한겨레 만평을 보았습니다. 재벌가문 딸의 죽음에 시끌벅적한 우리 사회의 풍경이 거의 대부분을 차지하고 있는 화면의 한쪽 구석에 쌀시장 개방을 저지하려다 자살한 농민의 초라한 영혼이 나에게도 관심을 좀 가져달라고 힘없이 중얼거리는 모습이 그려져 있었습니다.

구약성경 출애굽기 30장 15절 말씀을 통해 하나님께서는 부자나 가난한 자나, 생명의 속전은 그 액수가 똑같아야 한다고 하셨습니다. 재벌가의 딸이나 농민이나, 박사나 무식쟁이나, 장애인이나 보통사람이나, 아직 태어나지 않은 태아나 이미 태어난 사람이나 생명은 똑같이 존귀하기 때문입니다. 몹시 서글프고 속상했던 그 한겨레 만평 같은 것이 나올 필요 전혀 없는 세상, 사람이 몸값이 아닌 생명과 인격으로 서로를 존대하는 세상은 정말 꿈에 지나지 않는 것일까요?

2005. 12. 1.

눈으로 먹는 밥

어둠이 아직 가시지 않은 이른 아침, 급한 일로 때 이른 식사를 하는데 밥맛이 별로 없었습니다. 암만 생각해도 너무 이른 시간에 밥을 먹기 때문에 그런 것만은 아닌 것 같았습니다. 우물우물 밥알을 넘기며, 특별히 아픈 곳도 없이 이상하게 입맛이 없는 이유를 곰곰 생각하다가 마침내 그 이유를 알게 되었습니다. 안경을 미처 챙겨 쓰지 못한 채 밥상머리에 앉았기 때문에, 상에 놓인 이런 저런 반찬의 맛깔스런 윤곽이 모두 다 흐릿하게 보여 그랬던 것임. 안경을 챙겨 쓰고 몇 숟갈의 밥을 더 뜨면서 분명히 알게 되었습니다. 밥은, 입으로만 먹는 것이 아니라 눈으로도 먹는 것임을, 아니 입으로 밥을 먹기 전에 눈이 먼저 음식의 맛을 재빨리 보는 것임을 깨달았습니다.

최초의 사람 아담과 그 아내 하와가 에덴동산에서 뱀의 유혹에 넘어가는 과정에서도 유혹의 첫 단추는 하와의 눈동자에서부터 꿰어지고 있었습니다. 뱀에게 속은 여자의 탐욕스런 눈이 선악과를 보지 않았다면, 인류 역사의 물꼬는 지금과는 또 다른 방향으로 흘러갈 수도 있었으리라는 어설픈 추론도 가끔 해 봅니다. 좀 더 엉뚱하지만, 하와가 선악과를 보는 순간 선악과의 '디자인'이 참 매혹적으로 다가왔을 것이리라는 순진한 생각을 한 적도 있습니다. 아무튼 눈을 통해 들어오는 매우 원초적이고 감각적인 영상이, 선악간 사람 마음의 흐름을 아주 뜻밖의 방향으로 돌려버릴 수 있는 힘이 있는 것만은 분명합니다.

이성의 역할이 강조되던 모더니즘 시대와 달리, 인간의 감성이 진리의 표준이나 되는 듯 막강한 영향력을 행사하는 포스트모던 시대가 되면서 감성의 원초적 단서가 되는 시각디자인의 눈부신 위력은 현대생활의 모든 영역에서 우리의 상상을 훨씬 웃돌고 있습니다. 어떤 이는, 한국인의 패션감각이 급성장하게 된 까닭을 칼라 TV의 등장에서 찾는데, 한국인의 디자인 감각 역시 칼라 TV 브라운관을 통해서 숱하게 쏟아져 나오는 수준급 홍보영상물에 힘입은 바 크다고 생각합니다. 소비자 설문조사 결과, "같은 품질이면 디자인이 좋은 것을 선택한다"거나 심할 경우에는 "품질이 다소 처지더라도 디자인이 나은 것을 선택하겠다"는 응답이 많은 것을 보더라도 디자인이 사물의 본질을 판단하는 대단히 중요한 요소가 되어가고 있는 것은 분명합니다.

mp3 플레이어를 생산하는 국내 기업 레인컴이, 한국이 배출한 세계적인 시각디자이너인 김영세 씨(이노디자인)의 프리즘형 디자인을 제품에 반영하면서 연간 매출액 수천억 원을 넘기며 단번에 세계적인 기업으로 성장한 것이라든지, 국내 어느 대기업이 큰돈을 들여 외국 디자인회사에 의뢰하여 만든 상징 디자인을 간판에 내걸면서부터 국제적인 기업 인지도가 급상승한 것에서도 디자인의 위력을 거듭 확인할 수 있습니다.

포스트모던 시대의 우리네 삶도, 밥 그릇 수가 하나 둘 늘어감에 따라, 내 삶을 지켜보는 모든 이들에게 '보는 즐거움'을 주어, 세상이 아무리 험해도 여전히 살맛나는 세상임을 깨우치도록 조금씩 더 아름답게 디자인되어야 하지 않을까요?

2005. 8. 4.

카멜레온의 눈

　사람과 달리, 카멜레온에게는 두 개의 눈이 각기 따로 움직여 한 쪽 눈은 앞을 보면서 다른 한 쪽 눈으로는 뒤쪽을 동시에 살필 수 있는 멋진 능력이 있습니다. 사물의 양면을 동시에 살필 수 있는 능력이 인간에게 때로 너무 빈약하기 때문에, 하나님의 형상을 지닌 인간으로서 미물인 카멜레온의 도무지 흉내 낼 수 없는 재주가 은근히 부러울 때가 솔직히 많습니다.

　요즘 맞춤형 인간배아세포 연구로 눈부신 업적을 쌓은 황우석 박사의 이름이 유난히 빛나고 있습니다. 오랜 세월 우리 가슴에 쌓여온 약소민족의 깊은 한과 극히 본능적인 애국심까지 어우러져서 참으로 거대한 흥분이 우리 한반도를 감싸고 있습니다. 게다가 부시 미국대통령이 직접 나서서 공공연히 딴죽을 거는 바람에 살벌한 반미감정까지 겹친 상황에서 이 연구에 잠재해 있는 위험성과 문제점을 함부로 지적하다가는 순식간에 매국노로 내몰릴 정도로 분위기가 후끈 달아올라 있습니다.

　그러나 '인간배아줄기세포연구'라는 제목에서 보듯이 '인간배아'라는 이름 자체가 이미 진지한 생명윤리적 논의를 전제하고 있음을 지나쳐서는 안 될 것입니다. '배아'는 난자에 핵을 수정시켜서 얻는 것입니다. 실제로 이렇게 수정된 배아는, 그것을 자궁에 착상시키기만 하면 열 달 후에 사람으로 태어날 수 있는 분명한 생명체입니다. 말하자면 이 연구는 이미 태어난 사람의 생명을 위해 출생 이전의 생명을 죽이는 것, 곧 생명을 지키기 위해 생명을 살상하는 모순을 안고 있는 것입니다. 인간배아줄기세포 연구에 이처럼 심각한 생명윤리적 문제가 잠재해 있기 때문에 인간성체줄기세포를 이용하여 난치병을 치료할 수 있는 대체 연구가 지속되고 있고 이미 상당한 성과가 축적된 것으로 알고 있습니다. 성체줄기세포는 사람의 앞가슴뼈 속에 있는 골수에서 얻을 수 있기 때문에, 자신의 신체조직으로 자신의 병을 고칠 수 있는 것이고, 설령 다른 사람에게 그것을 넘겨준다 할지라도 골수제공자를 죽이는 것이 아니어서 생명윤리적인 부담이 거의 없기 때문입니다.

우리 조국이 배출한 동포 과학자가, 《뉴욕 타임스》, 《워싱턴 포스트》, 《가디언》 지와 같은 세계유력언론의 집중조명을 받고 찬사를 듣는 일을 싫어하거나 기분 나빠할 사람은 없을 것이며 저 또한 황 교수 때문에 민족적 자긍심이 솟구치고 있음을 솔직히 인정합니다. 그러나 황금만능주의가 판치는 현대사회에서 이윤에 밝은 세계적인 기업들이 앞을 다투어 황 교수를 후원하겠다고 나서는 현실에서, 난치병환자들에게 어떻게든 새 삶을 열어주고 싶어 하는 황 교수의 본뜻과 달리, 이 연구에 관한 불안한 예감이 돌이킬 수 없는 불행한 현실로 나타날 높은 가능성을 봅니다. 부디 황 교수에게 카멜레온의 시각이 주어져서, 훗날 다이너마이트를 발명했던 알프레드 노벨의 아픔을 황우석 박사가 결코 겪지 않기를 바랍니다. 그는 참으로 사랑스러운 내 동포 과학자이기 때문입니다.

2005. 6. 2.

생명의 예술, 건축

사람들이 필요로 하는 실제적인 요구와 표현욕구를 충족시키는 건물을 설계하고 짓는 예술 또는 그 기술이 건축학이고, 이런 요구사항들을 해석하고 구조적, 미학적 변수들을 복합적으로 배열하여 하나의 건축물 형태로 엮어내는 사람들이 바로 건축가입니다. 이 때 장식의 미학적인 요인들과 구조의 실용성에 대한 기술적인 해결 방안이 제시되는데, 이 두 가지 요소가 통합되면서 건축은 한 사회의 문화적, 상징적 이상을 보여 주게 됩니다.

건축물은, 사회나 개인이 요구하는 용도에 알맞아야 하며, 안정성이 있어야 하고, 형태를 통해 설계자의 꿈과 개념을 전달해야 합니다. 건물의 안정성이라는 기준은 늘 변함이 없지만, 건물의 기능에 따라 쓰임새나 설계자의 개념은 많이 달라집니다. 건축의 틀도, 쓰임새에 따라 주거건축, 종교건축, 관청건축, 휴양건축, 복지와 교육 건축, 상업과 공업 건축 등으로 결정됩니다. 공장건물에서는 개념 전달보다는 실용성이 더 강조되겠지만, 교회당이나 정부 청사 같은 건물은 실용성과 개념전달 기능이 똑같이 중요할 것입니다.

건물 터와 쓰임새, 비용이 정해지면 환경과 쓰임새를 조화시켜 건물을 설계합니다. 그 과정에서 시각, 촉각, 청각 등의 감각요건을 살펴 편안하면서도 호흡 등의 생리작용을 원활히 도울 수 있는 공간을 구상합니다. 천재지변도 미리 가늠하고 햇볕과 바람과 비 등의 친환경적 자연조건까지도 꼼꼼히 살피면서 건물의 안팎을 다양하게 디자인합니다. 어떤 재료를 어떻게 조합하느냐에 따라 건물의 기능과 활용도는 크게 달라질 것입니다.

그동안 참으로 다양한 주거환경을 만났는데, 삶의 터에 따라 몸의 상태나 건강이 하늘과 땅만큼 차이가 있다는 것을 온몸으로 체험하면서, 건축이야말로 무엇보다도 소중한 '생명 예술, 삶의 예술'이라는 것을 마침내 깨닫게 되었습니다. 얼마 전 홍콩 시가지를 돌아보면서, 어디가나 판박이 건물들이 수두룩한 우리나라와 달리, 좁디좁은 땅모양을 잘 살려 대숲의 대나무처럼 빼곡히 들어선 고층건물들 가운데 겉모양이 똑같은 것이 하나도 없이 다양한 디자인으로 아름답게 세워진 건물들을 바라보는 것만으로도 마음이 푸근해짐을 느꼈습니다. 하나님이 지으신 자연과 인간의 건축물, 부분과 전체의 참으로 아기자기한 어울림이 참으로 매력적으로 다가왔기 때문입니다.

　　살고 계신 집 주변을 한 번 살펴보십시오. 건물 안에서 생활하는 내가 편리한 만큼 밖에서 그 건물을 바라보는 이웃들에게도 깊은 감동과 즐거움을 주면서 도시 전체의 미관에도 보탬이 되도록 예쁘게 가꿔 보십시오. 큰 돈 들이지 않더라도 어정쩡하게 남아도는 안팎의 공간에 작은 변화를 주어 생명의 아름다운 기운을 조금만 더 불어넣어 보십시오. 인간과 자연은 어쩔 수 없이 영향을 주고받으며 서로의 생명을 보듬고 돌보아야만 하기 때문이고, 그럴 때 비로소 우리 모두가 삶의 아름다움을 풍성히 누릴 수 있기 때문입니다.

2005. 7. 21.

네가 만진 코끼리

고대 우화에 시각장애인이 코끼리를 만지는 이야기가 있습니다. 어느 나라 왕이 시각장애인들을 모아놓고 코끼리를 한 번씩 만져 보게 한 다음 그 물체에 대한 느낌을 각 사람에게 물었는데, 각기 자기가 만져 본 부위에 따라 그 대답이 전혀 달랐다는 내용입니다. 코끼리의 상아를 만져 본 이는 무와 같다고 했고, 귀를 만져 본 이는 알곡을 걸러내는 기구인 키와 같다고 했고, 머리를 만져 본 이는 돌과 같다고 했고, 코를 만진 이는 절굿공이와 같다 했고, 다리를 만져 본 이는 널빤지와 같다고 했고, 코끼리의 배를 만진 이는 항아리와 같다고 했고, 꼬리를 만진 이는 새끼줄과 같다고 했습니다.

한 가지 분명한 것은, 코끼리는 무도 아니고 키도 아니고 돌도 아니고 절굿공이도 아니고 널빤지도 항아리도 아니고 새끼줄은 더더욱 아니라는 점입니다. 물론 이 여러 가지 의견을 종합한다고 해서 '코끼리' 라는 객관적 진실이 그리 쉽게 드러나는 것도 아닙니다. 아무튼, 똑같은 어떤 객관적 사물에 대한 각 사람들의 주관적인 평가가 극단적으로 엇갈릴 때마다 이 우화가 자주 생각납니다. 개인의 주관적인 견해 자체는 별 문제가 없겠지만, 자신의 주관적인 견해, 그것도 사물의 본질과는 전혀 다른 일방적인 견해를 다른 사람 앞에 주장하고 그것을 끝끝내 관철시키려는 데서 매우 심각한 갈등과 불화가 생기는 것이 더 큰 문제입니다. 객관적인 타당성이 아주 빈약한 자신의 주관적인 견해만 옳다는 맹신에 사로잡혀 있을 때, 개인과 개인의 관계는 물론 그런 개인들이 모인 공동체의 분위기는 몹시 살벌하고 어수선할 수밖에 없습니다.

며칠 전, 설교시간에 파워포인트 자료로 활용할 목적으로 저희 전주열린문교회 교회당을 카메라의 촬영각도를 몇 가지로 바꾸어가며 촬영했는데 사진자료를 정리하다가 한 가지 흥미로운 사실을 발견했습니다. 십자가가 세워져 있는 교회당의 옥탑이, 옥탑정면에서 찍은 사진에는 수직으로 반듯하게 나타났지만 교회당 현관앞 건물 바로 아래쪽에서 옥탑을 올려다보며(low angle) 찍은 사진에는 옥탑부분이 약 45도 정도 위태롭게 기운 모습으로 찍혀 있었기 때문입니다. 두 장의 사진을 비교해 보며 카메라의 앵글 곧 촬영각도가 얼마나 중요한지를 정말 실감나게 확인할 수 있었습니다. 삐딱하게 기운 옥탑 사진을 보며 누군가가 이 건물이 잘 못 지어졌다고 벅벅 우긴다든지 그런 우격다짐에 휩쓸리는 이들이 많다고 하면 몹시 시끄러울 수밖에 없을 것입니다.

요즘 새만금사업 같은 지역사회의 현안이나 황우석 박사의 인간배아 복제문제로 여기저기서 살벌한 고함과 삿대질이 요란합니다. 겸손하고 진지하게 진실의 실체를 파악하기 위해 서로 노력하기보다는 무참한 욕지거리와 무시무시한 살해협박도 서슴지 않고, 나와 다른 의견을 지닌 이를 걸핏하면 불순한 반역의 무리로 낙인찍는 폐쇄적인 자세로는 '진리와 진실의 코끼리'를 영원히 볼 수 없을 것입니다. 객관적이고 절대적인 진리에 얼마나 가까이 있는지, 나의 시각을 끊임없이 겸손하게 점검해 보는 습성이 하루 빨리 자라나야 할 것 같습니다.

2005. 12. 8.

인간배아, 하나님의 형상

황우석 교수의 인간배아복제 줄기세포 논문 조작 사건 까닭에, 까마득하게 멀게만 느껴지던 '생명공학' 이니 뭐니 하는 말에 우리들이 어느덧 익숙하게 되었습니다. 거리를 오가는 보통사람들의 평범한 대화 속에서도 '생명공학' 이니 '복제' 니 하는 말들이 거침없이 섞여 나오는 것을 보면 그저 놀라울 뿐입니다. 정말 기가 막힌 것은, 그럼에도 막상 '인간 배아(胚芽)' 가 무엇이냐를 따지고 들어가면 썩 그럴 듯한 대답이 거의 나오지 못한다는 것입니다.

의학자들은 정자와 난자가 수정된 지 8주 이내의 수정란을 엠브리오(embryo)라고 부릅니다. 이 엠브리오를 한자어로 '아이밸 배(胚), 싹 아(芽)' 자를 붙여서 배아(胚芽)라고 합니다. 곧 '아이의 싹을 뱄다' 는 뜻입니다. 정자와 난자가 수정된 후 약 2주 이내의 상태는 그냥 '세포덩어리' 라고 부릅니다. 2주가 지난 뒤부터 신체의 각 기관으로 분화할 수 있는 기능을 갖춘 원시선(primitive streak)이 나타나 약 6주 동안 신체의 각 기관을 분화시켜 나가고, 약 8주 뒤부터는 이미 분화된 조직들이 성장하는 과정을 보이게 됩니다. 그래서 수정 후 8주 이내의 엠브리오 상태를 '인간배자' 곧 '인간배아' 라고 하고, 8주 뒤부터는 '태아(胎兒)' 라고 부르기로 의학자들 사이에 개념이 통일되어 있습니다.

과학기술의 발달과 더불어 시장경제 체제가 지배하기 시작하면서부터 몇몇 부도덕한 생명공학자들 사이에 수정된 인간배아를 사람이 아닌 단순한 세포덩어리나 학문적 연구대상이 되는 물질 정도로 쉽게 생각하는 못된 경향이 생겼습니다. 아직까지도 시끌벅적한 황우석 교수의 인간배아복제 논문 조작 사건은 논문의 진위 여부, 논문에 밝혀진 줄기세포 추출 원천기술의 유무 이전에 사실은 이와 같은 심각한 생명윤리 문제와 맞닿아 있습니다. 논문이 조작됐든 진짜 연구를 했든 간에 황우석 교수의 연구가 가능했던 것은, 서구사회와 달리 여성의 난자 취득과정을 포함해서 생명윤리적 기준이 너무 불투명하고 흐릿하기 그지없는 우리 사회의 느슨한 풍토에 기인합니다.

인간의 생명은 하나님의 형상입니다. 바로 그 점에 인간이 기르는 짐승이나 가축들과는 차원이 다른 인간 존엄성의 근거가 있습니다. 원래 '세포덩어리' 니 '인간배야' 니 뭐니 하는 용어들은, 생명을 지키려는 양심적인 의학자들이 학문적 성과를 서로 주고받기 편리하도록 고안한 고상한 소통 수단이었습니다. 그러나 무서운 신자유주의 시장경제가 시대의 대세가 되어, '교육인적자원부' 라는 괴상한 정부부처의 명칭에서 보듯이 신성한 인간의 생명까지도 물질(자원)처럼 상거래의 대상으로 삼기 시작하면서 생명을 지키기 위해 고안된 귀한 용어들이 사람의 생명을 실험실에서 멋대로 칼질하는 악한 용도로 쓰이고 있습니다. 인간배아는 엄연히 생명이고 하나님의 형상을 지닌 인간입니다. 왜냐하면, 인간배아복제 기술자들을 포함해서 우리 중에 그 누구도 인간배아 단계를 건너 뛰어 이 땅에 태어난 사람은 없기 때문입니다. 부도덕하기 그지없는 인간배아줄기세포 연구를 그만 그치고 다 자란 사람의 몸에서 나온 성체줄기세포연구로 논의의 방향을 서둘러 틀어야만 하는 이유가 바로 여기에 있는 것입니다.

2006. 1. 12.

웰컴투 동막골

얼마 전, 〈웰컴투 동막골〉이라는 영화를 보았습니다. 기발한 공상기법을 동원하여, 동막골 사람들로 상징되는 '꿈같은 평화'와 '참혹한 전쟁'을 대비시켜 보여줌으로써 전쟁이라는 인류의 고질병을 색다른 각도에서 다시 생각하게 하는 영화였습니다. 강원도 사투리를 빛나는 소도구로 사용한 이 영화의 제목에 '웰컴투(Welcome to)'라는 영어가 들어 있는 것이 좀 찜찜하기는 했지만, 이 영화 덕분에 우리 사회에 강원도 사투리의 소박한 매력이 새삼 알려지게 되었고, 요즘은 젊은이들이 즐겨보는 여러 코미디 영상물에서도 강원도 사투리가 중요한 소재로 즐겨 쓰이게 되었습니다. 강원도 사투리는 강원도 사람들만이 자유롭게 쓸 수 있다는 점에서, 강원도 사람을 정말 강원도 사람답게 만드는 것이 바로 강원도 사투리임을 알 수 있습니다. 마찬가지로 저 같은 전라도 사람들은 전라도 말을 쓸 때 전라도 사람다운 냄새가 제대로 날 것입니다.

대학원 국문학과 박사과정에서 한국고전시가를 공부하고 연구하던 1980년대 초반, 전공이 전공인지라 틈만 나면 고서점을 뒤지고 다니다가 어느 날 1900년 무렵에 일본사람들이 펴낸 『전주부사(全州府史)』라는 책이 눈에 띄어 찬찬히 훑어보게 되었습니다. 전주부(全州府)의 역사를 일본인들의 손으로 정리해 놓은 책이었는데 만들어진 지 80년이나 되었음에도 새책 진배없는 지질과 제본은 말할 것도 없고, 놀랍게도 전주 일대의 지층도와 심지어 전주의 사투리까지도 자세하게 조사되어 있었습니다. 제가 대학 2학년 때였던 1970년대 초반에야 우리나라 대학에서 방언에 관심을 갖기 시작한 것에 비추어 볼 때 일본의 저력이 느닷없이 실감나게 느껴지면서 일본이라는 나라를 새삼 두려운 시선으로 바라보는 계기가 되었습니다. 당시 일본에는 한국학을 공부하는 석사 이상의 인재가 3천 명이 넘었다는데 우리나라에서 일본학을 연구하는 이는 1백 명도 채 안 되는 상황이었기에 더더욱 그런 생각이 들었던 것 같습니다.

전라도 사람이, "얘, 오늘 내 생일이니까 오늘 저녁에 우리 집에 떡 먹으러 오지 않겠니?"라고 말하면 떡맛이 나지 않을 것입니다. 전라도 사투리로 "야, 오늘이 내 생일잉개, 이따 저녁 때 떡 먹으로 와라 잉?" 이렇게 말해야 쫀득쫀득한 떡맛이 제대로 살아나는 법이지요. 세계적인 소리예술인 판소리 사설을 모조리 표준어로 바꾸어서 소리를 한다면 그 소리판을 기웃거릴 귀명창들은 단 한 사람도 없을 것입니다. 전라도 사투리에는 전라도 사람만의 혼과 넋이 배어 있기 때문입니다. 같은 이치로 우리말에 우리 민족만의 혼과 기질이 담기는 것 또한 지극히 당연한 일일 것입니다. 앞서 말씀드렸던 '쫀득쫀득'이라는 말을 어떻게 영어나 다른 외국어로 감칠맛 나게 번역해 낼 수 있겠습니까?

얼마 전 조간신문에서 몇 년 뒤부터는 초등학교 1-2학년부터 영어를 가르치겠다는 기사를 보았습니다. 제 나라말도 제대로 배우고 익히지 못한 어린것들을 미국사람 만들지 못해 안달하는 얼빠진 인간들 모조리 모아놓고 국어시험 한 번 치러서 망신을 좀 톡톡히 주고 싶은 생각이 요즘 간절합니다.

2006. 1. 26.

코코넛 농장 만들려다

2006년 2월 17일, 필리핀 중부 레이테 주에서 대규모 진흙 산사태로 긴 사우곤 마을 일대가 흙더미에 묻혀 흔적도 없이 사라져 버렸습니다. 희생자 수는 줄잡아 3천 명쯤 된다고 합니다. 환경전문가들은, 레이테 남부 지역이 산사태에 취약한 대규모 단층지역인데다, 주요 태풍의 통과지점이며, 집중호우를 일으키는 라니냐 현상이 자주 발생하는 지역이라는 지질학적 근본원인 외에도, 열대 우림의 무차별적인 남벌과 개발이 이번 산사태의 결정적인 원인이었음을 분명히 지적하고 있습니다. 말하자면 이번 산사태는, 1920년대 이후, 농가소득을 올리려고 코코넛 농장을 만들기 위해 레이테 남부의 열대 밀림을 무차별 남벌하며 자연녹지를 개간하고 뿌리가 얕은 코코넛을 대규모로 재배하는 과정에서 불거진 필연적인 인재(人災)라는 것입니다.

산사태의 비극을 전하는 뉴스를 보면서, 불과 몇 십 년 전 유소년 기에 해마다 겪던 물난리와 산사태가 생각났습니다. 한국전쟁 당시 엄청난 폭격과 포격으로 산이란 산은 모조리 벌겋게 까뭉개져 어딜 가나 황토백이 민둥산뿐이어서, 미술시간에 산을 그릴 적마다 도화지에 삼각형 두어 개로 산 모양을 그려놓고는 거기에 열심히 황토색을 칠해서 미술선생님께 갖다 드리곤 했습니다. 너나없이 산에 있는 나무를 베어다 땔감으로 쓰고 심지어 솔잎을 비롯한 나뭇잎과 들풀까지도 모조리 긁어다 아궁이의 불을 지펴 입에 풀칠하며 살던 시절, 조금만 큰비가 와도 곳곳에서 산사태가 나고 하천이 벌겋게 넘치고 저수지 둑이 무너져 내렸습니다. 장마철엔 마치 전쟁이라도 난 듯 이불 짐을 싸 대피할 준비를 해 놓고 언제 울릴지 모르는 대피 사이렌 소리에 온갖 촉각을 곤두세운 채 날밤을 새며 가위눌려야 했던 유년기의 두려움이 아직 남아 있습니다.

다행히 제가 초등학교에 다니던 1960년대 중반부터 공무원과 학생들을 동원하여 범국민적인 사방공사 사업을 시행하며 꾸준히 나무를 심은 결과 우리 남한 땅은 참으로 푸르고 싱그러운 숲의 나라로 다시 일어섰습니다. 숲이 우거지면서 산짐승 들짐승들도 다시 깃들기 시작하여 요즘은 산행 길에 야생 짐승들의 흔적 한두 개를 찾는 일은 그리 어렵지 않게 되었습니다. 이른 바 웰빙시대에 웰빙문화를 충만히 누리고 싶어 하는 현대인들이 주거환경을 어떻게든 친환경적으로 가꾸기 위해 무던히 애쓰고 있는 것도 바로 그런 아픈 추억을 통해 자연과 인간이 함께 살아야만 한다는 것을 충분히 학습한 결과일 것입니다.

돈벌이가 된다고만 하면 그저 당장 코앞의 이익만을 생각한 채, 하나님께서 참으로 지혜롭게 만들어 선물로 주신 환경계와 생태계의 근본 구조를 겁 없이 바꾸며 엄청난 규모의 난개발에 무작정 몰두하는 요즘, 필리핀의 이번 환경재앙이 멀리 떨어진 남의 나라의 일로만 결코 느껴지지 않는 것, 제가 유난히 애향심이 없고 소심해서 그런 것일까요? 아무튼, 이번 산사태로 사랑하는 이들과 삶의 터전을 잃어버린 필리핀 이재민들과 슬픔을 같이하며 그들에게 멀리서나마 깊은 위로의 뜻을 전합니다.

2006. 3. 2.

십자가의 요구

기독교 절기로 주 예수 그리스도의 고난과 죽음을 기념하는 고난주간을 지내고 있습니다. 예수님의 부활을 기념하는 부활절로부터 거꾸로 40일을 셈하여 올라간 날부터 사순절이라 하고 사순절의 마지막 한 주간을 고난주간이라고 합니다. 예수님께서 평화의 왕으로 나귀를 타고 예루살렘에 입성하실 때, 유월절 축하잔치에 온 사람들이 자기들의 겉옷을 벗어 예수님이 행진하시는 길에 깔고 손에 종려나무 가지를 들고 구원하시는 하나님의 은혜를 찬양하며 호산나 노래를 불렀던 날을 기념하여 종려주일로 지킵니다.

예루살렘에 입성하시는 달동네 나사렛 출신 예수님을 손에 종려나무 가지를 들고 목메게 환호하며 환영하던 유대 군중들이 며칠이 채 지나지 않아 예수님을 십자가에 못 박아 죽였던 사실을 보면, 사람의 마음이란 것이 마치 수양버들 가지 사이를 춤추는 바람결처럼 얼마나 변화무쌍한지를 알 수 있습니다. 하기야 예수님의 입성 가도에 늘어선 유대인들의 손에 종려나무 가지가 들려 있던 사실에서 예수님에 대한 허망한 변심은 이미 예고되고 있었는지도 모릅니다. 예수님 당시, 헬라문화권에서 종려나무는 늘 '애국심'의 상징이었기 때문입니다. 로마시대의 동전에 종려나무 문양이 자주 등장하는 것도 바로 그런 이유에서입니다. 유대군중들의 손에 들렸던 종려나무 가지는 말하자면 우리나라 붉은 악마의 손에 들린 태극기나 똑같은 것이었습니다.

이방인들의 오랜 식민통치에 고통을 당하며 자존심이 상할 대로 상해 있던 선민 유대인들은 예수님에게 자기들을 식민통치하고 있는 로마제국을 쳐부수고 다윗의 왕국을 번듯하게 재건해 줄 것을 기대했습니다. 그들의 그런 소망이 그들 손에 굳게 들린 종려나무 가지에 응축되어 있었던 것이고, 많은 난치병자를 말씀으로 고치고, 죽은 자를 살려내고, 거친 풍랑을 잠잠케 하고, 보리떡 다섯 개와 물고기 두 마리로 무려 이만 명 가까운 사람들을 먹인 예수님의 그 신통한 능력으로 로마제국을 쳐부수어 선민 이스라엘 나라를 멋지게 회복시켜 주기를 희망했습니다. 그러나 그런 희망이 그들의 소원대로 성취될 기미가 보이지 않자 한 순간에 마음을 바꿔 열혈투사 강도두목 바라바 대신 예수를 십자가에 못 박아 죽여 버리고 만 것입니다. 이렇게 해서 성자 예수님을 대신 죽여 모든 죄인들을 구원하시는 하나님의 은혜로운 구원사역이 완성되었습니다.

세상살이의 유형을, 나 살려고 너 죽이는 형, 너 죽고 나 죽자 형, 그리고 말없이 십자가를 지고 우리 죄를 대신 감당하신 예수님처럼 내가 죽어 너를 살리는 형의 세 가지로 요약할 수 있을 것 같습니다. 부활의 소망을 다시 다짐하는 고난주간, 교회당 건물마다 어김없이 달려있는 십자가 형틀은 우리 모두에게 썩어 문드러진 지옥 같은 힘의 철학을 완전히 바꿀 것을 요청하고 있습니다. 하나님께서 주신 힘으로, 남을 짓밟고 남의 것을 빼앗기보다는, 남을 돕고 섬기고 사랑하고 살리기 위해 기쁨으로 십자가를 지고 죽을 각오를 하라는 것입니다. 그렇게 사는 사람들이 모인 곳이 바로 천국이기 때문입니다.

2006. 4. 13

댐 건설 타령만 하지 말고

홍수피해가 날 때마다 신문기사에 등장하던 '물벼락'이라는 말이 '물폭탄'이라는 말로 느닷없이 바뀔 정도로 태풍에 연이은 많은 장맛비로 온 나라가 몸살을 앓고 있습니다. 사실, 이 땅 곳곳에 대규모 다목적 댐이 이미 여러 개 건설됐고, 실제로는 그 다목적 댐들의 수용능력에 채 미치지 못하는 양의 비가 내렸는데도 시골과 도시를 가릴 것 없이 이토록 심각한 물난리를 겪는 상황에서, 이것이 인간의 힘으로는 도무지 막아낼 수 없는 천재(天災)냐 아니면 대비만 잘했다면 웬만큼 막아낼 수 있었던 인재(人災)냐를 따지는 으지짠한 분위기인데, 좀 정직하게 말하자면 '이런 홍수 피해는 일찌감치 예견된 인재(人災)'라는 양심적인 학자들의 주장에 좀 더 무게가 실려 보입니다. 이 일이 천재(天災)라고 주장하는 정부 당국자들은 환경단체의 반대로 대규모 댐 건설을 미룬 탓에 홍수조절 능력이 떨어져서 그렇다며 한사코 책임을 회피하면서 언론을 동원하여 대규모 댐의 추가건설만이 유일한 해법인 것처럼 여론을 몰고 가려 하지만, 이 또한 수해로 삶의 터전이 허망하게 무너져 절망하는 이재민들 앞에 몹시 낯뜨겁고 비겁한 책임회피로 비쳐질 수밖에 없는 몰염치한 짓입니다.

얼마 전, 장마가 막 시작된 때 교회학교 여름행사 예정지를 답사하기 위해 전라북도 동부산악지역에서 손꼽는 관광단지를 지나는 기회가 있었습니다. 태풍의 영향으로 경기도 지방에서 이미 피해가 발생하기 시작한 시점, 우리 고장에서도 장맛비가 심심찮게 오락가락하는 날, 중고등부 학생들과 함께 오를 산행 코스를 미리 살피기 위해 길을 나섰는데 공원지대 근처 등산로로 접어들자마자 등산로 입구 공원관리소에서 관리하는 도로가 온통 진흙탕으로 엉망이어서 등산화를 신고도 발 디딜 곳을 찾기가 쉽지 않을 정도였습니다. 꽤 오랫동안 지속되는 진흙탕길, 키발질을 하며 겨우 겨우 한참을 올라간 끝에 마침내 그 이유를 알게 되었습니다. 작년 여름 전라북도 지방에 큰물이 져서 쓸려나가 잘려버린 도로 정비사업을 만 1년이 지나 또 한 번의 장마철이 시작된 뒤에야 허겁지겁 시작하고 있는 볼썽사나운 모습이 눈에 들어왔기 때문입니다. 그나마도 복구해야 할 공사의 규모에 비추어 턱없이 부족한 소형 포크레인 한 대와 70세 가까워 보이는 노인 두어 명이 동원되어 오락가락하는 비를 맞으며 어린아이 소꿉장난하듯 세월아 네월아 작업을 하고 있었습니다. 그날 그 노인네들이 작업하여 보수공사를 한 곳은 어쩌면 그 다음날 내린 한두 차례의 비로 완전히 헛수고가 되어버렸을 지도 모릅니다.

어디 전라북도만 그렇겠습니까? 지구온난화의 후유증으로 우리 한반도는 이미 아열대기후가 되어 해마다 여름철이면 열대성 집중호우가 어김없이 내리는 현실입니다. 뒷북치듯 해마다 수해복구비용으로 쏟아 붓는 홍수 같은 돈의 절반만이라도 미리 투입하여 일찌감치 다음 해를 대비했더라면 하는 진한 아쉬움이 남습니다. 오늘따라, "다목적 댐 건설 타령만 하지 말고 제발 머리를 좀 쓰라"는 신문기사의 한 대목이 참으로 속 아리게 다가옵니다.

2006. 7. 20.

세상살이 2막 : 우리들의 땅

2막 2장 "살며 도우며"

그리운 평화

녹음 짙어진 틈새마다 무리지어 피어있는 뒷산의 연초록 밤꽃을 한참 동안 지켜보다가 갑자기 세상이 참 아름답다는 생각이 들어, 온갖 오염과 공해로 얼룩지고 죄에 찌든 세상도 이토록 아름답다면, 하나님께서 지으시고 보시기에 좋다 하셨던 태초의 세상은 또 얼마나 아름다웠을지 상상해 보았습니다. 태초의 세상이 하나님 보시기에도 좋을 수밖에 없었던 것은 거기에 '안식'과 '평화'가 넉넉히 깃들어 있었기 때문일 것입니다.

그러나 하나님의 형상인 인간이 범죄한 뒤로 인간은 영생을 누리지 못하고 다시 흙으로 돌아가야만 했고, 죽음이 왕 노릇하는 세상에 평화는 없었습니다. 솔직히, 인간의 역사 속에 평화가 전혀 없었던 것은 아닙니다. 이해타산에 따른 끼리끼리의 평화, 약자를 죽이고 무릎 꿇려서 얻는 힘 있는 자의 평화 곧 제국주의적 평화는 있었기 때문입니다. 한때 '로마 제국의 평화(Pax Romana)'가 지구촌을 지배했다면 오늘은 '미국의 평화(Pax Americana)'가 그 자리를 차지하고 있습니다. 제국주의적인 평화는 약자의 피를 말리는 참혹한 전쟁으로 힘 있는 자들만 누리는 평화이기에 하나님의 형상을 지닌 모든 사람들과 자연을 아우르는 참 평화는 아닙니다.

인류역사의 가장 확실한 결론은 "제국은 반드시 망한다."는 것입니다. 제국이 망할 때마다 제국의 거짓 평화 또한 어김없이 사라졌습니다. 그런 뜻에서 아담이 하나님을 반역한 뒤로 평화가 단 한 순간도 없었다는 말이 지나친 것은 아닙니다. 공포와 두려움의 세상, 안식의 그림자도 찾아보기 힘든 세상에 예수님께서 참 평화의 왕으로 오셨지만, 세상은 그분을 반기지 않고 오히려 십자가에 못 박아 죽여 버리고 말았습니다. 참 평화에 목마른 인간들이 자신의 손으로 참 평화를 죽이는 모순을 범하고 만 것입니다. 참 평화를 알려고 하지도 않고 그것을 끝끝내 거부하는 세상을 보시며 예수님은 흐느껴 우셨습니다(눅 19:41-44). 마지막 숨이 지는 순간까지 예수님은, 하늘의 참 평화는 십자가를 지고 내가 죽어서 다른 이를 살리는 것임을 온몸으로 가르쳤습니다. 그분의 평화는 '나보다 작고 못난 이들을 내 목숨을 바쳐 돌보고 섬기는 것'이었습니다.

또다시 6월이 왔습니다. 25일은, 우리민족 현대사의 가장 아픈 기억인 한국전쟁을 기억하는 날입니다. 그 아픈 상처는 50여 년이 지난 지금도 지구촌에 하나 뿐인 녹슨 분단상황으로 고스란히 남아 가뜩이나 안식 없는 우리를 끝없는 전쟁의 공포 속으로 또다시 몰아넣고 있습니다. 6일은, 바로 그 고통과 아픔 속에 못다 이룬 꿈과 한을 안고 세상을 뜨신 이들을 추억하는 현충일입니다. 내가 죽지 않고 우리가 희생하지 않고 누리는 평화는 다 거짓입니다. 우리 모두가, 내가 죽어서 너를 살리고자 할 때 비로소 참 평화와 안식이 우리 곁에 뿌리내릴 수 있을 것입니다. 참 평화는, 뒷산 가득한 초여름의 밤꽃향기처럼, 하나님이 창조하신 모든 것들의 편안하고 낙낙한 어울림이고 아우름이기 때문입니다(사 65:25).

2005. 6. 9.

악몽의 역사

몹시 피곤했던 탓인지 깊은 잠을 이루지 못한 어젯밤, 군대에 다시 불려가 그 고된 군 생활을 고스란히 한 번 더 하는 악몽에 내내 시달렸습니다. ROTC 장교로 임관된 뒤 다시 공수특전여단에 차출되어서 일반 보병부대 장교들과는 전혀 다른 교육훈련을 한 번 더 받으며, 순간순간 죽음의 공포를 끊임없이 느끼게 하는 정말 강도 높은 공수훈련과, 생각만 해도 숨 가쁜 특수전술 훈련을 끊임없이 받으며 군대생활을 했던 터라, 전역한 지 30년 가까운 지금까지도 그 시절의 수고로움과 고통은 여전히 생생하여 참으로 얄궂게도 어쩌다 꿈만 꾸었다하면 어김없이 다시 특전단에 붙들려 가 지지리 생고생하는 꿈을 계속 꾸는 겁니다.

지난밤 꿈속에서도 그랬습니다. 26년 전에 받은 소집해제 증서를 가져다가 모병담당관에게 들이밀며 "왜 하필 나만 다시 군대생활을 해야 하느냐"고 아무리 애원하고 목 메이게 하소연해도 막무가내요 쇠귀에 경 읽기, "좌우지간 너는 군대생활 한 번 더 해야 한다"는 답답하고 매몰찬 대답뿐이었습니다. 하릴없이 그 험난한 세월을 이리 세고 저리 헤아린 끝에 다시 제대할 날짜가 거의 다 되어 슬금슬금 귀향할 꿈에 젖을 즈음에 눈을 떠보니 하룻밤 허망한 꿈, 비록 하룻밤 꿈이지만, 채 가시지 않은 어둠 속에서 천정을 보며 지난밤의 지리한 마음고생을 곰곰 생각할수록 약이 오르고 속이 상하는 것을 어쩔 수 없었습니다.

그뿐 아닙니다. 주일 낮예배가 끝나고 교회 식당에서 교우들과 함께 즐겁게 밥을 먹으며 밥상공동체의 기쁨과 안락함을 마음껏 누리다보면 어느 순간 느닷없이 교회당 바깥 어딘가에서 "완전군장에 선착순 집합!!!"이라는 칼날 같은 명령이 생생하게 들려오는 듯한 착각에 빠질 때가 종종 있고, 잠시 후 주변에서 식사하며 도란도란 이야기를 나누는 교우들의 모습을 확인하면서 '아, 여기는 군대가 아니라 우리 교회지' 하는 생각으로 정말 말로 다 할 수 없는 평온한 느낌과 함께 느긋한 일상으로 조심스레 돌아오곤 합니다. 어린 시절에는 학교에서 끊임없이 살벌하게 교수되는 반공 이데올로기 교육 덕분에 내내 무시무시한 전쟁의 공포에 휩싸여 날마다 가위눌리는 삶을 살았는데, 나이 먹은 지금은 공수특전단원 시절의 숨 막히는 분위기에 눌려 겨우 겨우 얻은 평화와 안식을 편안한 잠자리에서조차 미처 다 누리지 못하는 억울함이 많습니다.

한국전쟁과 4·19, 5·16, 월남전 그리고 부마사태와 5·18 광주민중항쟁, 서해교전, 얼마 전 최전방 GP의 총기난사사건에 이르기까지, 살갑고 소중한 가족들의 생목숨을 허망하게 먼저 떠나보내고 한을 품고 사시는 이들은 평생 또 어떤 꿈으로 가위눌리며 살 것인지를 생각하면 억장이 무너집니다. 이 서글픈 조국의 분단상황 탓에 하나뿐인 생목숨이 사라져 눈에 넣어도 아깝지 않은 소중한 가족을 잃고 잠 못 이루는 분들의 눈물이 헛되지 않아 우리 조국이 하루 빨리 자주적인 평화통일을 이루고 우리 모두 이 지긋지긋한 악몽에서 해방되어 하나님이 주시는 참 평화와 안식을 누릴 수 있기를 바라고 또 바랍니다.

2005. 8. 18

신한촌

러시아 정부는, 러시아 땅에 우리 한인 곧 고려인들이 진출하기 시작한 지 만 140주년이 되는 올해를 푸틴 대통령의 특별지시에 따라 '고려인의 해'로 정해 놓고 올 한 해 동안 러시아의 대도시를 순회하며 기념행사를 계속해 왔습니다. 이 행사의 일환으로 진행된 몇 가지 기념행사에 참석함과 동시에, 그간 저희 교회가 조금씩 후원해 오던 남북나눔운동본부의 북한 돕기 씨감자사업을 돌아보기 위해 지난 추석연휴 기간을 전후하여 저희 전주열린문교회의 몇 분 교우들과 함께 블라디보스토크와 우스리스크, 미하엘로브까를 방문하고 돌아왔습니다. 며칠 동안, 느닷없이 몰락해 버린 러시아 땅에서 우리 하나님께서 이루신 큰일들을 돌아보며 앞으로의 삶과 사역에 대한 다짐을 새롭게 했습니다.

옛 고구려 땅이자 발해의 영토였던 블라디보스토크에는, 1863년 우리 고려인들이 처음 러시아 땅에 들어가 농사를 짓기 시작한 이래, 1920년대 중반까지 무려 25만여 명의 우리 동포들이 모여 나라 잃은 설움과 한을 달래며 서글프고 고달픈 삶을 살고 있었습니다. 러시아 연해주는 우리 한반도 전체 면적의 약 3/4에 해당하는 넓이의 비옥한 땅에 약 230만 명의 사람들만이 살고 있어 한없이 드넓게 느껴지는 곳입니다. 두만강을 끼고 우리 한반도와 맞닿아 있는 이곳은, 역사상 고구려와 발해를 비롯해 수많은 나라들의 각축 속에 지내오다가 1860년 이른 바 베이징조약에 의해 러시아 영토가 되어 오늘에 이르고 있습니다. 두만강만 건너면 바로 닿을 수 있는 곳이고, 중국의 하얼빈과도 그리 멀지 않은 곳이며, 기후와 풍토 또한 우리 한반도와 많이 비슷하기 때문에 우리 동포들이 아주 자연스럽게 많이 모여들던 곳이기도 합니다.

1910년 일제에게 우리 조국을 빼앗기자마자, 블라디보스토크에 있던 우리 고려인들은 '성명회'를 조직하여 국권회복을 다짐하였고, 이듬해인 1911년에는 이 성명회를 발전시킨 '권업회(勸業會)'를 만들어 조국광복을 위해 온 몸을 던져 일하기 시작했습니다. 안중근 의사를 비롯한 우리 독립운동가들의 70여 %가 바로 이 블라디보스토크의 신한촌을 거점으로 활약했는데, 이곳에서 우리 동포들을 위해 학교를 세우고, 신문을 만들어 보급하고, 대한광복군 정부를 수립하여 독립군을 양성하고 독립군의 활동을 후원하였습니다. 그러다가 이른 바 '4월 참변'으로, 이곳을 급습한 일본군에 의해 수많은 동포들과 애국지사들이 한 많은 삶을 마감한 아픈 상처가 있는 곳이 바로 블라디보스토크이기도 합니다. 관동대지진 사건 못지 않은 큰 참변임에도 별로 주목을 받지 못했던 블라디보스토크 신한촌 옛 터에 세워진 작은 기념탑에 지난 9월 28일 추석날 아침에 남북나눔운동본부 사무총장인 홍정길 목사님을 비롯한 우리 참관단과 재외동포연합회장단, 재외동포재단이사장 이광규 박사를 비롯한 여러 임원단 그리고 러시아 주재 최재근 총영사관 등이 참여하여 조촐한 기념식을 거행하고 나라와 민족을 위한 기도회를 마친 뒤 함께 애국가를 4절까지 목이 메게 불렀습니다.

조국과 민족을 위해 소중한 목숨 기꺼이 바쳤던 우리 선열들의 피와 땀이 헛되지 않도록, 평화적이고 자주적인 통일이 복음 안에서 속히 이루어져, 우리 한민족이 세계평화에 크게 기여하는 감격의 그 날이 한시라도 빨리 오기를 바라고 또 바랍니다.

2004. 10. 4.

11월 11일

서구화 바람의 영향으로 민족 고유의 세시풍속이 하나 둘 사라지는 사이, 신세대들 사이에 이러저러한 새로운 기념일들이 계속 생기고 있습니다. 그 중에 하나가 11월 11일의 '빼빼로 데이' 입니다. 어느 제과회사에서 뜨개질바늘 굵기의 1자 모양 밀가루반죽 봉에 초콜릿과 땅콩조각을 발라 '빼빼로' 라는 과자를 만들어 팔면서 그 과자의 판촉전략으로 정한 날인 듯한데, 어느 초등학교에서는 그날 한 학급에서만 자그마치 20여만 원어치의 빼빼로가 팔렸다니 상상하기 힘들 만큼 엄청난 액수의 빼빼로가 젊은이들의 손에서 왔다갔다했을 것입니다. 과자회사는 큰돈을 벌었겠지만 순수한 동심까지 장삿속으로만 바라보는 우리 세태가 썩 달갑지는 않습니다. 4남매를 맡아 기르고 있는 저도 그날 밤에 우리 아이들이 친구들로부터 받아와 입에 연신 꽂아 주는 빼빼로를 실컷 얻어먹었습니다.

대학에 다니는 둘째 딸아이를 통해 확인해 보니, 빼빼로 데이만 있는 것이 아니고 기억하기도 좋게 매달 14일마다 무슨 날이 지정되어 있었습니다. 1월 14일은 애인에게 다이어리 선물하는 다이어리 데이, 2월은 여성이 좋아하는 남성에게 초콜릿을 주며 사랑을 고백하는 발렌타인 데이, 3월 14일은 그 반대로 남성이 좋아하는 여성에게 사탕을 선물하는 화이트 데이, 3월 3일은 삼겹살 데이, 4월은 독신들이 검은 옷을 입고 짜장면을 먹으며 서로 위로하는 블랙 데이, 5월은 연인들이 장미 꽃다발을 주고받는 로즈 데이, 6월은 로즈 데이에 장미를 주고받은 연인들이 입맞추는 키스 데이, 7월은 애인을 선보이거나 은제품을 선물하는 실버 데이, 8월은 삼림욕을 하면서 피서하는 그린 데이, 9월은 음악과 사진을 주고받는 뮤직&포토 데이, 10월은 깊어 가는 가을, 연인과 함께 분위기 있는 곳에서 포도주를 마시는 와인 데이, 11월 11일의 **빼빼로** 데이, 14일의 무비 데이, 그리고 12월은 추운 겨울날 연인을 따스하게 감싸 안아 주는 허그 데이 등등, 젊고 어린 사람들의 들뜬 심리를 제품 판촉전략에 교묘하게 활용하는 얄팍한 상혼이 배어있는 날들이 뜻밖에 많아 많이 놀랐습니다.

제가 13년째 섬기고 있는 의료선교단체인 한국누가회(CMF)에서는, 신세대의 신흥세시풍속이 지나치게 장삿속으로만 굳어지면서 가뜩이나 좋지 못한 개인주의를 계속 부추기는 것이 민족공동체의 앞날에 심각한 만성질병이 될 수 있다고 생각하여, 11월 11일을 빼빼로 데이가 아닌 '하나가 또 하나를 생각하는 날' 곧 분단 60년의 슬픈 장벽을 아직도 걷어내지 못하고 있는 우리의 아픈 현실을 직시하며, 남한이 북한을 생각하고 북한이 남한을 생각하면서, 조국과 민족의 평화적이고 자주적인 통일을 준비하며 자주민족의 심지를 곧게 하는 날로 정하고, 평화박물관 건립기금을 모으기 위해 '홍순관 평화콘서트'를 비롯한 뜻 깊은 행사를 전국의 모든 의학계열 캠퍼스에서 열었습니다. 다른 기념일들도, 우리 민족공동체의 지혜를 모아, 속 보이는 상업주의와 개인주의를 벗겨내고, 잃어버린 사랑을 회복하여 하나됨을 굳게 하는 뜻 깊은 날로 하나하나 바꾸어 나가면 어떻겠습니까?

2005. 11. 17.

개성 방문길에

2006년 3월 29일, 남한측 대북협력민간인단체협의회[북민협] 회장 홍정길 목사님, 남북나눔운동본부 본부장 신명철 장로님, 사무국장 윤환철 형제님과 함께 북한측 민간인경제협력연합회[민경협] 리영호 총사장을 비롯한 임원들에게 못자리용 비닐을 인도하기 위해 개성에 다녀왔습니다. 그동안 대북 민간지원물품을 주로 배에 실어 남포항으로 보냈습니다만, 이번에 힘든 줄다리기 협상 끝에 남북 민간교류사상 최초로 남측 대표단이 지원물품을 직접 가지고 육로로 개성에 가서 북측에 지원물품을 전달할 수 있었습니다. 이번에 남측에서 전달한 비닐은 총 3천만 평방 미터였는데, 저는 그 중에 1차분을 인도하는 과정에 동참하여 그 날 꽃샘추위가 매서웠던 개성시 봉동역 구내에서 한나절 동안 찬바람과 싸우며 비닐 하역작업을 지켜보았습니다.

몇 년 전, 역시 남북나눔운동본부와 함께 지원물품 분배상황을 확인하기 위해 평양을 방문하는 길에 베이징과 심양에 들렀는데 시내 곳곳에 설치된 우리 대기업의 영업소와 대형간판을 보며 마음이 흐뭇하면서도 다른 한편으로는 조심스러운 생각이 들어 몹시 찜찜했습니다. 국내 기업들이 해외에 진출하여 성과를 올리는 것은 좋지만 땅값이 싸고 인건비가 적게 드는 중국으로 기업들이 죄다 빠져 나오는 바람에 국내에서는 대학을 나오고도 젊은이들이 일자리를 쉽게 찾지 못하여 그야말로 학문의 전당이어야 할 대학이 직업훈련소로 끊임없이 전락하는 엄연한 현실이 있었기 때문입니다. 개성공단을 만든다는 이야기가 막 나오기 시작한 때여서 모쪼록 남북합작의 개성공단이 꼭 성공하고 활성화되기를 희망했습니다. 중국까지 오가는 물류비용을 줄이기만 해도 충분한 경쟁력이 있기 때문입니다. 아울러 북측의 토지와 인력 그리고 남측의 자본과 기술력이 효율적으로 결합할 수만 있다면 민족의 장래를 위해서도 그보다 더 좋은 일은 없을 것 같았기 때문입니다. 그 눈부신 기대치 때문에 이번에 비닐을 인도하기 위해 개성으로 향하는 발걸음이 더없이 설레기만 했습니다.

요즘 같은 다인종국가 시대에 굳이 엄청난 비용을 들여서 남북통일을 꼭 해야 하느냐고 묻는 분에게 "우리 민족이 사람답게 살기 위해서"라도 꼭 통일이 되어야 한다고 답했습니다. 통일비용이 꽤 많이 들어가는 것은 사실이지만, 남북 분단상황 때문에 정권안보차원에서 일어난 숱한 인권 유린은 둘째 치고라도, 남과 북이 지난 수십 년간 군비 경쟁에 쏟아 부은 분단유지비용만으로도 통일비용보다는 훨씬 많은 돈이 이미 들어갔고, 그러기에 통일이 늦어지면 늦어질수록 그 차액은 점점 더 커져 이른바 국익에도 전혀 보탬이 안 되기 때문이고, 기성세대의 마음고생을 우리 자식들에게까지 물려주면 안 되기 때문입니다. 작년에 남포항으로 보내준 비닐 덕분에 정말 오랜만에 북녘에 풍년이 들었다하여 흐뭇했는데, 이번에 남녘 동포들이 정성껏 보낸 못자리용 비닐에 담긴 훈훈한 형제애로 훨씬 더 풍성한 올 가을걷이가 되게 해 주시라고 포은 선생의 충혼이 깃든 선죽교 위에서 하나님 아버지께 기도했습니다.

2006. 4. 20.

축 경의선 개통

남북분단 60년이 가까워오는 오늘, 비록 시험가동이지만 오래 끊어졌던 경의선과 동해선 철도에 철마가 다시 달리기 시작했습니다. 작년 3월 29일, 대북민간인지원단체총연합회 회장이시자 남북나눔운동본부 사무총장이신 홍정길 목사님과 남북나눔운동본부 본부장 신명철 장로님을 모시고 지금 한반도평화연구원 사무국장으로 재직 중인 윤환철 국장님과 함께, 남북민간교류사상 최초로, 인천—남포 간 뱃길을 이용하지 않고, 우리 남쪽 차량으로 대북지원물품인 못자리용 비닐을 휴전선과 개성공단을 잇는 육로를 통해 전달하는 자리에 남측 대표단의 한 사람으로 동참하면서 참 감격스러웠던 기억이 여직 생생합니다. 이른 봄, 북녘 산하에 부는 바람은 몹시 매서워서, 개성 봉평역 구내에서 우리가 대형 트럭 12대에 나눠 싣고 간 못자리용 비닐 1차분의 하역작업을 한나절 내내 지켜보며 많이 떨었던 기억 또한 생생합니다. 1990년대 초반부터 시작된 10여 년에 걸친 대북민간지원사업을 통해 지금까지 약 6-700억 원 정도의 물품이 북측에 전달되었습니다. 보수성향의 일부 인사들은 이를 두고 '퍼주기' 아니냐며 심각하게 말들을 하지만 엄밀히 말해서 지금껏 우리 남한 국민 한 사람 당 약 2,400원 정도를 북측에 지원한 셈입니다. 간단히 말해서 이것은 자장면 한 그릇 값도 채 안 되는 아주 작은 액수입니다. 그나마도 순수하게 민간차원에서 한 일이고, 그 지원 금액의 약 70% 정도는 남쪽의 개신교회 교인들의 헌금으로 충당되었습니다. 평양과 개성 등 몇 차례 북한을 직접 방문해 본 결과 '상호주의' 니 '퍼주기' 니 하는 말이 얼마나 수박 겉핥기식의 무책임한 반역사적, 반민족적 주장인지를 실감나게 알 수 있었습니다. 솔직히 '6자 회담' 이니 뭐니 해서 열강들이 이해득실을 따라 자기들 입맛대로 우리 민족의 장래를 좌우하는 분위기 또한 보통 자존심 상하는 일이 아닙니다. 동독과 서독이 꿈에 그리던 통일을 이루어 낼 수 있었던 원인을 여러 가지로 지적하고들 있지만, 그 가운데 가장 중요한 것은 동독과 서독을 아우르는 독일 사람들의 통일을 향한 강한 의지였습니다. 평양을 오가는 길에 별 수 없이 들르는 중국, 공항에 서 있는 중국 관리들이 비록 피부색이나 생김새는 우리와 거의 같다고 할지라도 말이 전혀 통하지 않는데, 무려 60년 가까운 긴 세월 동안 떨어져 지냈어도 북녘의 동포들과는 통역을 세우지 않고도 마음 편하게 안부를 묻고 정을 주고받을 수 있습니다. 사상과 이념의 차이를 극복하지 못하고 그간 쪼개져 지냈더라도, 남쪽이나 북쪽이나 지난 50여 년의 뼈아픈 세월의 아픔을 통해 통일의 당위성은 충분히 학습되었다고 생각합니다. 지금 제 컴퓨터 바탕화면에 작년 3월 개성 봉평역 비닐 하역장 옆 경의선 철도 위에서 찍은 사진이 띄워져 있습니다. 1년 전, 경의선 철도 위에 서서 이 길이 빨리 이어지게 해달라고 하나님께 기도했는데 그 기도에 하나님께서 오늘 이렇게 응답하셨습니다. 경의선 동해선 재개통의 이 감격스런 소식이, 우리 민족 한 사람 한 사람의 가슴에 통일을 향한 열망의 불길을 당기는 쏘시개가 되기를 간절히 바랍니다.

2007. 5. 17.

자네가 민족을 알아?

지난 4월 중순, 2박 3일 동안 육로로 금강산에 다녀왔습니다. 단풍이 물든 시절도 아니고 그렇다고 녹음이 짙은 여름철도 아니고, 아무리 천하제일명산 금강산이라 해도 봄꽃소식조차 함부로 장담할 수 없는 봄철에 가는 것이 내내 아쉬웠는데, 그나마 통일전망대를 거쳐 비무장지대를 통과하며 몹시 번거롭고 까다로운 절차를 밟느라 많은 시간을 허비하면서 '괜한 고생 사서하는 것 아닌가' 하는 조바심까지도 났습니다. 아무튼 설렘과 호기심이 잔뜩 뒤엉킨 채 들어선 북녘, 자동차로는 약 3분 정도의 거리 차밖에 없는데도 남쪽과 북쪽의 도로변 풍경은 마치 머나먼 이국에 온 듯 전혀 달랐습니다.

새벽 일찍부터 서둘렀지만 남북 양측의 복잡한 출입국절차를 밟으며 먼 길을 이동하는 사이 그렁저렁 하루가 가버렸습니다. 금강산 관광특구 온정리 마을 안 컨테이너박스를 개조한 온천빌리지에 숙소를 배정 받고 여장을 풀고 나니 그만 땅거미가 지기 시작했지만, 말로만 듣던 민족의 명산 금강산은 저무는 해 그림자 아래서도 무던히 매혹적인 자태로 우뚝 서 있었습니다. 하루 종일 시달리며 후회 반 염려 반이었던 마음은 순식간에 어디 가고 여기저기서 탄식소리처럼 금강산의 아름다움에 감탄하는 소리가 들려왔습니다. 여름 가을이 아닌 봄철의 금강산행을 몹시 아쉬워했던 지레짐작이 단번에 부끄러워질 정도로 금강산의 위용과 자태는 그 무엇보다도 빼어났습니다. 사계의 변화에 따라 산 이름을 금강산, 봉래산, 풍악산, 개골산으로 달리 부르는 이유를 한 눈에 알아볼 수 있을 만큼 천하절경임을 알 수 있었습니다.

숙소가 있는 온정리 마을 일대, 북측이 내놓은 관광특구 안에는 남과 북의 음식점과 기념품 가게들이 한데 어우러져 세워져 있고, 남과 북을 가리지 않고 우리 동포들이 스스럼없이 만나 통역 없이도 가슴에 있는 이야기들을 자연스럽게 나눌 수 있는 곳 온정리. 우리 조국과 민족의 통일은 금강산 관광특구 안에서 이미 그처럼 어엿하게 이루어져 있었습니다.

금강산에 있는 21개 등산로 중에서 북측이 남측에 허락한 것은 구룡연, 상팔담, 해금강과 삼일포 일대, 그리고 만물상 코스의 4곳입니다. 돌아오는 날 오전에 거의 수직에 가까운 만물상 등반코스에서 휘몰아치는 돌풍과 때 아닌 눈발과 싸워가며 천선대를 거쳐 동해가 내려다보이는 망양대에 올라 내려다본 동해는 감격 그 자체였습니다. 하산 도중, 망양대에 등산길 중간쯤에서 등산로 변 바위를 붙들고 서서 엉엉 우는 할아버지 한 분을 만났습니다. 금강산 비탈 장전항이 고향이라는 그 실향민 할아버지는 엉엉 울다말고 주먹손으로 눈물을 훔치더니 곁에 서서 몹시 난감해 하는 저를 향해 갑자기 "자네가 역사를 아는가? 자네들이 민족을 알고 고통을 아는가?"라고 물어왔습니다. 몹시 격앙된 그 질문에 대한 답은, 언젠가 우리 민족이 완전히 통일되어 우리 아이들과 더불어 민족의 명산 금강산을 마음껏 사랑할 수 있는 그 날에 할 요량으로 어르신께 아무런 대답을 드리지 않았습니다. 후끈 달아오른 통일에 대한 열망 탓인지, 북에 아쉽게 두고 온 금강의 절경이 시도 때도 없이 자꾸만 눈에 밟힙니다.

2005. 5. 2.

고려인 루직

　러시아의 연해주에는 '고려인'으로 불리는 우리 동포들이 꽤 많이 살고 있습니다. 1860년부터 러시아 연해주 지역에 이주하기 시작한 고려인들은 일본의 스파이 혹은 잠재적 스파이로 몰려 1937년 스탈린에 의해, 매서운 시베리아 삭풍 속에 모진 추위와 굶주림에 떨면서 화물열차, 가축열차에 실려 한 달 여 만에 6천 km 이상 떨어진 우즈베키스탄과 카자흐스탄 등의 중앙아시아에 강제 이주됩니다. 그 때 강제 이주된 고려인은 무려 18만여 명에 이르렀습니다.

　1953년 스탈린이 죽은 후 고려인에 대한 차별대우가 다소 누그러지고, 한국인 특유의 성실함과 부지런함으로 끈질기게 노력한 끝에 중앙아시아 지역에서의 정착생활에 성공한 고려인들은, 역시 한국인 특유의 자녀교육에 대한 열정으로 뼈마디 아프게 번 돈으로 자녀들을 열심히 가르침으로써 구 소련 연방 체제 아래서 나름대로 그럴 듯한 사회적인 지위를 확보할 수 있었습니다만, 1991년, 소연방 산하 15개 연방국들이 각 민족공화국으로 독립하면서 소연방 체제가 무너진 다음, 민족고유의 언어를 쓰는 정책과 소수민족에 대한 회교도 자민족 보호주의가 신흥독립국에 확산되면서, 구 소연방 체제 속에서 그럭저럭 잘 뿌리내리고 살던 고려인들을 적으로 간주하고 무서운 핍박을 가해 옴에 따라 또 다시 중앙아시아 지역을 탈출하여 60여 년 전에 떠났던 연해주 지역으로 결국 다시 쫓겨오게 되었습니다.

　겨울이면 영하 30-40도를 오르내리는 극지방의 혹한 속에서, 쓰레기장이나 다름없는 구 소련군의 폐 막사에서, 헌 담요로 창을 가리고 백열등에 망을 씌운 난방기구를 이불 속에 넣어 두고 온 가족이 웅크리고 앉아 긴 겨울밤을 지새우는 처절한 고통 속에서 버둥거리던 고려인들은 남북나눔운동본부와 남서울은혜교회(담임 홍정길 목사)를 비롯한 남한의 뜻있는 교회들의 도움 속에 겨우 겨우 자활의 터를 잡기 시작했습니다. 고려인 루직도 그 중에 한 사람입니다. 루직은, 삭막한 연해주에 또 다시 내동댕이쳐진 깊은 한을 삭이며, 지난 9년 동안 피눈물 나는 노력을 한 끝에, 미하일로브까의 고려인 정착촌에 작은 집을 하나 장만하고, 9년 전 허둥지둥 도망쳐 나올 때 다섯 살이었던 아들을 데려오기 위해 9년 동안 피나게 모은 2천 달러를 가지고 우크라이나로 들어가서 무사히 아들을 데려 왔고, 지금은 비록 아직 가난하기 그지없는 삶이지만 열심히 농사지으며 9년 만에 되찾아 온 아들과 함께 이 세상 그 누구보다도 행복하게 잘 지내고 있습니다.

1999년, 심방 나가던 길에 음주운전 차량에 받히는 교통사고를 당해 몇 주간 병원에 입원하고 있던 어느 깊은 밤, 갑자기 아내와 아이들을 보고 싶은 마음을 어쩌지 못해 환자복을 입은 채로 병원 1층 로비 어둑한 소파에 혼자 웅크리고 앉아 수족관 속의 무던히 행복해 보이던 물고기 가족을 밤새 멍하니 지켜본 적이 있습니다. 사랑하는 가족들과 단 며칠 간 떨어져 지내는 것도 그토록 큰 아픔이었던 것으로 미루어 고려인 루직이 그 긴 세월 겪었을 혹독한 그리움의 깊이를 저는 도무지 짐작도 못하겠습니다. 우리 조국의 평화적인 통일이 속히 이루어져서 루직을 비롯한 우리 동포들이 이제는 제법 잘 살게 된 조국의 따스한 품에 편히 안길 수 있기를 바랄 뿐입니다.

2004. 10. 11.

가쓰라-태프트 밀약

1905년 을사(乙巳)년 7월 29일, 루스벨트 미국대통령의 특사인 W. H. 태프트는 필리핀 방문 길에 일본에 들러 일본총리 가쓰라 다로(桂太郎)를 만나, 미국과 일본이 필리핀과 조선을 나눠먹는 일을 서로 눈감아 주기로 밀약을 맺었습니다. 이 가쓰라-태프트 밀약의 핵심내용은, 첫째, 미국과 같은 친일국가가 필리핀을 통치하는 것이 일본에게 유리하기 때문에 일본은 필리핀을 침략할 생각을 접으며, 둘째, 극동아시아의 평화를 유지하기 위해서는 일본·미국·영국 정부의 상호 양해를 달성하는 것이 최선의 길이자 유일한 수단이며, 셋째, 일본이 한국에 대해 보호권을 확립하는 것이 극동 평화에 공헌한다는 점을 미국이 인정한다는 것이었습니다. 20세기 초 미국의 동아시아정책의 기본 방향에서 나온 이 밀약에서 한국에 대한 미국의 이기적인 태도를 분명히 알 수 있습니다.

러일전쟁이 터지자 루스벨트 미국대통령은, "한국은 자치능력이 없으므로, 일본이 한국을 지배하여 한국의 법과 질서를 유지하고 능률 있게 통치한다면 만인을 위해 보다 좋은 것이라고 확신한다"는 뜻을 밝힘으로써 일본의 조선 지배를 공인했습니다. 이 가쓰라-태프트 밀약에 의해서 미국이 한국문제에 끼어드는 길을 근원적으로 차단한 일본은, 1905년 8월 12일에 영국의 청국 침략과 일본의 한국 지배를 외교적으로 보장하는 '제2차 영·일 동맹'을 체결한 다음, 미국의 적극적인 지지를 받으며 조선의 외교권을 빼앗는 을사보호조약을 강제로 맺어 조선을 실질적으로 손아귀에 넣었습니다. 4년 뒤인 1909년 기유각서에 의해 조선의 사법권까지 빼앗은 일본은 그 다음 해인 1910년 경술(庚戌)년 8월 22일 한일합방을 강제로 조인하고 그 일주일 뒤인 8월 29일에 한일합방에 관한 칙어를 발표케 함으로써 우리의 국권을 완전히 손에 넣었습니다. 이렇게 해서 36년에 걸친 잔혹하고 지루한 일본의 식민통치가 시작된 것입니다.

6월은, 현충일(6일)과 한국전쟁발발기념일(25일)과 같은 민족사의 큰 상처를 자꾸만 되돌아보게 하는 달입니다. 북—미 갈등, 독도 문제로 상징되는 한—일 갈등, 여전히 어렵기만 한 남—북 관계, 동—서 지역갈등, 남—남 이념갈등, 6자 회담 등으로 몹시 어수선한 나라 안팎 상황이 마치 민족사의 큰 아픔이 잉태되던 구한말과 적잖이 닮은꼴로 느껴지는 현실입니다. 우리 선배들이 시대의 흐름을 잘못 읽어 우리 민족사에 남긴 씻을 수 없는 상처와 아픔이 50여 년 세월이 흐른 지금까지도 휴전선 비무장지대 주변 철조망의 녹슨 가시로 고스란히 남아 있습니다.

한 많은 우리 조국의 아픈 역사를 끌어안고 7천만 우리 한민족이 똘똘 뭉쳐 참으로 지혜로운 선택과 결단을 하지 않으면 안 되는 몹시 어려운 상황입니다. 사사로운 이해관계를 떠나, 역사의 주인이신 하나님 앞에서 나라와 민족을 위해 한 마음 한 뜻으로 기도하며 힘과 지혜를 모아야만 할 때입니다.

2005. 6. 23.

우리 함께 부를 노래

2005년 8월 23일 저녁 평양 시내 유경 정주영 체육관에서 국민가수 조용필 씨의 공연이 있었습니다. 몇 년 전, 남북나눔운동 모니터링 작업을 위해 평양을 방문했을 때, 평양에서 가장 멋진 최신식 건물이 바로 유경 정주영 체육관이라는 말을 북녘 동포들로부터 몇 번 들었습니다. 그들이 늘 자랑하는 평양 창광거리의 고려호텔이나 동평양과 서평양을 가르는 대동강 삼각주 안에 새로 세워진 양각도 호텔 등을 제치고 선뜻 남녘의 지원과 기술력으로 지어진 유경 정주영 체육관이 최고라고 계속 치켜세우는 말을 들으며 괜히 마음이 설렁댔던 기억이 생생한데 바로 그곳에서 조용필 씨가 북녘동포들 앞에서 음악회를 연 꿈같은 현실을 또 한 번 보며 오랜 분단으로 한없이 무뎌진 가슴이 다시 설레어 옵니다.

조용필 씨는, 북한 동포들이 신청한 '돌아와요 부산항에'와 '그 겨울의 찻집' 외에 20여 곡 그리고 북쪽의 동포들과 함께 '황성옛터'와 2곡의 북한가요를 열창했습니다. 분단 60년 동안 싸늘한 냉전적 대립과 살벌한 적대의 세월 속에서도 여전히 통역 없이 대화가 가능하며, 북녘동포들이 즐겨 부르는 남한의 가요가 아직 있고, 남과 북이 손을 맞잡고 함께 부를 노래가 우리 민족의 가슴에 생생히 남아 있다는 사실에서 조국통일 민족통일의 당위성을 또 한 번 확인합니다. 평양 방문 길에 북쪽 안내원들의 입을 통해 근근이 배워온 '심장에 남은 사람'이라는 노래의 1절 가사 한 자락만 근근이 기억하여 가끔 콧노래로 겨우 흥얼대는 저의 무심함이 오늘따라 유난히 부끄럽습니다.

얼마 전, 저희 교회당에서 평화콘서트를 열었던 가수 홍순관 씨가, 공연 도중, "통일이 되어 남과 북이 하나 되어 기쁨과 감격의 잔치를 할 때

통일민족이 마음을 합해 함께 부를 수 있는 노래는 오직 '동요' 밖에 없다"는 말을 한 적이 있습니다. 그 말을 들으면서 저는, 살면서 추하게 터득한 더러운 탐심이 배어 있지 않은 동요야말로 온 민족이 함께 동심으로 돌아가 가슴과 가슴을 맞대고 목청껏 불러도 좋을 정말 깨끗하고 맑은 노래라는 생각을 좀 더 굳히게 되었습니다. 자라면서 철이 든다는 것은 곧 우리 마음속에 세속의 때가 그만큼 많이 묻는다는 뜻이고 어린 시절의 순박함과 소박함이 그만큼 더 사라진다는 뜻일 텐데, 철이 들면서 어쩌면 우리는 그 맑고 깨끗했던 동요를 하나씩 둘씩 잃어가고, 그 고운 노래들이 잊혀지는 사이, 마음을 열고 가슴을 맞대고 한데 어우러질 소중한 기회를 덩달아 잃어버리고 만 것입니다.

홍순관 씨의 말을 마음에 담아두고 오래 생각한 끝에, 다음달 9월 10일 토요일 오후 2시 40분부터, 평양에서 동요콘서트를 열고 싶어하는 홍순관 씨와 굴렁쇠 아이들을 저희 교회당으로 불러 아이와 엄마 아빠가 함께 하는 동요콘서트를 CBS전북방송과 저희 전주열린문교회가 공동 주최하여 열기로 했습니다. 작지만 뜻 깊은 이 행사를 통해 통일의 그 날 사랑스런 북녘동포들과 우리가 한마음으로 함께 부를 노래를 미리 챙겨 부르며 통일의 작은 꿈을 심으려 합니다. 홍순관 동요콘서트에 사랑하는 여러분을 초대합니다.

2005. 8. 25.

백의민족 이라면

우리나라는 지구촌에 거의 유일한 '단일민족' 입니다. '단일민족' 이라는 말에 으레 뒤 따라 나오는 것이 바로 '백의민족' 이라는 말입니다. 태양 빛을 상징하는 흰색은 늘 '청정', '순결' 의 상징으로 인식되었고, 이 '청정', '순결' 의 이미지는 차츰 '평화' 의 상징으로 그 의미의 외연을 넓혀 왔습니다. 그 때문에 우리 사회에 많은 이들이 '백의민족' 이라는 말을 '평화를 사랑하는 민족' 으로 받아들이고 있는 지도 모릅니다. '평화를 사랑하는 민족' 이라는 말에는, 동북아시아에 있는 작은 반도국인 우리 민족이 숱하게 외세에 부대낀 역사의 어둠이 짙게 배경으로 자리 잡고 있습니다. 주변 열강에게 끊임없이 시달린 고통스런 역사 속에서 우리 민족의 가슴에 자연스레 생긴 소망이 곧 '평화' 였던 것입니다.

신자유주의 경제 체제 속에서 세계화가 끊임없이 이루어져 가면서 참 안타깝게도 우리 농촌은 거의 몰락하게 되었고 마침내 농어촌 지역 총각들이 짝을 찾지 못해 동남아시아 몇몇 나라 처녀들과 국제결혼을 하는 흐름이 형성되면서 이제는 더 이상 '단일민족' 이라는 말을 쓰기가 어렵게 되었습니다. '백의민족' 이라는 말도, 평화를 지키고 유지한다는 명분으로, 미국의 불의한 이라크 침공 전쟁을 거들며, 이라크에 우리 국군을 파병하게 되면서 그 의미가 많이 퇴색하고 말았습니다. 차츰 심각해지는 학교 폭력, 자꾸만 폭력적인 흐름으로 변해 가는 우리사회의 전반적인 분위기는 더 이상 '평화를 사랑하는 민족' 이라는 말을 함부로 할 수 없게 만들고 말았습니다.

엊그제, 한겨레신문의 보도에 의하면, 스톡홀름 국제평화연구소에서 발표한 2006년 전 세계 군사비지출액 통계자료에서 우리나라는, 미국,

영국, 프랑스, 중국, 일본, 독일, 러시아, 이탈리아, 사우디아라비아, 인도에 이어 세계 11위를 기록했습니다. 2006년 한 해 동안, 무려 219억 달러 곧 우리 돈으로 약 21조 9천 억 원 정도의 엄청난 군사비를 지출한 것입니다. 이 돈이 군사비 외에 다른 영역에 쓰였다면 우리 사회는 지금보다 훨씬 더 나은 수준을 유지하며 국제사회에서 경쟁력을 지닐 수 있었을 것입니다. 얼마 전, 국제 앰네스티 한국본부에서 발표한 통계자료에서도, 권총을 포함한 소형무기 수출 분야에서 우리나라가 세계 7위 자리를 차지하고 있음이 밝혀졌습니다. 우리나라에서 생산된 소형무기가 지금 한창 내전 중인 아프가니스탄 등지에 아주 많이 팔려나가고 있고, 파키스탄 같은 나라에서는 그들이 한 해에 사들이는 소형무기 가운데 대한민국에서 만들어 수출한 소형무기가 1위를 차지하고 있는 실정입니다.

가능한 한 빨리 우리나라가 평화적이고 자주적인 방법으로 통일을 이루어서 매년 엄청나게 쏟아 붓는 엄청난 군사비를 줄여서 온 백성과 나라가 좀 더 안정되게 살 수 있는 틀이 마련될 수 있기를 바랍니다. 통일이 된 다음 7천만 우리 민족이 숱한 폭력과 전쟁으로 황폐화되어 가는 지구촌의 평화를 지키고 가꾸는 일에 더 많이 기여하면 얼마나 좋겠습니까? 그것이 나라와 민족을 위해 하나밖에 없는 목숨을 바치신 우리 선열들의 참된 소망이 아니겠습니까?

2007. 6. 14.

한-미 FTA와 개성공단

  남북나눔운동본부에서는 10여 년 전부터 러시아 블라디보스톡에서 씨감자 사업을 진행하고 있습니다. 곧 우리들이 모아 보낸 후원복지기금으로 씨감자를 사서 연해주의 고려인들과 러시아 빈민들에게 나눠주어 감자농사를 짓게 하고, 가을철에 수확한 감자를 모두 다 다시 매입하여 그것을 북한으로 들여보냄으로써 러시아 빈민과 거기 거주하는 우리 동포 고려인들의 자활을 돕고 아울러 북한 동포들의 굶주림을 덜어주는 1석 3조의 귀한 사업입니다.

  북조선그리스도교연맹(위원장 : 강영섭 목사)과 함께 북한 유아원에 우유를 비롯한 유아용 물품을 준비하여 들여보내는 사역과 함께 우리 조국의 자주적이고 평화적인 통일의 물꼬를 트기 위해 남쪽의 교회들이 열심히 기도하며 꾸준히 이 일을 돕고 있는데 저희 전주열린문교회도 비록 작은 힘이지만 이 일에 열심히 동참하고 있습니다. 사업시찰과 향후 협력방안을 의논하기 위해 블라디보스톡에 갔을 때 그곳 시내 곳곳에 즐비하게 늘어서 있는 우리나라 대기업의 홍보간판과 집집마다 창밖에 나와 있는 한국산 에어컨의 실외기에 찍힌 자랑스러운 우리 상표들을 보며 흐뭇했습니다. 평양을 다녀올 때마다 거쳐야 했던 중국의 베이징이나 심양 거리 곳곳에 번듯하게 서 있는 우리 대기업들의 홍보간판을 보면서도 솟구치는 자부심을 어쩌지 못했습니다만, 그러면서도 마음 한 편에는 차마 표현하기 힘든 착잡함이 있었습니다.

  여러 가지 이유로 국내의 대기업들이 가까운 중국으로 인도로 다 빠져나가는 바람에 국내에서는 대학을 졸업해도 일자리를 얻기가 하늘에 별 따기가 되고, 순수 학문의 전당이어야 할 대학은 그만 취업준비학원으로 전락하고 말았습니다. 남북합작의 개성공단 얘기가 몹시 반가웠던 것도 바로 이처럼 착잡하고 염려스러운 흐름 때문이었습니다. 북한의 인력과 남한의 자본력과 기술력이 합쳐져 개성공단이 성공적으로 돌아갈 수만 있다면, 적어도 바다 건너 중국에서 만들어 'Made in China' 딱지를 붙여 들어오는 한국산 제품들보다는 일단 국제경쟁력이 더 있고, 북한의 시장경제를 활성화시킴과 동시에 우리 기업도 경쟁력이 더 커지고, 나아가 제2, 제3의 개성공단이 만들어짐으로써 우리 조국통일의 기반도 아주 자연스럽게 다져지리라는 희망이 있었기 때문입니다.

그런데 지금 개성공단의 사활이 한-미 자유무역협정(FTA)의 원산지 규정에 매여 갈팡질팡하고 있습니다. 휴전협정이 조인된 뒤로 수십 년 동안 대북경제제재조치를 계속하고 있는 미국, 이에 맞서 핵무기와 장거리 미사일 등으로 내내 적대적 대립각을 예리하게 세우고 필사적으로 대항하는 북한 사이의 살벌한 정치 논리가 한-미간의 경제논리를 지나치게 지배하고 있기 때문입니다. 분단 60년 장벽을 걷어내고 조국의 평화적이고 자주적인 통일의 밀알을 심기 위해서라도, 한-미 FTA협상과정에서, 개성공단에서 생산된 제품을 한국산으로 인정해 주도록, 스스로 한국의 오랜 혈맹이라고 주장하는 미국을 우리 국민 모두의 힘과 지혜를 모아 강하게 설득해야만 할 때입니다.

2006. 6. 22.

빌 게이츠의 식탁

며칠 전 김제평야에 잠시 나갔다 왔습니다. 호남평야의 중심답게 아득한 지평선을 그으며 널찍하게 자리 잡은 황금 들녘에서는 농부들의 마지막 가을걷이가 한창이었습니다. 언뜻 한없이 풍요로워 보이고 평화롭기만 한 농촌마을, 그러나 도회지에 비해 상대적으로 한없이 초라해 보이는 집들, 너른 들판에서 젊은 농부들의 모습을 도무지 찾을 수 없는 현실을 보며 마음이 영 편치 못했습니다. 수확기 쌀 판로와 매입가 문제로 농민 시위가 곳곳에서 일어나면서 온 나라가 진통을 겪고 있는 속 쓰리고 답답한 상황 때문이었을 것입니다.

40kg들이 1등급 조곡 한 가마의 매입가가 42,000원으로 작년의 53,000원보다 무려 21%나 내린 탓에 농가의 불만이 끝없이 쌓여가고 있습니다. 쌀 보관창고 부족, 열악한 판매유통망 문제 외에도, 지난해 수매한 재고물량까지 꽤 남아 있어서 80kg들이 한 가마 가격이 작년보다 무려 3만원이나 떨어졌는데도 유통업체들은 납품가 인하를 계속 요구하고 있습니다. 이래저래 쌀값 하락에 대한 농가의 불안심리가 극히 높아 투매에 가까운 공급과잉으로 쌀값 가격 하락 폭이 커져 쌀농사에 생계가 달린 농민들의 분노 또한 한없이 거세지고 있습니다.

저하고 동갑내기인 미국 마이크로소프트 사의 사장 겸 회장인 빌 게이츠는, 1975년에 하버드 대학을 중퇴하고 마이크로소프트 사를 설립했습니다. 1995년에는 '윈도우즈 95'라는 컴퓨터 운용 프로그램을 제작 발표하면서 전 세계 컴퓨터 시장을 독점하여 벌써 7~8년 이상 세계 제일의 갑부 자리에 앉아 있습니다. 현재 빌 게이츠의 재산은 약 119조 원 정도로 추정되는데, 세계 2위의 갑부인 월마트 회장의 105조원보다도 무려 14조원이나 더 많은 액수입니다. 한국 최고의 갑부인 삼성 이건희 회장의 전 재산은 3조 3천억 원 정도로 세계재벌순위 201위입니다. 월마트 회장과의 차액만도 삼성 이건희 회장 재산의 다섯 배가량 되니 빌 게이츠가 얼마나 돈이 많은 사람인지 상상하기도 어려울 것입니다.

호남평야의 너른 지평선, 한껏 풍요롭고 평화로워야 할 농촌마을마다 걸려 있는 농민시위용 현수막에 적힌 한 서린 문구들을 보면서 느닷없이 '컴퓨터의 제왕 빌 게이츠는 무얼 먹고살까?' 하는 생각이 들었습니다. 제 아무리 컴퓨터의 제왕이라 할지라도 컴퓨터 칩을 삶아 먹고 살 수는 없을 터, 하나님께서, 땅에서 나는 것을 먹고 살도록 사람을 만드셨기 때문에 그도 역시 어쩔 수 없이 하루 세 끼 땅에서 나는 빵과 밥을 먹고 살 수밖에 없을 것이기 때문입니다.

생명의 가장 중요한 바탕인 먹을거리를 생산하는 농민들을 울부짖게 하는 사회가 건강한 사회일 수는 없습니다. 정보화산업이 발달할수록, 지구촌 곳곳에서 농업의 비중이 한없이 낮아져 앞으로는 쌀과 물을 차지하기 위한 다툼과 전쟁이 곳곳에서 일어날 것입니다. 정직하게 땀 흘리는 우리 농부들이 정말 행복하게 잘 사는 나라가 되도록 '국가안보 차원'에서라도 정부당국자나 국민들이 농민들의 피눈물 나는 호소에 정말 진지하게 귀 기울여야 할 것 같습니다.

2005. 10. 20.

세상살이 2막 : 우리들의 땅

2막 3장 "살며 고치며"

뒤틀린 '힘'의 철학

직장 때문에 꽤 오랜 세월 동안 유럽에서 생활하다가 인생의 나머지 시간은 모국에서 보내야겠다며 어렵사리 귀국을 결정하고 돌아온 친구가 얼마 전에 다시 큰 슬픔과 아픔 속에 우리 조국을 아주 떠나갔습니다. 그토록 오고 싶던 조국, 그토록 꿈에 그리던 대한민국에서 말년을 보내다가 조국 땅에 묻히기를 원했던 친구는 조국에서의 1년 남짓한 감격의 시간도 잠시, 마치 지옥 같은 깊은 마음고생을 하다가 긴 탄식과 고민 끝에 결국 다시 유럽으로 영원히 떠나고 말았습니다. 쌓인 회포를 다 풀기도 전에, 사랑하는 친구를 다시 머나먼 이국으로 등 떠밀어 내쫓는 우리 조국의 서글픈 현실이 너무 안타까웠습니다.

십 수 년 만에 고국을 찾은 친구 부부에게는 이 땅이 너무 살가운 곳이었지만, 외국에서 자라난 친구의 자녀들에게는 그렇지 못했습니다. 겉모양은 멀쩡한 한국인인데도, 친구의 아이들은 한국 문화를 너무 낯설어했습니다. 우리말조차 시원찮은 아이들이 학교에 나가자마자, 한 반에서 공부하는 아이들이 너나없이 달려들어 이 아이들을 동물원 원숭이 다루듯 했습니다. 날이면 날마다 얻어맞고 엉엉 울며 들어와서 다음 날 학교에 가기를 두려워하는 자식들 때문에 친구 부부는 숨죽이며 꽤 오랜 시간을 고민했습니다. 담임선생님이 아무리 말려도, 이 땅에서 치고 패며 자라난 아이들의 매서운 손맛과 매몰찬 자세는 어쩔 도리가 없었고, 사랑하는 자식들의 하소연과 흐느낌과 탄식, 마침내는 초기 자폐 증상까지 보이는 것을 보다 못한 친구가 결국은 조국에서의 삶을 서둘러 마감해 버린 것입니다.

요즘 학교 주변에서 아주 자연스럽게 유행하는 '왕따' 니 뭐니 하는 낱

말들은 사실 그 말을 입에 담는 것조차 부끄러운 일인데, 제가 어릴 적에도 이런 일은 숱하게 많았던 것을 기억합니다. 무지막지한 주먹과 흉기를 내두르는 몇몇 동기생들에 대한 두려움 때문에 늘 마음 졸이며 오가던 오싹한 학교길이 저에게도 있었습니다. 쓸쓸히 떠나는 친구의 뒷모습을 보며 세상 물정 모르는 아이들이 왜 그토록 잔인한가를 내내 생각했고, 마침내 이 땅의 어른들이 폭력적인 삶을 살기 때문에 아이들이 또한 그렇다는 것을 알게 되었습니다.

> 그 때에 표범이 어린 염소와 함께 누우며 송아지와 어린 사자와 살찐 짐승이 함께 있어 어린 아이에게 끌리며, 젖 뗀 어린 아이가 독사의 굴에 손을 넣을 것이라. 나의 거룩한 산 모든 곳에서 해됨도 없고 상함도 없을 것이니 이는 물이 바다를 덮음 같이 여호와를 아는 지식이 세상에 충만할 것임이니라.

쓸쓸히 떠나간 친구를 생각할 때마다, 이사야 선지자의 이 예언(사 11:6-9)이 절절하게 다가오곤 하는데, 죄로 썩은 인간이 모인 곳에서는 이렇듯 끊임없이 큰 힘이 작은 힘을 억압하고 지배하는 슬픈 모습이 나타나게 되어 있나 봅니다. 나보다 약한 이를 돌보고 섬기라고 하나님께서 선물로 주신 '힘'으로 남을 짓밟는 서글픈 흐름이 속히 그치기를 바랍니다. 부디 '힘'에 대한 우리의 철학이 근본부터 바뀌어, 그리운 친구를 다시 만나볼 수 있으면 정말 좋겠습니다. '힘'은, 남을 지배하는 흉기가 아니라, 약한 이들을 돕고 섬기는 소중한 도구이기 때문입니다.

2004. 6. 21.

'7초'의 벽

　인터넷의 발달로 온 세계가 말 그대로 '지구촌'이 된 것을 날마다 실감하며 살아갑니다. 홈페이지나 전자메일 주소만 알면 머나먼 나라에 있는 사람들과도 아주 손쉽게 소식을 주고받을 수 있습니다. 오늘 우리들은 우리 대통령이 살고 있는 청와대 안팎의 일뿐만 아니라 미국 대통령 선거가 어떻게 돌아가고 있는지도 거의 실시간으로 자세히 알 수 있게 되었습니다. 그러나 좀 더 깊이 생각해보면, 놀랍게도 이 인터넷이라는 의사소통 수단이 사람과 사람의 만남을 단단히 가로막고 있음을 알 수 있습니다.

　이동전화 또한 많이 퍼져 있어서 요즘은 애나 어른이나 다 이동전화에 매달려 살며 틈만 나면 문자메시지와 게임에 파묻혀 지냅니다. 언제부터인지 사람이 사람을 만나면서, 사랑하고 헤어지고 또 다시 만나는 과정의 애절함은 몹시 거추장스런 군더더기 절차가 되어버리고 말았습니다. 나도 몰래 어쩌다 마음에 사모하는 이가 생기면, 그를 향한 내 마음을 차마 얼굴을 마주 대하고는 전할 수 없을 때, 밤새 정성껏 만든 편지나 엽서로 안타까운 속내를 조심스럽게 펼치던 시절이 이제 다시는 올 수 없나봅니다. 문구점에 가서, 사모하는 이에게 보낼 편지지나 필기구를 고르는 일에서부터, 편지 첫머리를 어떻게 시작해야 할지 내내 고민하는 사이에 나도 몰래 사랑은 깊어만 가고, 밤새 쓰다 지우고 쓰다 지우고 온갖 몸살을 한 끝에 만들어진 한 통의 편지를 고이 접어 봉투에 넣고, 가뜩이나 떨리는 손으로 정성껏 주소를 쓰고, 우체통에 편지를 넣고 돌아서서 슬하게 그 우체통을 되돌아보고, 행여나 답장이 올까 맘 졸이며 날이면 날마다 우체부 아저씨가 오기만을 목이 빠지게 기다린 끝에 뛸 듯이 환호하거나 몹시 낙담하던 시절이 우리들에게 분명 있긴 있었습니다. 한석규, 전도연 씨가 주연한 영화 "접속"서도 확인되듯이, 사람과 사람의 정은 '접속'으로 이루어지는 것이 아니라 '접촉' 곧 만남을 통해 이루어지는 것만은 분명합니다.

현대인들이 어느 웹사이트에 접속을 시도한 다음 기다리는 평균 시간이 7초라는 통계자료를 본 적이 있습니다. 7초만 지나면, 더 이상 기다리지 않고 미련 없이 다른 곳으로 발길을 돌리는 것이 현대인들이라는 사실 앞에 몹시 서글프고 안타까웠습니다. 한 때 동방예의지국으로 칭송이 자자했던 우리나라의 이혼율이 계속 하늘 높은 줄 모르고 치솟는 것도 어쩌면 이렇듯 몹시 조급해진 사회 분위기 탓일 지도 모를 일입니다.

어느 목사님이 대만에 갔을 때, 길을 잘 몰라 차를 몰고 그만 일방통행로로 들어서게 되었답니다. 순식간에 길이 꽉 막혀 수많은 차들이 오도가도 못하는 상황이 되었는데도, 그분의 차가 뒷걸음질로 그 길에서 다시빠져 나올 때까지, 단 한 사람도 자동차 경적을 울리지 않고 묵묵히 기다려 주는 것을 보면서 몹시 기가 질렸다는 이야기를 들으며, 우리나라 같았으면 과연 어땠을까를 생각했습니다. 너무 빠른 속도로, 모든 것을 원격 제어할 수 있는 편리한 세상으로 접어든 결과, 접속 횟수만 늘고 사람의 가슴과 가슴이 접촉하는 일은 현저히 적어져서, '7초의 벽'을 넘어 차분히 '기다려 주는 미덕'의 아름다움을 너무 허망하게 잊어버린 것은 아닌지, 진지하게 되돌아봐야 할 것 같습니다.

2004. 10. 25.

강남엄마 따라잡기

좀 길지만, 김현희 작가의 시트콤 〈강남엄마 따라잡기〉의 대사를 좀 인용하겠습니다.

"우리나라는 아직도 실력보단 간판이고 돈보단 먹물이야. 가방 끈이 짧으면 가방 브랜드라도 바꿔야 되는 거야." // "강남 엄마 시리즈 몰라? 아들이 문제를 풀다가 '엄마, 이 부분을 잘 모르겠어요'라고 말할 때, 대치동 엄마는 '그래? 엄마가 그럴 줄 알고 좋은 학원 알아봤어. 내일부터 그리 다니자', 판검사 남편이 많은 서초동 엄마는 '그래? 이따 아빠 들어오면 물어봐', 돈 많은 압구정 엄마는 '네가 드디어 유학 갈 때가 됐구나', 그리고 자기처럼 학원에서 알아서 해 주겠지 손 놓고 있는 게 강북 엄마래!" // "너, 강남 미친 년 시리즈라고 들어봤니? 10억도 없으면서 강남 사는 여자, 20억도 없으면서 외제차 모는 여자, 30억도 없으면서 자식 유학 보내는 여자, 40억도 없으면서 '사' 자 사위 보려는 여자!" // "의사나 변호사 같은 고소득 전문직 와이프는 황금오리, 고소득은 아니지만 꾸준히 벌어오는 교사나 약사 같은 와이프는 청둥오리, 직업은 없지만 빚 안지고 집에서 알뜰하게 살림하는 와이프는 집오리, 직업도 없는 주제에 남편 벌어다 주는 돈 펑펑 쓰고 빚까지 지는 마누라는 탐관오리, 직업은 없지만 부동산 투기로 집 늘리고 재산 모으기 위해 회의하고 정보 나누는 마누라는 유황오리……" // "소 돼지도 클래식 듣고 자란 놈은 더 비싼 값 받는데 인간도 제대로 된 교육 한번 시켜봐야지." // "남편 팬티 색깔은 가르쳐 줘도 과외선생님 전화번호는 무덤까지 가져가는 게 이 동네 엄마들이야. 미안하지만 절대 못 가르쳐 줘." // "외국 사립학교 가면 바이올린 첼로 같은 건 기본으로 다 하거든요. 거기선 가야금이나 해금 같은 우리나라 악기를 다뤄야 인정해 줘요. 그쪽에선 오리엔탈적인 걸 좋아하거든요." // "늦었다 생각 말고 지금부터 투자하세요. 수학은 '시간'이고, 국어는 '양'이고, 영어는 '돈'이라는 말이 있거든요." // "엄마가 극성떤다고 국그릇이 세숫대야 돼요? 컵이라는 게 이렇게 물컵이 될 수도 있지만, 여기에 꽃을 꽂으면 꽃병이 될 수도 있는 거잖아요. 안에 뭘 담을까 그걸 고민해야죠." // "우리 아이 1학년 1학기 때 성적표에 쓰여 있던, '주의가 산만하고 학급 친구들을 선동해 수업 분위기를 흐립니다'가 선생님 만나고 온 뒤로 2학기 때 어떻게 바뀌었는지 알아요? '성격이 명랑 쾌활하며 리더십이 있어 급우들과 잘 어울립니다' 이렇게 적혀 옵디다."

　드라마나 영화는 흔히 '시대의 아들'이라 일컬어집니다. 시대의 밝고 어두움을 송곳처럼 잘 드러내기 때문입니다. 인용해 드린 대사 한 마디한 마디가 우리 시대의 아픈 곳을 어쩌면 그렇게도 야무지게 찔러대는지, 웃음이 나와야 할 상황에서 끊임없이 아픔을 느껴야 했습니다. 언제부터인지, '바르고 정직하게 사는 법'보다는 '잘 사는 법'만을 가르치는데 온 마음을 다 빼앗긴 결과, 공교육은 형편없이 무너지고 사교육이 판을 치는 세상이 되었습니다. 최근 언론에 자주 등장하던 거물급인사들의 학력위조 사태를 지켜보면서, 누구랄 것 없이 우리 모두가 공범이라는 생각이 드는 현실이 그저 가슴 아플 뿐입니다.

2007. 8. 9.

택배 전성 시대

우리 민족 고유의 대명절인 설날이 다가오고 있습니다. 설 명절의 의미는 큰 변화가 없어 보이지만 명절의 풍속도는 매우 빠른 속도로 변해가고 있음을 느낄 수 있습니다. 우리네 삶의 형편이 많이 좋아진 탓도 있겠지만, 가장 큰 이유는 사회 구조가 빠르게 산업화되는 과정에서 교통과 정보통신 체계가 눈부시게 발달했기 때문일 것입니다. 옛날 같으면 괴나리봇짐을 지고 한 보름이나 한 달쯤 걸려 오갈 수 있었던 서울을 하루에도 두어 번씩 오갈 수 있을 만큼 물류 체계의 흐름이 어지러울 정도로 빨라졌습니다.

편지만 해도 그렇습니다. 이동전화와 위성통신 그리고 인터넷의 혁명적인 변화로, 문구점에서 편지지와 필기도구를 열심히 고르고, 희미한 등잔불 아래 고부라지게 앉아서 썼다 지우고 또 썼다 지우고 하룻밤 씨름을 한 끝에 편지 봉투에 주소와 이름을 정성껏 쓴 다음 우체국에 달려가 우표를 사 붙여서 우편함에 넣고, 돌아오는 순간부터 답장을 기다리느라 날이면 날마다 행여 우체부가 오는 건 아닌가 문 밖의 인기척을 살피며 설레는 가슴이 우리 모두에게 있었는데, 이제는 어지간한 것들은 다 이동전화 문자 메시지나 음성 메시지로, 조금 긴 내용은 전자메일로 보내는 바람에, '우표'니 '우체국'이니 하는 말들은 우리 생각의 박물관 한쪽 구석에 처박혀 매캐한 먼지가 내려앉은 지 오래인 것 같습니다.

먹을 것, 입을 것이 별로 없어 하루 두세 끼 목구멍에 풀칠하는 것이 삶의 최고 목표이자 꿈이었던 시절, '용돈'이라는 말이 곧 '사치'와 같은 뜻을 지니던 시절에, 아이들에게 학용품값 외에 용돈 같은 것을 주시는 어른이 거의 없었기 때문에, 어색하기 그지없는 큼지막한 새 옷을 입고, 소매와 바짓가랑이를 두어 번 딸딸 걷어 올린 채 동네 사랑방과 가까운 어르신들을 찾아 너부죽이 큰절을 한 번 하면, 어린것들에게는 눈이 휘둥그래질 만큼의 종이돈이 복돈으로 주어졌고, 그 날 열심히 돌아다니며 모은 돈이 그 해의 용돈이 되기 때문에 어린것들은 명절, 그 중에서도 설날을, 마치 군대 제대를 앞둔 말년 병장이 제대하는 날을 기다리듯 눈 빠지게 기다렸습니다. 아무리 바쁘고 분주해도 명절에 직접 찾아뵈어야만 하는 어른들이 누구에게나 꼭 있기 때문에, 어느 고을이나 그 고을에서 좀 명망 있다는 집은 설 명절을 전후하여 인사 차 찾아오는 이들로 늘 북적댔습니다. 오늘날 장례식장에 줄줄이 늘어선 화환 숫자처럼, 명절에 찾아오는 이들의 숫자가 곧 그 집안의 위세를 가늠하는 잣대였습니다.

언제부터인가 이름도 낯선 심부름센터니 뭐니 하는 것들이 슬금슬금 생겨나더니, 또 얼마 전부터는 택배니 퀵서비스니 하는 유통대행업체들이 생겨 성업 중입니다. 명절에는 평소 위탁물량보다 약 40-60% 정도가 증가한다는 통계가 이미 나와 있습니다. 모든 인사치레는 미리미리 인터넷 쇼핑이나 택배로 해결하고 명절연휴 기간에는 해외 나들이를 하는 흐름으로 바뀌고 말았습니다. 고단하고 분주한 세상살이에 시달리느라 보고 싶은 얼굴 일 년에 한두 번 보는 일마저 어려울 정도로 어느덧 '택배전성시대'가 되고 말았습니다.

2007. 2. 15.

학교에 가는 이유

전후세대로 불리는 제 또래 50대 초반의 사람들이 어릴 적에는 집집마다 아이들이 참 많았습니다. 전쟁이라는 참혹한 상황을 견디면서 수많은 사람들이 애매히 목숨을 잃고 그 과정에서 가문의 대가 끊기는 일이 잦았던 까닭에 그저 수가 많아야 하나라도 살아남아 가문의 대를 이어갈 수 있다는 본능적인 의지가 거의 무의식적으로 이 사회를 지배하고 있었기 때문이었을 것입니다. 한 가정에 적게는 네댓, 많게는 10여 명의 자녀들을 거느리는 이른 바 과출산의 흐름이 나타나자 그 부작용과 후유증을 지레 겁낸 정부 당국에서 팔을 걷어붙이고 나서서 한동안 출산억제 정책을 펴기도 했는데 너무 지나친 나머지 이제는 세계 제일의 저출산 국가가 되어 골머리를 싸매는 신세가 되었습니다.

집집마다 아이들이 우글거리던 시절, 저희 이웃집에 자녀를 무려 11명이나 둔 딸 부잣집이 있었는데 그 집 어르신들은 아예 아이들 이름 대신 번호를 매겨서 하루 세 끼 식사시간마다 번호를 불러 아이들 밥을 챙겨 먹이곤 했습니다. 하기야 밥 때가 되면 자동으로 밥솥 근처로 우르르 몰려서 행여 그 소중한 꽁보리밥 자리에 빠질세라 아이들이 너나없이 신경을 곤두세우고 덤비는 터라 뭐 굳이 번호를 부르고 자시고 할 것도 없었습니다. 툭하면 형제간에 아웅다웅하며 울고 삐지고 심지어는 형제간에 제법 살벌한 주먹질이 오가기도 하면서 비좁은 집에서 복작대며 지냈지만 그렇저렁 잘들 자라서 때가 되어 시집가고 장가가서 남들 사는 만큼은 그렇게 저렇게 잘들 살아가는 모양입니다.

돌아보면 그 시절에 험한 세월을 부대끼며 버티시느라 잘 배우지도 못하신 우리 부모님들이 자녀교육에 관한 무슨 그럴 듯한 교육을 받으시지 못하고 그저 근근이 자식들의 방패막이로만 서 계셨어도 가정에서 형제들끼리 아웅다웅 서로 부대끼며 지내는 사이 세상살이에 필요한 최소한의 사회성을 훈련받을 수 있었던 것 같습니다. 대개 장남보다는 둘째가 사교성이 더 좋다는 얘기도 그런 이유에서 충분히 이해할 수 있습니다. 세상에는 나만 있는 것이 아니라 나와 똑같은 사람들이 또 있다는 사실, 그들 또한 나처럼 때 되면 배고프고 먹고 나면 화장실에 가야 한다는 극히 평범한 사실, 내가 나를 중히 여기는 만큼 그도 자기를 소중히 여긴다는 아주 상식적인 사실들을 학교에 가기 전 가정 안에서 자연스럽게 충분히 학습할 수 있었고, 특별한 놀이기구가 없었던 탓에, 늘 흙에서 뒹굴고 집 밖에 나가면 개울에서 물장난 치며 지내는 동안에 누가 가르쳐 주지 않아도 개헤엄 정도는 대충 칠 줄 알았습니다.

공교육이 자꾸만 힘들어지는 이유가 극단적인 핵가족화, 아이 중심의 가족구조에서 오는 부작용과 후유증이 아닌가 싶어 가뜩이나 조심스러운데, 학교를 마치 무슨 지식만 배우러 가는 곳인 줄 아는 일부 계층에서 자꾸만 "제 자식은 제 손으로 곱게 가르쳐야만 한다"는 홈스쿨 예찬론이 나오는 흐름이 몹시 염려스럽습니다. 보통 사람, 평범한 사회인이 되기 위해 '사회성'을 훈련받으러 학교에 간다는 사실을 거의 생각하지 못하기 때문일 것입니다.

2006. 8. 17.

오늘의 운세

　해외에 나가보면 우리 대한민국의 정보통신망이 얼마나 발달했는지를 금세 알 수 있습니다. 우리보다 국민소득이 훨씬 높다는 나라들도 정보통신 기술에 관한 한 우리나라를 잘 따라오지 못하는 것을 알 수 있기 때문입니다. 우리 국민의 상당수가 꽤 심한 인터넷 중독증을 보일 정도로 인터넷 망은 우리 삶 아주 깊숙한 곳까지 말초신경처럼 들어와 있습니다. 인터넷망이 우리만큼 발달되지 못한 해외에 나가 있는 동안 때때로 느끼는 답답증, 귀국해서 거리 곳곳에 자리 잡은 PC방 간판을 보는 것만으로도 쉽게 느껴지는 해방감에서도 우리들의 인터넷 의존도가 예사롭지 않음을 확인할 수 있습니다.

　인터넷 신경망의 발달로 생활의 편리함만 누리게 되는 것은 아닙니다. 날이면 날마다, 언제 어디서 어떻게 주소를 빼내갔는지 지저분한 스팸메일이 널브러져 마음까지 덩달아 어수선해 지는 것을 느낍니다. 가끔씩 정말 중요한 메일이나 편지 혹은 자료들이 스팸함에 섞여 있기도 하기 때문에 스팸메일함을 무작정 비워버릴 수도 없어서 별 수 없이 지저분한 스팸메일 제목만이라도 살펴야 하는데 그것만으로도 넌더리가 날 때가 많습니다. 수신거부 조치를 했는데도 방호벽을 교묘히 뚫고 한사코 배달되는 사채업자들의 메일, 음란사이트 홍보 메일, 운세상담 메일 등등 끈적끈적한 쓰레기들의 무단침입이 늘 괴롭습니다. 오늘 아침에도 스팸 메일에 운세상담 사이트 안내 메일이 여러 개 섞여 있었습니다.

　우주를 왕래하는 이 눈부신 과학기술 시대에, 사주니 팔자니 무슨 운세상담이니 하는 말들이 아직까지 살아있는 것이 참 신기합니다. 계몽주의가 지배하던 근대를 넘어 포스트모던시대가 되었는데도 오랜 세월 동양권을 지배해온 샤머니즘 체계의 위세는 도무지 수그러들 줄을 모릅니다. 특히 설 명절이나 한가위 같은 큰 절기에 가족 친지들이 한데 모이면 약방의 감초처럼 빠지지 않는 소일거리가 바로 운세타령입니다. 물론 그냥 심심풀이로 재미 삼아 사주팔자도 보고 관상과 손금도 본다고 하지만, 막상 점괘가 나온 뒤에는 쓸데없이 사람의 마음이 부풀거나 괜히 마음 한쪽이 옥죄는 것이 사실입니다.

번듯한 주요 일간신문조차 그 금싸라기 같은 지면을 악착같이 덜어내어 '오늘의 운세'나 '점성술 점괘'를 실어 놓습니다. 신문을 보는 틈틈이 사람들은 그 점괘나 운세를 힐끔힐끔 살피며 울고 웃습니다. 어느 날이든, 한 날을 정하여 각 일간신문에 발표된 오늘의 운세를 모두 모아다가 같은 띠 같은 나이의 점괘끼리 비교해 보면 그 점괘라는 것이 그야말로 싸리 빗자루로 뜬구름 잡는 것처럼 주먹구구임을 곧바로 알 수 있습니다. 아무튼, 과학기술이 아무리 발달해도, 그것이 하나님의 형상인 인간 마음의 빈자리를 채우기에는 역부족임을, 사주팔자타령 스팸메일과 일간지의 '오늘의 운세'란에서 늘 확인합니다. 세계적인 정보통신 강국답게, 허망한 '오늘의 운세'를 곁눈질하기보다는, 오늘 어떻게 열심히 정직한 땀을 흘리느냐에 따라 내일의 삶이 달라질 수 있다는 평범한 상식을 우리 사회가 과연 언제쯤이나 회복할 수 있을까요?

2005. 9. 15

바보 탈출

우리나라는 전 세계적으로 교육열이 높기로 소문이 나 있습니다. 이 땅의 부모님들은, 아이들이야 힘들어하든 말든, 빚을 내서라도 욕심껏 학원이란 학원은 다 보내면서 어찌하든지 공부 잘 하여 남의 집 자녀들보다 더 멋지게 출세(?)해서 잘 살아 주기를 간절히 바라면서 기꺼이 외로운 펭귄아빠 기러기엄마의 길을 잘도 걸어갑니다. 그런데, 내 집 아이가 남보다 더 잘나고 더 영리하기를 그토록 간절히 바라는 우리 부모님들이, 정작 아이들을 한껏 멍청하게 만드는 텔레비전에 대해 무방비 상태로 지내는 것이야말로 참 이해하기 힘든 역설입니다.

유명한 신경학자인 한스 버거는, 1924년에 보통의 수신장치를 이용하여 뇌에 흐르는 전류를 백만 배 이상으로 증폭시켜 그 리듬을 측정하는 연구를 하였습니다. 그 결과, 독서, 대화, 운동, 운전, 요리 등의 일상생활을 할 때는 우리의 뇌파에서 파장이 짧은 베타(β)파가 나타나고, 수면이나 최면상태에서 뇌의 활동이 현저히 저하되기 시작하면 파장이 긴 알파(α)파가 나타나게 된다는 것을 밝혀냈습니다. 무엇보다도 심각한 문제는, 사람들이 일단 이 알파파 상태에 들어가게 되면, 거의 모든 의식 활동이 멈추고, 눈동자는 한 곳을 응시한 채 멍하니 쳐다보게 되는, 이른 바 '무반응' 현상이 나타나게 된다는 점입니다.

참으로 놀랍게도, 주당 평균 무려 35-55시간씩이나 TV를 시청하는 사람들이 TV스위치를 켠 후 약 20분쯤만 지나면, 방영되는 장면이 아무리 자극적이라도, 그것과 상관없이 거의 모든 사람의 뇌파가 알파(α)파로 바뀌게 됩니다. 이때는 눈을 통해서 들어오는 모든 현상들에 대해 아무런 비판도 가하지 못하고, 아무 것도 분석하거나 걸러내지 못한 채, 방영되는 내용을 멍청하게 그대로 받아들이게 됩니다. TV 앞에 넋 빠진 듯이 앉아 있는 사람들을 유심히 관찰해 보면 그것을 곧 알 수 있습니다. 바로 이런 이유로 TV를 흔히 '바보상자'라고 말하는 것입니다. 따라서 하루 이틀도 아닌 거의 날마다 몇 시간씩 이런 정신 상태로 있게 되면, 도대체 무엇을 깊이 생각하는 일 자체가 귀찮아지게 되고, 그런 습관이 더 강화되면 마침내 인생을 대충대충 살아버리는, 정말 허우대만 멀쩡한 '폐인'이 되기 쉽습니다. 프로야구 시즌이 끝나 중계방송이 없거나 즐겨 보던 연속극이 끝나버리고 나면 정말 살맛이 나지 않는다고 말하는 사람들을 더러 보게 되는데 그런 분들은 이미 TV에 깊이 중독된 것입니다.

일부 TV 프로그램에 나타나는 매우 저급한 내용, 물질만능의 경향, 말초신경을 자극하는 요란한 복장과 과다노출 등에서 우리가 얻을 수 있는 것보다는 솔직히 잃는 것이 더 많다고 생각합니다. 온 가족이 함께 모이는 황금 같은 저녁시간을 바보상자에게 몽땅 바치는 바보로 사는 것은 하나님의 형상이자 만물의 영장인 인간으로서 깊이 생각해 봐야할 일입니다. 가족들이 합의하여 하루에 한 시간씩만이라도 TV보는 시간을 줄여나가면서, 온가족이 함께 사랑으로 대화하는 시간을 늘리면 어떻겠습니까? 바보처럼 아무 생각 없이 바보상자의 종이 되지 말고 그것을 종으로 부려서 우리의 삶을 정말 풍요롭게 하는 길을 좀 더 열심히 찾아 봐야 하지 않겠습니까?

2005. 4. 18.

빈껍데기 사회

전제군주사회에 팽형(烹刑)이라는 형벌이 있었다 합니다. 삶을 팽(烹)자와 형벌 형(刑)자를 합한 '팽형'이라는 말은 '사람을 삶아 죽이는 벌'이라는 뜻을 지니고 있습니다. 그러나 이 형벌은 실제로 사람을 삶아 죽이는 것은 아니고, 이 형벌에 처하도록 선고받은 죄인을 사람들이 많이 다니는 길거리에 끌어다 놓은 다음, 사람이 들어갈 만한 크기의 가마솥을 네거리 한 복판에 걸어 놓고 아궁이에 장작불을 피워 물을 어지간히 데워 팽형 당하는 죄인을 그 속에 잠시 담갔다가 다시 끄집어내는 식으로 형벌이 집행되었습니다. 죽이지는 않지만 어느 누구든 일단 이 팽형으로 체면을 구기고 나면 그야말로 그 사회에서 완전 매장되어 죽는 날까지 사람다운 권리를 전혀 행사하지 못하게 하는 엄한 제도였습니다. 우리나라처럼 공동체의식이 강한 사회에서 한 번 이런 벌을 받게 되면 살아 있어도 산 목숨이 아닌 채로 평생을 죽어지내야만 했습니다.

옷을 홀랑 벗고 욕실에서 목욕을 하고 있는데 누군가가 욕실 문을 와락 열어젖힐 경우, 유럽 여성들은 제일 먼저 사타구니를 가리고, 일본 여성들은 가슴을 얼른 가리지만, 한국 여성들은 일단 얼굴부터 먼저 가리고 본다는 이야기를 어느 방송에서 들은 적이 있습니다. 좀 과장된 듯한 그 말을 들으면서, 우리사회가 체면을 얼마나 중하게 생각하는가를 확인할 수 있는 한 가지 좋은 예가 된다고 생각했습니다. 비록 짝퉁일망정 명품 상표가 붙은 것을 더 좋아하는 경향도 이와 비슷한 원인에서 왔을 것입니다. 이런 경향이 오늘날 우리사회에, 보이지 않는 내면보다는 우선 눈에 보이는 것으로 끊임없이 자기를 치장하고 자신의 약한 본질을 감추려 하는 흐름으로 나타나는 것이라고 봅니다.

재벌(財閥)이라는 말을 흉내 내어 학력(學歷)을 대물림이 가능한 학벌(學閥)로까지 표현하는 사회, 성품과 기질이 어떠하든, 공부하고 시험을 치르는 과정이 어떠하든, 일단 결과만 좋으면 대입수능시험을 치르는 단 하루의 결과가 나머지 인생의 거의 전부를 결정짓고 지배해버리는 무시무시한 사회에서 사람들이 학벌에 목을 매는 것을 마냥 나무랄 수만은 없는 현실이 되어버렸습니다. 명문 고등학교를 나오거나 명문대학 인기학과에 일단 입학하기만 하면, 난공불락의 요새처럼 사회 구석구석에 든든하게 세워져 있는 동문회 동창회의 병풍 아래서 남은 인생을 아주 수월하게 지낼 수 있는 사회, 더더군다나 친미(親美)를 넘어 이제는 미국을 숭상하여 마지않는 숭미(崇美)주의자들이 판치는 세상에서 확인과 검증 작업조차 번거롭고 어렵기만 한 미주지역 대학의 이름을 팔아 자신의 간판으로 사용하는 어두운 흐름이 비단 어제오늘의 일은 아닙니다.

　수단 방법을 가리지 않고 사회의 높은 계층에 일단 올라서면, 거기서 누리는 혜택과 권리는 헤아릴 수도 없는 반면, 감당해야 할 부담과 의무는 별로 없이 마음껏 자유를 노래 부를 수 있는 저질사회가 바로 우리 대한민국입니다. 사회 각 분야의 지도층 인사들의 학력위조 실태가 적발되고 있는 요즘, 우리 모두가 바로 그들의 공범일 수도 있다는 생각 때문에 참 낯 뜨겁고 가슴 아픕니다.

2007. 8. 23.

자존심의 정지선

5년 전, 교차로에서 신호를 위반하고 달려드는 음주운전차량에 들이받혀 양쪽 차가 다 폐차되는 큰 사고를 당했습니다. 하나님의 돌보심으로 크게 다치지는 않았지만, 꽤 오랜 시간이 흐른 지금도 차를 몰고 교차로에 들어설 때마다 저도 모르게 상당한 스트레스를 받곤 합니다. 그래서 그런지, 운전을 함부로 하는 이들을 보면, 기독교인답지 않게 저도 모르게 화가 나서 늘 안타깝습니다.

마구잡이로 신호를 무시하는 사람, 그러면서도 쥐꼬리만한 양심은 남아서 새삼스럽게 경고등을 깜빡이며 내빼는 사람, 조금만 안전거리를 두고 주행하면 잽싸게 그 틈새를 타 얄밉게 끼어드는 사람, 담배꽁초나 휴지를 차창 밖으로 사정없이 내던지는 사람, 아예 정지선이니 횡단보도니 가릴 것 없이 차 앞머리를 들이민 채로 보행자를 한껏 불편하게 하고 있다가 신호가 바뀌기도 전에 슬금슬금 출발하는 사람, 시도 때도 없이 경적을 울려 대는 사람, 야간에 주행할 때 마주 오는 차를 아랑곳 않고 상향등을 켜고 내달려오거나, 앞차의 운전자야 불편하건 말건 나 편한 대로 상향등을 켠 채 계속 뒤따라 붙는 사람, 방향지시등도 켜지 않고 고속 주행 중 갑자기 차선을 바꿔 주변을 달리는 운전자들을 한껏 놀래는 사람들……. 이런 이들을 볼 때마다 과연 운전면허를 제대로 딴 사람들인지 의심스러울 때가 참 많습니다.

그런데 얼마 전부터 나라에서 정지선 위반 차량을 엄한 법으로 다스려 벌금을 물린다는 뉴스가 나온 후로, 정지선을 위반하는 운전자가 눈에 띄게 줄어 좋긴 한데, 요즘은 아예 정지선 몇 미터 앞에서부터 차를 세우는 바람에 신호를 대기하며 뒤쪽에 서 있던 차들은 쓸데없는 신호를 한 번 더 받는 한심한 지경에 이르렀습니다. 아무튼 교통질서가 한결 나아진 점은 무척 다행스럽지만 마음 한 쪽에 늘 찜찜한 느낌만은 지울 수 없습니다. 꼭 벌금을 물리며 이런 저런 법으로 옭아매지 않는 한, 스스로는 작은 교통질서 하나도 지킬 수 없을 만큼 우리 국민의 수준이 낮은 것이 낯 뜨겁기 때문입니다. 과거 군사독재정권 시절에는 심지어 음식점에서 차려 놓는 반찬의 가짓수나 각종 경축행사의 축의금액까지 정부에서 법으로 정해 놓은 적도 있었던 슬픈 기억이 아직 새롭습니다.

어느 붐비는 대중음식점에 들어가 점잖게 음식을 시켰는데, 아무리 기다려도 음식은 나오지 않고 오히려 더 늦게 온 사람들에게 먼저 음식을 내 주는 것을 보다 못한 어떤 손님이 큰 소리로 종업원을 불러 아주 상스런 욕설을 섞어 독촉했더니 즉시 음식을 갖다 주더랍니다. 스스로 질서를 지키지 못하는 사람들, 큰 소리로 욕하고 상스럽게 인격을 무시하고 모독하는 말을 해야만 다른 이의 말을 귀 기울여 듣는 사람들이 모인 사회에 참된 자유와 평화는 뿌리내리기 어렵습니다. 그리되면, 자발성이 눈에 띄게 낮아지고 대신 이러저러한 규제를 강화하는 저급한 법조문만 늘어나게 됩니다. 벌금을 물리든 물리지 않든, 법규와 질서를 스스로 지키는 '상식' 이 있어야 정말 살기 좋은 사회가 됩니다. 정지선 규제법 같은 자존심 상하는 좀스런 법규가 나날이 줄어들어 '상식' 이 통하는 좋은 사회를 만듦으로써, 무너져버린 우리 자존심의 정지선을 스스로 지켜낼 수는 정말 없을까요?

2004. 7. 26.

남승용 선수

1936년에 열린 제11회 베를린 올림픽 마라톤 경기에서 우승하여 일제 식민치하의 우리 민족에게 큰 희망과 기쁨을 준 손기정 선수. 하지만 손기정 선수와 함께 출전하여 3위에 입상한 남승용 선수(1912~2001)에게는 생전에 늘 '비운의 마라토너' 라는 어울리지 않는 별명이 붙어 다녔습니다.

1912년 전남 순천에서 태어나 일찍부터 달리기에 재능을 보였던 남승용 선수는 서울로 올라와 서울협성실업학교와 양정고등보통학교를 다니다 일본의 아사부[麻布] 상업학교를 거쳐 메이지[明治]대학에 진학했습니다. 남승용 선수는, 1932년 10월 경성운동장에서 열린 전조선육상경기대회 5,000m와 1만m 부문에서 우승한 다음, 그 해 전(全)일본 마라톤 선수권대회에서도 우승했고, 1933년에 개최된 극동선수권대회와 1934년 일본건국기념 국제 마라톤 대회에서도 1위를 차지했으며, 그 해 열린 조일대항경기 5,000m에서 다시 우승을 거두었고, 1935년 메이지대학 2학년 때 참가한 일본건국기념 마라톤 대회에서는 경기 도중 자동차에 부딪히는 사고를 당하면서도 1등을 놓치지 않았습니다.

남승용 선수는, 1936년 5월 올림픽 대회 파견 마라톤 선수 최종 선발전에서 1위를 하여 올림픽 대표선수로 선발되었습니다. 선발전에서 2등을 한 손기정 선수와 함께 베를린 올림픽 대회에 참가하여, 손기정은 2시간 19분 19초의 기록으로 1위, 남승용 은 그보다 12분 24초 늦은 기록으로 3위를 차지했습니다. 8·15 해방 후 1947년 4월에 개최된 보스턴 마라톤 대회에, 손기정이 감독을 맡고 서른여섯 살의 남승용이 코치 겸 선수로서 서윤복과 함께 출전했는데, 서윤복이 우승할 때 남승용은 2시간 40분 10

초의 기록으로 10위를 차지했습니다.

남승용 선수는 손기정 선수와 함께 일본의 식민지배에 신음하던 동포들에게 마라톤을 통해 한없는 긍지와 희망을 안겨 주었습니다만, 올림픽 우승을 차지한 손기정 선수가 평생 영광과 명예의 빛 속에 있을 때 3위에 머문 남승용 선수는 언제나 그 뒷전에 가려져 있었습니다. 나중에, 남승용 선수는 1950년대 전남대학교 체육과 교수로 일하는 동안 우리나라 마라톤 진흥에 기여한 공이 커 1970년에 국민훈장 모란장을 받기도 했습니다.

손기정, 서윤복 선수에 결코 뒤지지 않는 뛰어난 실력이 있었으면서도 굵직한 국제대회에서 속 시원히 1등을 하지 못했다하여 올림픽 3등의 남승용 선수에게 '비운의 마라토너'라는 어울리지 않는 별명이 붙었을 텐데, 이렇듯 여기저기서 우리 사회의 고질병인 '일등지상주의'의 어두운 그늘이 느껴질 때마다 몹시 안타깝습니다. 어떤 시합이든 아주 작은 마을에서 3등하기도 쉽지 않은데 올림픽 같은 세계규모의 대회에서 빛나는 3위 입상을 하고도 '비운의 마라토너'라는 가슴 아픈 딱지를 평생 달고 지내야하는 한심한 곳은 '일등지상주의', '금메달제일주의'에 사로잡힌 우리나라밖에는 없을 것입니다. 꼴찌 없는 1등은 없는 법, 끝까지 포기하지 않고 열심히 내달린 꼴찌에게 더 큰 박수를 보내주는 아름답고 살맛나는 세상을 좀 더 열심히 만들어 가야 하지 않을까요?

2004. 8. 16.

"야가, 가여?"

    며칠 전 시외에 사시는 교우댁 심방을 마치고 가슴 벅찬 황금 들녘의 감동에 젖어 전주 시내로 접어들어 오다가, 어느 초등학교의 비좁은 운동장에서 시끌벅적한 함성 속에 가을 운동회가 열리는 모습을 곁눈질로 잠시 훔쳐보며, 아주 잠깐 동안이었지만 어린 시절 대운동회의 감동에 젖을 수 있었습니다.

    저의 어린 시절, 그래도 정직한 계절 덕분에 그렁저렁 풍요로운 가을걷이가 끝나 가는 무렵에 열리던 시골 초등학교의 대운동회는 그야말로 온 마을의 큰 잔치였습니다. 대운동회 날이 잡히면 온 동네 사람들이 한껏 설레는 마음으로 그 날을 손꼽아 기다리며 제발 그 날만은 비가 오지 않기를 빌고 또 빌었습니다. 학생들은, 운동회 날 한 2주쯤 전부터는 아예 오후 수업을 때려 치고 운동회 연습, 총연습에 골몰했습니다. 대운동회의 꽃은 뭐니 뭐니 해도 폐막식 직전의 청백계주였습니다. 평소 공부의 '공'자만 나와도 닭살 돋던 청개구리들이 전교생 앞에서 한껏 으스대며 정말 멋진 날쌘돌이 영웅이 되는 날이 바로 대운동회 날이었습니다.

    제가 아직 초등학교에 입학하기 전, 어른들을 따라 그런 대운동회에 가 본 적이 있습니다. 점심 후 오후 시간에 '감 주워가기' 깜짝 행사가 있었습니다. 운동장 한 가운데에 햇감을 네댓 무더기 수북수북 쌓아 두고 총성이 울리면 아이들이 와아 달려 나가 그 감을 마음껏 주워 가도록 하는 행사였는데, 함께 간 어른들이 장난삼아 뒤늦게 억지로 등 떠미는 바람에 몹시 숫기 없는 어린 저도 운동장 감 무더기를 향해 딴엔 열심히 내달렸습니다만, 제가 도착했을 때는 이미 다른 형 누나들이 감을 다 주워가 버리고 난 뒤였습니다. 어린 마음에도 '아차' 싶어 내심 당황하는데 때마침

운동장 가운데서 치마폭을 움켜쥐고 일어서려 애쓰는 저보다 몇 살 위로 보이는 여자아이 하나가 눈에 띄었습니다. 이 여자아이는 욕심 사납게 자기의 검은 치마폭을 아예 땅바닥에 깔아놓고 치마폭 가득 감을 쓸어 담아 놓고 있었는데 어찌나 감을 많이 담았는지 그 무게를 이기지 못하고 일어서지도 못한 채 혼자 버둥대고 있는 중이었습니다. 다짜고짜 그 누나의 치마폭 위에 있는 감을 두어 개 용감하게 집어 들고 돌아서려는데 이 여자아이가 제 손목을 쥐고 놓아주질 않습니다. 운동장 한복판에서 느닷없이 멱씨름이 벌어져, 그 여자 애는 제 손목을 틀어쥐고 저는 마침내 그 여자 애의 머리채를 손에 말아 쥐고 둘이 꼼짝도 못한 채 씩씩대며 한참을 그리 서 있었습니다. 콩알만 한 어린것들이 운동장 한가운데서 그런 모습을 연출하자 운동회에 참여한 모든 사람들이 배꼽을 쥐고 나뒹굴며 엄청난 천둥소리로 웃어대기 시작했습니다. 그 일 후로 한 동안, 엄마 아빠를 따라 길에 나가면 마주치는 이웃동네 어른들이 너털웃음과 함께 저를 가리키며 제 어르신께 "야가, 가여?"라고 물으시곤 했습니다.

산업화 · 도시화 · 핵가족화의 물결 속에 이웃이 누구인지도 모른 채 살아가며, 일 년에 한두 번 하는 운동회조차, 도심의 비좁은 운동장에서, 오전에는 하급학년이, 오후에는 상급학년이 교대로 운동회를 하는 요즘 아이들을 보면서 웃어야 할지 울어야 할지 무척 고민입니다. 누군가의 아이를 턱으로 가리키며 "야가, 가여?"*라고 물을 수 있는 아이 한둘쯤 제 주변에 있었으면 참 좋겠습니다마는…….

2004. 10. 18.

. . . .

* 전라도 사투리로 "이 아이가 그 아이인가?"라는 뜻

뒤집힌 왕국

대학시절, "깊은 산 오솔길 옆 자그마한 연못엔/ 지금은 더러운 물만 고이고 아무 것도 살지 않지만/ 먼 옛날 이 연못엔 예쁜 붕어 두 마리/ 살고 있었다고 전해지지요"로 시작되는 김민기 작사/ 작곡의 "작은 연못"이라는 통기타 유행가를 열심히 따라 부르며 지냈습니다. '환경 노래'로 흔히 분류되는 이 노래는, 따스한 마음으로 주변을 보살피며 함께 살아가지 못하고 개인의 이기심만 충족시키려다가 함께 망하는 우리네 공동체의 비극을 예리하게 풍자하고 있습니다. 때로는 김민기 씨의 묵직한 중저음 목청으로, 때로는 양희은 씨의 맑고 또랑또랑한 소리로 젊은이들의 가슴을 여지없이 파고들었던 노래를, 50대 중년이 된 지금도 서늘한 가슴으로 가끔씩 다시 챙겨 부르곤 합니다. 오늘날 '웰빙'이라는 말로 압축되는 지나친 '자기 사랑'이, 서로 보듬고 함께 살아야 할 이 세상을 몹시도 추하게 무너뜨리는 탓인지도 모릅니다.

엊그제 등산을 마치고 집으로 돌아오는 길에 우연히 어느 애견가게가 눈에 띄어 진열장 앞에 한참을 서 있었습니다. 유리 진열장 안쪽에서 애견 미용사들이 열심히 애완견의 털을 다듬고 가꾼 다음 여러 가지 액세서리로 정성껏 애완견의 모양을 내는 것을 한동안 들여다보며 잠시나마 생각이 많았습니다. 잔뜩 복잡해진 세상, 사람들의 취향과 기호가 다 다르기 때문에 아주 작은 동물들에게도 인간의 사랑을 베푸는 것을 나무랄 수는 없겠지만, 작은 애완동물 하나를 소중히 여기며 사랑하는 그 마음으로 사람이 사람을 사랑하는 세상이 된다면 얼마나 좋을까 하는 생각을 하다가, "미국에 태어난 고양이가 아프리카에 태어난 사람보다 더 잘 산다"고 한 어느 사회학자의 씁쓸한 말이 생각났습니다. 국민소득이 1만 달러를 웃도는 세상이 되었지만, 여전히 절대 빈곤의 늪을 벗어나지 못하는 우리 형제자매들이 아직 많고, 휴전선 너머 북녘엔 추위와 굶주림에 떠는 동포들도 있습니다. 해저 지진과 엄청난 해일로 삶의 소망이 완전히 끊긴 채 흐느껴 울 힘조차 없이 아파하는 서남아시아와 동남아시아의 형제자매들을 생각하는 마음이 애완견의 털을 지극 정성으로 매만지는 것만큼만 있다면 세상은 좀 더 따스하고 포근해질 것이라는 생각이 들었습니다.

도널드 B. 크레이빌은 『뒤집힌 왕국』(*The Upside-Down Kingdom*)이라는 책에서 '하나님 나라'에 대해 설명하면서, "한 쪽 눈은 하나님의 은혜로운 구원 행위를 보고, 다른 한 쪽 눈은 불행하게 지내는 사람을 보게 하기 위해서" 사람의 눈이 두 개로 만들어졌다고 했습니다. 내 생명이 내 노력의 산물이 아니라 하나님의 선물이기 때문에, 선물로 받은 생명의 힘으로 수고하여 얻은 모든 것 역시 엄밀히 말하면 내 것은 아닙니다. 크레이빌의 지적처럼, 공평하신 하나님의 나라가 끝내 '뒤집힌 왕국'으로 표현될 수밖에 없는 것은, 우리들의 가치체계가 볼썽사납게 뒤집혀 있기 때문입니다. 애완동물은 지극 정성으로 사랑하면서, 하나님의 형상을 지닌 사람은 도무지 돌볼 마음이 나지 않는 우리들의 뒤집힌 사회, 깊은 산골 작은 연못에서 서로 다투다 죽어버린 붕어들이 깔깔대며 비웃을 일입니다.

2005. 1. 24.

더 늦기 전에

요즘 우리 사회의 총체적 부패와 '생명 경시'의 어지러운 흐름을 지켜 보며, 마치 절벽 아래로 추락하는 열차에 탄 것 같은 아득함으로 끝 모를 절망감에 사로잡힐 때가 종종 있습니다. "잘 살아보세"를 되뇌며 허리띠 질끈 동여매고 내달린 끝에 돈을 모으는 데는 그럭저럭 성공했으나, 바르 게 사는 법을 거의 배우지 못한 탓에 교회 안팎을 가릴 것 없이 우리 사회 구석구석에 지금 썩은 냄새가 진동하고 있습니다.

벌써 몇 년 전 통계지만, 미국의 청소년들이 성인이 될 때까지 인터넷 과 영상물을 통해 만나는 전쟁·폭력과 잔혹한 살인 장면은 줄잡아 5만 번 정도라 합니다. 음란물을 접하는 횟수 역시 상당할 것입니다. 우리 사 회도 그보다 더하면 더했지 못하지는 않아 보입니다. 사이버 공간 속의 폭력적 영웅(?)을 무작정 모방하는 동조의식이 강화될수록 이른 바 '탈감 각화'(desensitization) 현상이 심화되어, '나만 나쁜 것이 아니다'라는 생 각으로 자신의 폭력에 별 충격을 느끼지 못하게 됩니다. 현실세계와 사이 버세계를 쉴 새 없이 넘나들며 음란과 잔혹한 폭력에 익숙해져 현실을 꿈 꾸듯 사는 이들에게 '생명의 존엄성'을 말해 봤자 도무지 씨알이 먹히지 않을 것은 뻔합니다.

하나님의 형상인 인간이 지닌 아주 중요한 능력 중에 정신의학에서 말 하는 '반사기능'(reflected function)이 있습니다. 갓난아이 앞에서 어른 이 웃어주면 아이도 깔깔대며 웃고, 반대로 어른이 슬픈 표정을 지으면 아이도 덩달아 울먹이다가 마침내 와락 울어버리는 기능, 곧 상대방의 감 정을 자기 것으로 받아들여 행동하는 복된 기능이 그것인데, 우리 사회에 서는 이것이 잘 유지되거나 자라지 못하고 너무 빨리 사라져 버립니다. 핵가족화로 맞벌이 부부가 늘어나 가정에서조차 개인주의가 판치면서,

사회성의 1차 훈련기관인 가정의 기능이 심히 축소된 것도 문제고, 윤리 기준이 끊임없이 상대화되며 낮아지는 사이, 사회의 기본 세포인 가정이 깨지는 소리가 곳곳에 요란한 것도 문제입니다. 길거리로 매몰차게 내몰리는 아이들을 감싸 안을 사회적 안전장치가 거의 없는 것 또한 작은 문제는 아닙니다.

'잘 사는 것'과 '바르게 사는 것'은 다릅니다. '교육인적자원부'라는 정부 기관의 한심한 명칭에서 보듯이, 돈 귀신을 하나님처럼 떠받드느라 사람조차 '생명'이 아닌 '자원'의 일부로 보는 사회, "왜 맞고 다녀? 바보 얼간이같이"를 연발하며 '경쟁력'이라는 그럴듯한 구호 아래 불법을 동원해서라도 '금쪽같은 내 새끼'만 잘 살게 만들려는 썩은 정신이 지배하는 사회, "바르게 살자"는 말이 끝내 공허하게만 들리는 사회는 이미 망한 것이나 진배없습니다. 어디 로마제국이 힘이 없고 경쟁력이 없어서 망했습니까? 개인과 사회의 도덕성이 하나님의 심판과 저주를 불러오는 결정적인 기준임을 성경이 누누이 말하고 있지 않습니까?

순결한 결혼의 중요성이 강조되고 가정이 회복되어야 합니다. 고질적인 학벌주의를 뿌리 뽑고, 실용주의 교육정책을 생명 중시의 정신으로 다듬어야 합니다. '일' 중심의 문화를 '사람' 중심의 문화로 바꿔야 합니다. 잘 사는 것보다 바르게 사는 것이 정말 모두가 잘 사는 길임을 알아야만 합니다. '이김과 정복의 추한 경쟁력'을 '나눔과 섬김의 아름다운 경쟁력'으로 바꿔야 합니다. 이 일에, 역사의 마지막 희망인 교회가 앞장서야 합니다. 쓸 만한 개척교회 하나(의인 10명)만 있으면 소돔 같은 죄악의 땅도 용서하시는 하나님의 자비에 소망을 두고, 주님의 몸 된 교회가 먼저 일어서야 합니다. 하나님의 진노와 심판의 도끼날이 우리의 발등을 기어이 찍기 전에, "바보, 얼간이" 소리를 듣더라도, 추락하는 우리 사회의 열차에 거룩한 소망의 날개를 교회가 앞장서서 달아야 합니다. 더 늦기 전에……

2005. 2. 2.

살 맛 나는 세상이 되려면

교통 정보통신의 눈부신 발달로 삶의 기본 틀과 세시 풍속이 아주 발빠르게 변하고 있습니다. 단지 '편의성'만을 기준으로 할 때, 예전보다 말 그대로 '살기 좋기 좋은 세상'이 된 것만은 틀림없습니다. 이제는, 그 머나먼 서울을 하루에도 몇 번씩 오갈 수 있게 되었고, 각종 편리한 가전제품 덕에 살림살이에 매달려야 할 자잘한 일손도 많이 덜게 되었습니다. 특히 거미줄 같은 인터넷 망을 통한 사이버 세상의 등장으로 삶의 방식에 정말 혁명적인 변화가 생겼습니다. 이젠 새해 인사까지도 인터넷 메일과 이동전화 문자메시지로 대신하는 이들이 차츰 늘어나고 있습니다. 인터넷이 제공하는 무한한 사이버 공간은 현대인들에게 현실과는 전혀 다른 삶의 자리를 제공했고, 이 가상공간을 점유할 수 있는 능력에 따라 세대차가 뚜렷하게 나타나기도 합니다. 사이버 공간을 여행하다 보면 그야말로 '지구촌'이라는 말이 실감날 때가 많습니다.

봉건시대의 유물로 자주 욕을 먹는 '군사부일체(君師父一體)'라는 말이 있습니다. "임금과 스승과 부모는 똑같이 존귀하다"는 이 말을, 그 사회에서 "결코 잃어서도 안 되고 무시되어서도 안 되는 소중한 권위는 어떤 방식으로든 보존되어야만 한다"는 뜻으로 받아들이면 큰 문제는 없어 보입니다. 제가 어릴 적만 해도, 부모님은 말할 것도 없고, 학교에서 날마다 뵙는 선생님들 앞에서, 어린 가슴 속 은밀한 곳의 친밀한 느낌 한 쪽에 늘 조심스런 마음이 있었습니다. "길을 걸을 때는 선생님보다 앞서 가지 말라"거나, "몸의 그림자라도 선생님께 드리우지 말라"거나, "선생님 곁에 서더라도 바람 불어오는 쪽에는 서지 말라"는 등, 어르신들의 이러저러한 주문과 까다로운 가르침이 참 많았기 때문입니다. 어린 마음에 때로는 번거롭고 귀찮게 느껴지기도 했던 그 몸가짐의 법도가 50년 넘게 제 삶을 제법 반듯하게 붙들어 주고 있었다는 생각에 지금은 그런 가르침을 받으며 성장한 것을 감사하게 생각합니다. 물론 신세대 부모들이 들으면 그야말로 펄쩍 뛸 곰팡내 풀풀 나는 이야기일 수도 있을 것입니다만, "옛 것은 모두 다 글렀고 새 것은 다 좋은 것"이라는 논리가 어차피 통하지 않을진대, 요즘 세상에 한 번쯤은 진지하게 귀담아 들어둘 가르침인 것만은 분명합니다.

인터넷을 통해 사이버 공간 여기저기를 기웃거리다 보면 무슨 까닭인지 모르지만 요즘 사람들의 이기적이고 자기중심적인 심성이 너무 많이 황폐해졌다는 느낌을 지울 수 없습니다. 심지어는 사랑과 은혜의 복음을 선포할 목적으로 만들어진 기독교 계통의 사이트 안에서조차 낯 뜨거울 정도의 원색적인 욕지거리와 비방과 삿대질이 난무하는 것을 봅니다. 욕지거리로 시작해서 저주로 끝을 맺는 댓글들 속에도 나름대로 그럴싸한 논리가 깔려 있는 것을 볼 때마다 가슴이 아려옵니다. '어른'은 어디에도 없고, 걸핏하면 엉겨 붙어 별 것 아닌 '손톱 힘' 자랑이나 하는 철부지 아이들만 옹기종기 모여 있는 듯한 느낌입니다. 우리 인간 사회가 살벌한 동물의 왕국이 되지 않으려면, '살기 좋은 세상'이 참으로 '살 맛 나는 세상'이 되려면, 어른은 어른답고 아이는 아이답게 사는 법을 처음부터 다시 배워야만 할 것 같습니다.

2005. 2. 14.

빨간 카펫 위의 도둑고양이

40년쯤 전, 초등학교 6학년 때 서울로 수학여행을 갔습니다. 요즘은 고속버스를 타고 두어 시간이면 닿을 수 있는 곳이 서울이어서, 조금만 바지런히 움직이면 서울에 가서 하루 종일 볼 일을 실컷 보고 돌아 올 정도로 세상이 좋아졌지만, 그때만 해도, 정한 시간에 단 한 번도 오지 않고 적어도 두세 시간씩은 연착을 하는 서울행 완행열차를 아홉 시간 남짓 타야 겨우 겨우 도착할 수 있는 곳이 서울이었습니다. 그즈음 서울에 못 가본 마을 어른들 사이에서는 "남대문 문턱이 대추나무 문턱이냐 아니냐"를 따지는 입씨름도 아주 흔했습니다.

그런 꿈같은 시절에 코흘리개 어린것들이 서울로 수학여행을 갔으니 그 설렘과 경외심이 오죽했겠습니까? 난생 처음 타 본 기차, 뿌연 어둠을 뚫고 밤새 서울을 향해 지꺼덕 제꺼덕 끝없이 달리는 열차 속에서, 오줌이 마려워 화장실에 갔으나 그 잘난 무섬증 때문에 볼 일을 못 보자, 담임 선생님께서 승강대에 매달리듯 서 있는 제 허리춤을 단단히 붙잡아 주셨지만 결국 실컷 애만 쓰다 마침내 그만 두는 촌극을 연출한 끝에 간신히 도착한 서울 역, 교과서 사진 속에서만 보던 남대문 그리고 서울 시내를 부지런히 오가는 신기한 전차, 숨 가쁘게 움직이는 시내버스와 안내양 누나들의 당찬 몸짓, 난생 처음 들어가 본 남대문 근처 봉황여관 내부의 낯선 분위기, 일찍 서울에 올라가셔서 많이 힘들게 사시면서도 큰조카가 서울로 수학여행 왔다는 말을 듣고 숙소까지 찾아오신 작은아버님께서 담임선생님의 양해를 구한 후 데리고 나가 남대문 뒷골목 어느 중국집에서 사주시던 따끈하고 푸짐한 중국식 만두의 맛, 남산공원 야외음악당과 공군군악대의 우렁찬 연주, 창경궁과 비원의 고풍스런 분위기…….

참, 수학여행 둘째 날, 해방 후 중앙청 청사로 쓰고 있던 일제 강점기 동양척식회사의 건물, 곧 지금의 국립미술관 건물을 견학하던 날 생긴 황당한 일도 생각납니다. 연일 신기한 서울 구경에 반쯤 넋이 나간 우리들을 중앙청 앞마당에 세워놓고, 인솔하신 선생님들께서 무언가를 열심히 의논하고 계셨는데, 알고 보니 중앙청 청사 입구 현관에 깔려 있는 붉은색 카펫 위를 지나갈 때, 아이들의 신발을 벗겨야 하느냐, 그냥 들어가야 하느냐를 놓고 긴급회의를 하신 것이었습니다. 한동안 여러 의견이 오가다가, 어느 선생님의, "일단 신발을 벗고 들어갔다가 그냥 신으라는 말을 듣는 것이 그래도 나으니 일단 벗겨서 들어가자"는 제안이 받아들여져서 우리들은 양손에 신발 한 짝씩을 들고 아주 조심스런 도둑고양이 발걸음으로 중앙청 현관을 걸어 들어갔습니다만, 한참 지난 뒤에 그곳 수위로 일하시는 아저씨들의 "그냥 신을 신고 다니는 곳"이라는 황당한 설명을 듣고서야 다시 신을 신긴 했지만, 촌뜨기들이 그 비싼 카펫 위를 신 신고 걷는 송구스러움에 중앙청을 다 빠져 나오기까지 얼마나 발걸음이 배배 꼬이던지요.

　40년 해묵은 저의 어설픈 추억거리가 요즘 젊은이들에게는 호랑이 담배 먹던 시절의 무슨 전설처럼 느껴질 만큼 세상이 빠르게 변하고 생활도 많이 편리해졌습니다. 하지만, 과학과 문명이 발달하는 만큼 인간성이나 인간의 도덕성이 함께 발전하는 것만은 아닌 듯하여, 빛바랜 흑백사진 같은 제 어린 시절의 그 순박한 추억은 날이 갈수록 더 또렷해지기만 하는 것을 정말 어찌지 못하겠습니다.

2004. 11. 1.

자전거 신문

누가 오란 것도 아니었는데, 오늘도 어느 일간신문 지사장이 저희 집을 찾아와 값비싼 선물 공세와 함께 반 협박조로 구독을 강청하다가 마침내 혼자서 화를 풀풀 내고 돌아갔습니다. 자주 있는 일이어서 그냥 무덤덤하게 넘기려 해도 괜히 마음 한 구석이 아파 옵니다. 두어 달 전, 지금 살고 있는 아파트로 이사하고 잔뜩 어지럽혀진 집을 치우느라 정신없을 때 저희 집을 방문해서 간곡히 구독을 요청하던 어떤 분의 축 쳐진 어깨가 또 생각났기 때문입니다.

언뜻 40대 후반쯤으로 보이던 아무개신문의 전주효자동지국장이라던 그분은 한 눈에 꽤 값나가는 것으로 보이는 그럴 듯한 경품을 내 놓으며 "앞으로 7개월 동안 무료로 신문을 넣어 드릴 테니 저희 신문을 꼭 좀 구독해 주세요"라며 사뭇 애원조로 달라붙었습니다. "이미 보고 있는 신문이 있다" 해도 막무가내였습니다. 평소, '그런 신문은 거저라도 그냥 받아주면 안 된다' 고 생각해 오던 바로 그 신문만 아니었다면 눈 딱 감고 그냥 한 부쯤 구독해 주고 싶은 마음이 절로 날 정도로 예사롭지 않은 세상살이의 고달픔이 그 지국장의 애처로운 눈빛에서 진하게 묻어나고 있었습니다.

얼굴 따라 무슨 직업이 딱히 정해지는 것은 아니겠지만, 선비냄새가 짙게 묻어나는 깨끗한 얼굴빛과 맑은 눈망울 등이 그날따라 왜 그렇게 서글픈 느낌으로만 다가왔는지 모르겠습니다. 외판 영업에는 도무지 어울릴 것 같지 않은 여리디 여린 모습인 그분과의 참으로 지루하게 느껴졌던 10여 분간의 실랑이 끝에 간신히 그 이를 그냥 돌려보냈습니다. 평소 잘 알고 지내는 이들에게 "그런 신문들은 공짜로라도 받아 주지 말 것"을 강조해 오던 소신을 저 스스로 지켜야 한다는 생각이 있었기 때문입니다. "신문 좀 똑바로 만들라"는 모진 이야기를 차마 할 수가 없어서 "신문 구독할 필요가 생기면 연락드리겠다"면서 명함까지 한 장 달라며 입에 발린 인사말을 하긴 했지만 애당초 그런 신문을 봐야겠다는 생각은 꿈에도 없었습니다. 꽤 지루한 실랑이 끝에 힘없이 돌아서서 아파트 계단을 쓸쓸히 내려가던 그 지국장의 쳐진 어깨가 여러 달 지난 지금까지도 제 가슴을 아프게 후벼옵니다. 어쩌다 너무 이른 나이에 직장을 잃은 후, 목구멍이 포도청이라고 이 일 저 일 닥치는 대로 해 보다가 마침내 신문지국을 열었지만, 그나마 성과가 시원치 않아 체면이고 뭐고 다 내던지고 맨발로 나서서 동분서주하는 사람이었을지도 모릅니다. 그가 하는 그 작은 사업에 목을 매고 있는 사랑하는 처자식들이 그에게도 분명 있었을 것입니다.

한동안 제법 비싼 자전거를 경품으로 내걸고 구독자를 모집하여 '자전거 신문'이라는 낯 뜨거운 별명까지 얻기도 했던 초대형 언론사들이, 그 비싼 경품제공전략 같은 것에 한 눈 팔지 않고 오직 '바르고 정직한 붓의 힘'으로 독자들의 사랑을 당당하게 받아낼 수는 정말 없는 것인지 묻고 싶습니다. 어느 시대나 언론이 시대의 나침반이요 이정표라는 점에서, 바르고 곧은 언론을 향한 저 같은 시골 무지렁이의 소박한 기다림은 그 애처로운 지국장의 쓸쓸한 뒷모습과 함께 아쉬움을 넘어 큰 슬픔으로 늘 남아 있기 때문입니다.

2005. 3. 14.

천하일미

벌써 30년 전 이야기지만, ROTC 후보생 2년차 시절, 육군 소위 임관을
반년쯤 남겨둔 대학 4학년 여름방학 때 육군 제35사단에서 마지막 병영
훈련을 받았습니다. 2년차 훈련과정에는 야외 학과출장이 많았습니다.
거의 대부분의 과목이 중소대전투를 위한 실외학습으로 짜여져 있었기
때문에 거의 매일같이 구보로 사단 주변의 야산에 나가 다 큰 청년들이
M-1총을 들고 때로는 몹시 멋쩍은 '병정놀이(?)'를 연습했습니다. 고난
도 훈련은 아니었을지라도 당시 우리 장교후보생들은 피교육생 신분인
까닭에 한여름 날씨에도 늘 춥고 배고프고 고달팠습니다. 더군다나 그
해 5월 총장기쟁탈 체육대회 때 그만 오른쪽 발목에 골절상을 입고 무려
16바늘이나 꿰매는 큰 수술을 받아 제대로 걷지도 못하면서, 목발을 짚
고 머나먼 훈련장까지 혼자 쫓아 다녀야했던, 저에게는 별로 길지도 않
은 한 달이 마치 지옥의 수렁을 헤엄치는 듯이 지루하고 고통스럽기만 했
습니다.
　야외훈련장에 나가 훈련을 하다가 점심시간이 되면 피교육생들이 먹을
점심을 실은 사단 취사부의 트럭이 반갑게 도착합니다. 당시만 해도 군대
밥이란 것이 고기류는 언감생심 꿈도 꿀 수 없고, 어쩌다 고깃국이 나오
더라도 대개는 고기가 그냥 목욕하고 지나간 듯 국물만 훌렁거리기 일쑤
고, 어쩌다 좀 그럴 듯한 무 깍두기라도 나왔다싶어 좀 자세히 보면 무와
큼지막한 고춧가루가 제멋대로 따로 놀고, 밥을 먹어도 숟가락을 놓는 순
간부터 다시 배가 고파 올 정도로 헤프고 어설프기 그지없는 것이었습니
다. 그나마도 그저 많이만 주면 감지덕지, 어쩌다 내 식판에 밥 한 숟갈이
라도 더 들어온 성싶으면 마치 천하를 얻은 듯 기쁘고, 좀 적은 듯싶으면

주걱질하는 취사병이 하염없이 원망스럽기만 했습니다.

그러던 어느 날, 초포다리 건너 야산에서 중대전투 훈련을 하고 있었는데 식사추진 트럭이 도착한 때부터 얄궂게도 폭우가 내리기 시작했습니다. 좀 과장해서 말하자면 식판 한쪽에 국물을 받아놓으면 머리에 눌러쓴 철모를 타고 흘러내린 빗물로 국물 양이 순식간에 반 이상 늘어나 부지런히 먹어도 국물이 줄지 않을 정도로 하늘이 구멍 난 듯 장대비가 쏟아졌습니다. 그래도 목구멍이 포도청이라, 국물 반 빗물 반의 국물에 밥을 말아 몇 숟갈 둘러 마시려는데 옆에 앉은 친한 동기생이 씩 웃으며 군복 위 호주머니에서 큼지막한 풋고추 하나를 꺼내 건네주었습니다. 친구가 하는 대로 휴대용 군용숟갈로 그 풋고추를 국물에 넣고 대충 짓이겨 넣고 먹어보니 순식간에 세상에 둘도 없는 천하일미로 바뀌어 있었습니다.

요즘 웰빙이다 다이어트다 뭐다 해서 먹을거리에 대한 사람들의 관심이 무척 높습니다. 좋은 식당이 있다는 입 소문이 들려오면 아무리 먼 곳이라도 지체 없이 달려가 기어코 맛을 봐야만 직성이 풀리는 식도락가들도 많습니다. 그러나 아무리 이름난 음식을 먹어도 30년 전 장교후보생 시절 산비탈 폭우 속에서 식판에 풋고추 하나 짓이겨 넣어 먹던 그 '국방부 훌렁탕'의 맛에는 까마득히 미치지 못합니다. 열심히 땀 흘리며 몸을 부지런히 움직여 일하는 사람들은 풋고추 딱 한 개만으로도 늘 천하진미를 즐길 수 있기 때문입니다.

2005. 4. 25.

안식 없는 세상

몇몇 사회주의 국가를 방문하고 돌아올 때마다 우리 대한민국의 정보통신 기술이 굉장히 앞서 있다는 생각이 듭니다. 인터넷 망이 거의 없다시피 한 나라에서 몹시 답답해하다가, 귀국하여 인천공항에서부터 전국 곳곳으로 시원하게 뚫린 고속화도로망을 마음껏 이용하여 고향인 전주로 향하는 길, 차창 밖으로 빠르게 흘러 지나가는 조국 산천의 정겹고 풍요로운 풍경 속에서도 우리나라가 갖고 있는 사회간접자본의 수준과 저력이 가히 세계적인 수준에 이르렀음을 실감할 때가 많습니다. 불과 몇 년 전만 해도 몹시 어렵게만 여겼던 인터넷을 요즘은 글자도 잘 모르는 어린이들로부터 칠팔십 대 노인들까지 일상적으로 편하게 이용하는 것을 보면서 혹시 꿈꾸듯 딴 세상에 와 있는 것은 아닌가 착각할 때도 있습니다.

아무튼 그동안 꾸준히 축적돼 온 사회간접자본과 눈부시게 발달한 정보통신망 덕분에 우리네 일상생활이 눈부시게 편리해진 것은 사실입니다. 어느 광고 문구처럼 이제는 거의 모든 것을 '손끝 하나로' 수월하게 처리할 수 있게 되었고, 이제 조금만 더 시간이 지나면 손끝을 놀릴 필요도 없이 목소리만으로 모든 것을 조작하고 작동시킬 수 있는 세상도 올 것입니다. 잘 정비된 인터넷 망 덕에 요즘은 은행에 직접 오갈 필요 없이 인터넷뱅킹이나 폰뱅킹으로 금융거래도 할 수 있게 되었습니다. 여러 선교단체와 사회복지단체에 후원금을 보내는 일이 잦은 저에게 이보다 더 편리한 방법은 아마 없지 싶습니다. 마치 은행직원이나 된 듯, 컴퓨터 자판을 몇 번 두드리는 것으로, 몹시 번거롭던 송금작업을 책상머리에 앉아 아주 재빨리 끝마칠 수 있어 참 편리합니다.

그런데 며칠 전, 인터넷뱅킹을 하기 위해 주거래 은행의 홈페이지에 접속하여 인터넷뱅킹 메뉴를 선택하고 인증서 암호를 적고 보안카드 번호로 신분을 인증 받은 다음 은행 망 안으로 들어가 송금할 계좌 목록에서 해당 계좌를 선택하고 송금할 액수를 적어 넣고 통장비밀번호와 이체비밀번호를 또 다시 적고 확인 단추를 눌러 송금하는 일을 하다말고 느닷없이 착잡한 생각이 들었습니다. 많이 익숙해진 탓에 별 생각 없이 자연스럽게 밟는 절차였지만, 2중 3중 보안장치로도 안심을 할 수 없어 이토록 수많은 보안장벽을 설치해 놓고 거래할 수밖에 없을 만치 세상이 각박해진 것은 아닌가 하는 씁쓸한 생각이 들었기 때문입니다. 그 눈부신 기술로 누구는 열심히 남의 정보를 빼내어 악하게 이용하는 일을 하고 또 누구는 역시 빛나는 기술로 그것을 막아내는 신기술을 밤샘하며 만들어야만 하는 이런 세상에서는 그 누구도 '안식'을 마음껏 누리며 살 수는 없을 것이기 때문이기도 합니다.

몇 년 전, 참 아름다운 생각으로, 저희 전주열린문교회 요람에 교우들의 온라인 계좌 목록을 표로 만들어 나눠 주며 교우들 사이에 서로 은밀하게 돕고 섬기는 일을 해 보도록 권한 적이 있었는데, 개인정보와 사생활 보호에 문제가 있다는 지적 때문에 그 일을 그만 접은 적이 있습니다. 정말 슬프게도, 하나님의 창조물과 달리 "죄로 부패한 인간이 만드는 것들은 언제나 생명과 사망을 동시에 안겨 준다"는 어느 신학자의 말이 정말 맞긴 맞나 봅니다.

2005. 5. 9.

닭장 사회

한국전쟁의 후유증이 고스란히 남아 있던 저의 유년시절은 늘 춥고 배고팠습니다. 저희 집만 춥고 배고픈 것이 아니라 거의 모든 백성들이 다 그랬습니다. 손에 쇠갈고리를 달고 설쳐대는 무서운 상이군인들, 참으로 골치 아픈 각설이패, 넘쳐 나는 결핵환자들의 비쩍 말라 창백한 얼굴, 무리 지어 다니며 각설이패 못지않게 소란스럽게 구는 나병환자들, 자운영 밭 너머로 하늘을 시꺼멓게 덮는 까마귀 떼의 음산한 울음소리, 심한 굶주림과 영양실조와 황달 때문에 얼굴이 누렇게 뜬 채 온 몸이 뚱뚱 부어 있는 사람들, 겨울이면 문풍지 사이로 숭숭 들어오는 외풍, 자고 나면 얼어붙어 있는 요강, 세수하고 방에 들어올라치면 고압전류처럼 쩍쩍 달라붙는 싸늘한 겨울날의 쇠문고리 등등이 세월이 흘러도 도무지 지워지지 않는 제 어린 시절의 아픈 이미지들입니다.

그렇게 너나없이 모두가 그야말로 가랑이 째지게 춥고 배고프기만 하던 시절, 소 한 마리쯤 갖고 있는 집은 그 동네에서 힘 좀 쓴다는 부잣집이고, 그저 중산층쯤 되는 이들의 집이라야 돼지 한두 마리가 있는 게 고작이었고, 가진 것 별로 없는 소시민들은 어찌어찌 집에서 부화시켜 기르는 닭 몇 마리를 신주단지 모시듯 정성껏 길러 힘겹게 자주 돌아오는 제삿날 제상에 올릴 제물로 사용하기도 하고, 좀 귀한 손님을 접대할 때 음식재료로 쓰기도 했습니다. "사위가 오면 씨암탉 잡아 준다"는 속담도 그래서 생겨났을 것입니다.

저희 집에도 마당 한쪽 귀퉁이 담벼락 밑에 작은 닭장이 하나 있었고 예수 믿기 전, 경주 이(李)가 집안의 장손으로서 제사를 자주 지내야 했던 아버님께서 제수용으로 쓰실 요량으로 닭 몇 마리를 기르고 계셨습니다.

어르신들 입장에서야 자주 돌아오는 제삿날이 늘 허리가 휠 만치 큰 짐이었겠지만 어린 저희들에게는 제삿날이 곧 눈부신 축제의 날이기도 했습니다. 밀려오는 졸음을 잘 참고 한밤중까지 어찌어찌 버텨내기만 하면 제사가 끝난 후 음복(飮福)시간에 그 맛난 고깃국을 모처럼 맛볼 수 있었기 때문입니다.

닭장이 문간에 있는 까닭에, 오며가며 틈틈이 닭장을 들여다 볼 기회가 많았는데, 그러던 어느 날 그 비좁은 닭장 속에서도 끊임없이 살벌한 힘겨루기가 늘 있다는 것을 알게 되어 어린 마음으로도 참 슬펐던 기억이 있습니다. 좀 힘센 닭이 소위 왕따 당하는 어떤 닭의 꽁무니를 심심하면 한 번씩 쪼아대는가 싶더니, 얼마 지나지 않아 이내 그 닭의 꽁무니에 상처가 나서 피가 비쳤습니다. 그러자 닭장 안의 모든 닭들이 모두 다 달려들어 심심하면 피가 흐르며 벌겋게 부어 있는 닭의 엉덩이 상처를 콕콕 쪼아대는 바람에 마침내 그 닭은 며칠 만에 죽고 말았습니다.

전자정보통신 체계가 정말 빠른 속도로 발전한 우리들의 사회. 전화로, 이메일로, 때로는 여러 인터넷 홈페이지와 블로그 속에서 순식간에 무한대로 증폭되며 마구 퍼져 가는 정보 때문에, 정말 소중한 한 사람의 인격과 자존감이 돌이킬 길이 전혀 없는 채로 너무 허망하고 무참하게 짓밟히는 모습을 자주 보면서, 하나님의 형상이자 만물의 청지기인 인간이 그만 닭으로 전락하여 우리들의 세상이 닭똥 냄새 무던히 구리던 그 비좁은 닭장이 되고 만 것 아닌가 하는 생각이 들어 몹시 가슴 아플 때가 참 많습니다.

2005. 5. 16.

줄기세포의 추억

2006년 새해가 밝았습니다. 너나없이 "바쁘다 바빠"를 연발하며 사는 분주한 일상에, 2005년 12월 31일과 2006년 1월 1일 사이에 무슨 특별한 차이가 있는 것이 아닌데도 사람들은 묵은 한 해에 대한 짙은 아쉬움을 새로운 한 해에 대한 큰 기대와 소망으로 재빨리 바꾸어 어쩌면 또 다시 작심삼일일지도 모르는 계획들을 세웁니다. 무덤 속에 누운 사람은 달력을 볼 수 없으므로, 해가 바뀔 때마다 사람들이 이처럼 까닭모를 희망에 젖어드는 것은 우리 안에 약동하는 생명이 있기 때문일 것입니다.

작년에 꽤 오랫동안 황우석 교수 논문 조작사건으로 시끌벅적하더니 새해의 시작 역시 황우석 교수에 대해 극과 극으로 엇갈린 여론 탓에 여전히 뒤숭숭한 분위기가 이어지고 있는데, 이는 우리 사회에, '생명에 대한 갈망'의 깊이가 그만큼 깊다는 증거일 것입니다. 시대와 역사에 따라 각기 다르게 나타나는 '영원한 삶'에 대한 인간 본연의 욕구가, 우리 사회에서는 '황우석이라는 우상'으로 잠시 드러났을 뿐입니다. 참 재미있는 것은, 황우석 교수를 끝까지 감싸는 이들 중에도 '줄기세포'의 기본개념조차 거의 모르는 이가 많다는 사실입니다. 사람들은 늘 자기가 '믿는 대로 사물을 보려하기 때문'입니다.

하나님의 형상으로 만들어진 인간의 몸속에는 하나님께서 주신 생명의 능력이 내재되어 있습니다. 의사들이 환자를 치료한다지만 사실은, 인간의 몸에 내재된 이 생명의 능력이 좀 더 효율적으로 발휘되도록 의사들이 도울 뿐 실제 치료와 회복은 몸 안에 있는 생명력에 의해 이루어집니다. 살을 째고 꿰매는 일은 의사가 하지만 꿰맨 부위가 실제로 봉합되는 과정까지 의사가 어찌할 수는 없는 것입니다. '줄기세포'는, 우리 몸에 문제가 생겼을 때 그것을 회복시킬 수 있는 능력을 지닌 '만능분화세포'입니다. 인체의 모든 조직으로 분화할 수 있는 능력을 지니고 있다가 필요한 부위에 꼭 필요한 조직만을 재생시키는 신비한 능력을 지닌 세포가 바로 줄기세포입니다. 설령 황우석 교수가 발표한 논문의 결과가 액면 그대로 성공한 것이었다 하더라도 몸에 꼭 필요한 조직만을 선택적으로 만들어 낼 수 있는 기술에 도달하려면 짧게는 몇 십 년에서 길게는 백여 년이 더 걸려야 한다는 것을 양심적인 생명과학자들은 잘 알고 있습니다. 아니 어쩌면 그런 기술은 영원히 개발될 수 없을지도 모릅니다.

난치병 환자를 치료할 수 있는 수준에 이르기에는 갈 길이 까마득히 먼 극히 초보적인 단계의 조작된 연구성과를 가지고, 마치 하반신 마비의 어느 댄스 가수가 금방 일어서서 뛰고 노래라도 할 수 있을 것처럼 허황된 꿈을 퍼뜨리고, 그것을 국익과 안보라는 이데올로기로 교묘하게 포장해서 온 백성을 속이고, 가뜩이나 고통스러워하는 많은 난치병 환자들에게 또 다시 깊은 실망과 좌절을 안겨줌으로써 그들을 두 번 죽이는 일을 했다는 데 황우석 교수 사건의 심각성이 있습니다. 생명의 주인이신 하나님께서 이래저래 상처 입은 우리 사회를 정말 평안하게 고쳐 주시는 2006년 한 해가 되기를 바랍니다.

2006. 1. 5.

스승의 날 유감

며칠 전, 스승의 날 휴일 덕분에 모처럼 아내와 아이들과 함께 순창 강천산에 나가 한나절 바깥바람을 쐴 기회가 있었습니다. 신록이 아직 채가시지 않은 숲 언저리, 좀 발빠르게 녹음을 챙겨 두른 짙푸른 나뭇잎 사이사이 이름도 모를 초여름 꽃무리들이 점점이 박혀 과연 "호남의 금강"이라는 별명을 얻은 산답게 고운 풍경, 그 아름다운 풍경을 배경으로 기념사진도 몇 장 찍었습니다. 아내와 아이와 함께한 오랜만의 나들이 기회가 주어져서 좋긴 했지만, 스승의 날 교사나 학생이나 학교에 나가지 못하고 쉬게 된 으지짠한 이유 때문에 마음이 아팠습니다. 사범대학을 나와 고등학교와 대학교에서 10년 간 제자들을 키우다가 30대 후반에 길이 바뀌어 목사로 살아가고는 있지만, 가르치는 과목이 국어에서 성경으로 바뀌었을 뿐, 여전히 무언가를 가르치는 길을 빠듯이 걷고 있는 저의 처지 때문에 더 그랬을 수도 있습니다.

초등학교부터 대학원을 졸업할 때까지 오늘의 제가 있기까지 많은 선생님들의 참 고마운 가르침이 있었습니다. 물론 선생님들도 사람인지라, 그분들의 인격적 미숙함 때문에 어린 제자에게 평생 씻지 못할 아픔과 상처를 남긴 분들도 어쩌다 한두 분 계셨지만, 그마저도 하나님께서 저를 다듬어 가시는 과정에서 저를 가르치시기 위해 세워 주신 어른들이었다는 것만은 도무지 부정할 수 없습니다. 살다 보니 자상하시고 친절하셨던 선생님들보다는 어쩌다 한두 분, 어린 마음에 아픔을 주셨던 분들의 반면교사 역할이 저를 훨씬 더 야무지게 다듬으시는 하나님의 손길이었음을 느껴 감사할 때가 많습니다. 나이 50이 넘어 이제는 까마득 높고 커 보였던 스승들과 함께 늙어 가는 처지가 되었으면서도, 선생님 앞에 서면 여

전혀 마음이 설레고 몸가짐이 조심스럽기만 한데, 부모 자식의 관계만큼이나 커다란 무게로 다가오곤 했던 스승과 제자의 아름답고 소중한 관계조차 오로지 지저분한 몇 푼 돈으로만 끝없이 환산하다가 마침내 뜻밖의 휴일 하루를 늘리는 일로 해법을 찾는 극히 단세포적인 일 처리의 치졸함 때문에 속이 상했습니다.

　지금은 별로 눈에 안 띄지만 몇 년 전만 해도 자동차를 몰아 주행하다 보면 길가에 푸른 색 웃옷에 하얀 바가지 모자를 씌운 형상으로 교통경찰관 모형을 만들어 세워놓은 장면을 심심찮게 볼 수 있었습니다. 단속이 좀 뜸하다 싶으면 슬금슬금 교통법규를 어기는 사람들도 문제지만, 그처럼 치사한 방법으로 국민들을 통제하려 드는 행정가들의 으지짠한 생각이 저는 더 한심했습니다. 가을 들판에 허수아비를 세워 참새를 쫓듯, 교통경찰관 인형으로 온 백성을 참새 취급하는 듯하여 그 곁을 지날 때마다 은근히 부아가 치밀었는데 이번 스승의 날에도 종일 엇비슷한 생각이 들었습니다. 하루 학교를 쉬면 뇌물성 촌지가 없어질 것이라는 짧은 생각으로, 그때그때 손쉬운 대증처방을 찾기 위해 마음을 쓰는 사이, 정말 뼛속 깊이 새겨야 할 스승과 제자 사이의 아름다운 정까지 허망히 땅에 묻어버리는 것은 아닌가 몹시 조심스럽기 때문입니다.

2006. 5. 18.

나만의 휴가법을

　최근 한-미 FTA 협상의 어지러운 과정에서도 보듯이, '산업화', '정보화'에 뒤이은 '세계화' 바람이 온 지구촌에 거세게 불면서 어느 민족이나 나라가 갖고 있는 아주 독특한 문화나 가치가 점차 사라져 가고 있습니다. 인류가 다 함께 떠안고 해결해야만 할 중요한 과제를 민족과 나라를 떠나서 함께 지혜와 힘을 모아 풀어나가는 일은 대단히 중요합니다. 예컨대 지구 전체를 오염시키는 심각한 환경문제, 지구온난화에 따른 기상 이변에 함께 대처하는 일 등은 어느 한 나라나 민족의 수고와 노력만으로는 큰 효과를 기대할 수 없기 때문에 좀 더 거시적인 각도에서의 접근이 꼭 필요합니다. 문제는, 그런 흐름의 부작용으로 민족 고유의 아름다운 문화나 개성이 점차 사라져 감으로써 인류 문화의 풍성한 다양성과 깊이가 점차 희박해져 간다는 점입니다.

　지구촌 모든 나라를 다 돌아본 것은 아니지만, 나라 밖을 돌아볼 몇 차례의 기회가 있어 해외 나들이를 하면서 참으로 안타까웠던 것은, 떠나기 전에 마음을 한껏 설레게 하던 이국의 풍물 곧 그 나라 고유의 문화와 풍토를 접하기가 대단히 어렵다는 점이었습니다. 이른 바, 우리나라에서는 도무지 볼 수 없는 어떤 것, 오직 그 나라 그 지역에서만 보고 경험할 수 있는 삶의 독특한 양식, 우리 민족과는 또 다른 민족들이 오랜 세월 갈고 닦아 고이 간직해 온 참으로 소중한 문화 자산들을 모처럼만의 나들이 기회에 경험하고 싶은 마음속 깊은 곳의 욕구가 전혀 채워지지 못한 채, 어디 가나 그게 그거인 아주 상식적인 것들, 굳이 돈들이고 나라 밖까지 나가지 않고 우리 주변에서도 흔히 볼 수 있는 것들이 거의 대부분이었습니다.

어느 나라를 가도, 도로변에 현대식으로 새로 지은 건물들의 건축양식이 다 거기서 거기고, 사람들의 살아가는 삶의 양식이나 문화적인 형태도 거의 다 엇비슷합니다. 공항의 모습이 다 그렇고, 아스팔트 포장도로에 그어진 흰색 차선 표시나 신호등의 체계도 거의 똑같습니다. 어쩌다 들른 기념품 가게에서 틈만 나면 눈속임으로 폭리를 취하려는 야박하고 얄팍한 상혼을 만나게 되는 것도 거의 마찬가지입니다. 거리 뒷골목을 서성거리는 십대들의 움직임 역시 천부적인 피부색과 골격을 제외하고는 우리나라의 십대들의 움직임과 특별히 다른 점이 잘 보이지 않습니다. 세계화가 편리한 것일지는 몰라도 세계문화를 천박하게 획일화시킬 위험성이 아주 높다는 점에서 그리 반가운 일은 아닙니다.

　또 다시 휴가철입니다. 휴가철이면 도심이 텅텅 빈다는 뜻의 외래어를 따서 '바캉스'의 계절이라고도 합니다. 도시가 비는 대신 관광지는 몰려드는 인파로 몸살을 앓습니다. 시골 아주머니 아저씨들을 가득 태우고 내달리는 관광버스 속 아줌마들의 관광버스 춤이 다 똑같듯이, 남들처럼 휴가를 즐기지 못하면 큰일 나는 줄 아는 사람들의 생각, 모처럼 만의 휴가 끝에 완전히 파김치가 되어버리는 흐름 역시 똑같은 것 같습니다. 이제부터는, 다른 사람은 도무지 흉내도 낼 수 없는 나만의 뜻 깊고 독특한 휴가법을 지혜롭게 창조해 보시면 어떻겠습니까?

2006. 7. 27.

전자계산기와 주판

몇 백 년 또는 몇 천 년 뒤의 지구촌을 배경으로 한 SF영화를 보면 사람들의 생김새가 지금과는 전혀 다른 모습으로 그려지는 것을 볼 수 있습니다. 허무맹랑한 진화론을 전제로 한 탓이겠지만 영화에 등장하는 사람들의 머리통이 엄청나게 크고 다른 기관들은 형편없이 작아진 기괴한 모습으로 나타납니다. 오직 '편리함'만을 최고 덕목으로 생각한 나머지 모든 생활도구들이 기계화되어 가는 과정에서 손과 발을 꼼지락거릴 일이 차차 적어지는 흐름을 극단적으로 유추해낸 결과 그런 인물상을 창출했을 것입니다. 어쨌든 인간의 몸은, 사용하지 않는 기능은 차츰 쇠퇴해 버리는 참으로 신비한 생명체입니다.

고등학생 시절, 가난한 집안 형편 때문에 대학에 진학할 꿈을 접은 채 은행원을 목표로 삼고 지냈던 적이 있습니다. 그때만 해도 대학을 졸업하는 사람의 비율이 고교졸업생의 10% 정도였기 때문에 고교 졸업장을 가지고도 은행에 입사할 수 있는 길이 있었기 때문입니다. 은행에 취업하기 위해서 열심히 복식부기를 공부하여 자격증을 딴 다음 주산 또한 열심히 훈련하여 고등학교 1학년말에 2단 자격증을 받았습니다. 주산 유급자 시험과 달리 유단자 시험에는 암산 종목이 있어서 암산 종목의 점수가 나오지 않으면 유단자가 될 수 없었습니다. 주산 7단이나 8단 정도가 되면 십억 단위 15줄로 되어있는 덧뺄셈 문제 10개를 암산으로 답을 내는 데 약 10초 정도밖에 걸리지 않았습니다. 당시 처음 나오기 시작한 전자계산기의 달인과 주산 고단자들의 연산능력을 비교하는 시합이 종종 있었는데 전자계산기를 아무리 빠르게 두드려도 주산 고단자들의 암산능력은 도무지 따라잡지 못했습니다. 그런데 지금은 어떤 은행에서도 주판을 사용하지 않게 되었습니다. 저 또한 전자계산기를 만지는 시간이 늘어남에 따라 주산 2단의 알량한 암산 능력마저 거의 바닥나고 말았습니다.

내내 사용하던 PDA에 네비게이션 기능이 추가되면서 두어 달 전부터 그것을 사용하기 시작했는데 오늘날 위성정보통신이 얼마나 많이 발달했는지를 실감할 수 있었습니다. 네비게이션의 길 안내가 너무도 세밀하고 정확해서 현지에 사는 사람들보다 훨씬 더 효율적인 길잡이가 되는 것에 감탄하는 한 편, 네비게이션에 의존할수록 한두 번 지나온 길을 거의 기억하지 못하는 저 자신을 발견하고 깜짝 놀랐습니다. 공수특전단 장교로 군복무하던 시절 천리행군 때마다 강원도 태백산맥의 험산들을 지도와 나침반 하나만 달랑 들고도 내집처럼 잘도 찾아 다녔고, 평소 길눈이 유난히 밝다는 소리를 늘 들으며 지냈는데 이대로 가다가는 저 또한 '길치'가 되지나 않을까 은근히 조심스럽습니다. 핸드폰에 전화번호들을 기억시키기 시작하면서 줄줄이 외우던 지인들의 전화번호가 거의 기억나지 않는다는 사람들의 탄식에서도, "전능하신 하나님이 하시는 일과는 달리 인간이 하는 일은 늘 생명과 죽음을 동시에 가져온다"는 어느 신학자의 예리한 지적이 생각납니다. 앞을 향해 내달리는 틈틈이 한 번씩 짐짓 뒷걸음질하는 삶의 지혜가 더더욱 필요한 시대입니다.

2006. 8. 3.

수능백년지대계?

미국 유명 대학의 대학원에 유학간 한국학생이 고속도로에서 교통사고를 당했습니다. 고속도로를 순찰하던 미국 경찰관이 다가와 심각한 표정으로 "Are you OK?"라며 묻자 중상을 입은 그 한국유학생이, "I'm fine. thank you, and you?"라는 말 한 마디를 마지막으로 남기고 숨졌다는 웃지 못할 우스갯소리를 들은 적이 있습니다. 역시 국내 명문대를 졸업하고 토플 고득점자로서 미국 유학을 간 어떤 청년이 햄버거를 사러 햄버거 가게에 갔다가, 점원이 "여기서 먹을 겁니까, 싸 갖고 가실 겁니까?"라고 묻는 말의 영어식 표현 "Here or to go?"를 못 알아들어 망신을 당했다 합니다. 햄버거가게 점원이 이 말을 빠르게 연음 처리하여 "히어러두고우"로 발음했기 때문입니다.

우리나라 교육의 가슴 아픈 이면을 아프게 곱씹어보게 하는 이런 예화를 들을 때마다 가뜩이나 무거운 마음이 더더욱 납덩이가 되는 느낌입니다. 교육을 일컬어 '국가백년지대계'라고 말은 잘들 하는데, 그처럼 중요한 교육을 도대체 왜 하는 것인지에 대한 바른 대답을 전혀 하지 못합니다. 그냥 '잘 먹고 잘 살기 위해서'라고 말하면 차라리 솔직하겠습니다만, 조금만 깊이 생각해 보면 검은 속이 빤히 들여다보이게 말도 안 되는 궤변과 억지로 교육에 대해 그럴싸한 말잔치만 즐겨 하는 듯하여 많이 조심스럽습니다. 교육이 무엇인지, 교육을 왜 해야 하는 것인지, 또 어떻게 해야 하는지에 대한 진지한 고민은 이미 그 의미를 잃어버린 지 오래되었습니다. 학교에 다니는 이유는 '오직 대입수능 고득점과 취직을 위해서'라는 답 외에 다른 답을 거의 내놓지 못하는 현실입니다.

사람이 사람답게 살기 위해서, 우리가 사는 세상을 조금 더 밝고 아름답게 만들기 위해 작은 일 하나라도 책임을 지고 나보다 약한 이웃을 도울 힘을 얻기 위해, 진리를 탐구하기 위해 공부하는 것이라고 말하는 사람들은 세상 물정 전혀 모르는 바보로 욕 얻어먹기 좋은 세상입니다. 신학공부를 하기 전 한 10년 정도 고등학교와 대학교에서 국어와 국문학을 강의한 적이 있었는데, 국어선생의 한 사람으로서, 창의적인 글을 쓰고 독창적인 말을 할 줄 아는 사람을 제대로 길러내지 못한 죄책감이 지금도 제 가슴에 있습니다. 수능을 대비하여 시를 배우고 나면 시를 전혀 쓰지 못하게 되고, 소설을 배우고 나면 소설을 싫어하게 만드는 못된 교육에 가담한 죄가 작지 않다고 생각하기 때문입니다.

학교에서 매일 일과 후 하는 청소도, 왜 청소를 해야 하며, 어떻게 청소를 해야 하는가에 대한 생각이 전혀 없이, 그저 선생님들에게 검사 받고, 장학검렬 받기 위해 하는 것이 청소인 줄 알고 하기 싫어도 그냥 하면서 컸고, 왜 일기를 써야하는지에 대한 고민이 전혀 없이, 숙제검사에서 점수를 잘 받기 위해 일기가 아닌 소설을 쓰며 자랐습니다. 운동선수들도 운동을 왜 해야 하는가에 대한 생각이 전혀 없이 그저 대학진학을 위해, 운동선수로서의 기초를 채 다지기도 전에, 수단방법 가리지 않고 점수 따서 이기는 시합을 하기 위해서만 운동을 했습니다. 3-40년 전 제 학창시절의 낯 뜨거운 몸짓이 꽤 많은 세월이 흐른 지금까지도 교육현장에 여전히 있으며 오히려 날이 갈수록 그 지저분한 경쟁체제가 신자본주의의 매혹적인 멍석 위에서 더 심화되고 고착되어 가는 상황에서 민족의 장래를 도무지 낙관하기 힘든 현실이 답답할 뿐입니다.

2006. 12. 7.

철새의 계절

지난 가을에 금강 하구 둑에 한 번 다녀왔습니다. 새만금 개펄에 철새 떼가 많았다지만 바쁘다는 핑계로 방조제가 막히기까지 그곳에서 철새 구경을 단 한 번도 한 적이 없는 터라 비교할 대상이 없어서 그런지, 처음 보는 철새 떼, 그 유명한 서해안 노을을 배경 삼아 땅거미 질 무렵부터 밤을 틈타 열심히 어딘가로 날아가는 철새의 몸짓은 그야말로 장관이었습니다.

얼마 전 익산에서 발생한 의사조류독감으로 양계농장과 오리농장이 큰 타격을 받아 많은 이들이 실의에 빠져 있고 이어 김제 지역으로까지 피해 지역이 확대되면서 메추리 사육농가까지 심각한 타격을 입으면서 이 조류독감의 전염경로를 이리 저리 탐색하는 중에 '철새' 를 의심하는 이들도 있었습니다. 뉴스를 들으며, 발병 원인을 뜬금없이 철새 탓으로 돌려 책임을 교묘히 회피하려는 당국자들의 안일한 생각 탓에 애꿎은 철새들이 참 억울하게 됐다는 생각을 했습니다. 이번과 같은 조류독감이 아니더라도, 언제부터인지 또 무슨 까닭에서인지 우리 사회에서 '철새' 라는 이름은 늘 부정적인 인상을 주는 쪽으로 각인돼 왔습니다. 만일 사람처럼 '국제철새협회' 라는 게 있다면 협회 차원에서 사람을 명예훼손죄로 고발해도 할 말 없을 정도로 '철새' 의 이미지는 어둡게만 채색되어 왔습니다. 철따라 살기 좋은 곳을 찾아 외롭고 먼 길을 돌아다니다 생을 마치도록 하나님께서 그리 만드셨기 때문인데, 아무튼 철새 입장에서는 얄팍하고 처세에 능한 한심한 인간 철새들 덕분에 참 속상하고 억울하게 되었습니다.

한 해의 끝자락에 서서 한 해를 돌아볼 때마다, 짧디 짧은 한 해를 일관

되게 사는 일도 쉽지 않다는 것을 절실하게 느낍니다. 하물며 한 평생 흔들림 없이 처음 먹은 마음, 처음 지녔던 진지하고 성실한 자세를 끝까지 유지하고 사는 일은 더더욱 힘들 것 같습니다. 연말이라 가뜩이나 어수선한데, 내년 대선을 앞두고 정계의 개편 움직임이나 새로운 줄서기 움직임이 여기저기서 엿보이면서 어김없이 나타나는 '인간 철새'들 때문에 또다시 애먼 '철새'들이 욕을 먹고 있습니다. 우리나라 사람들이 그토록 좋아하는 미국에서는 한 번 공화당원은 평생 공화당원이고 한 번 민주당원은 특별한 이유가 없는 한 평생 민주당원으로 산다고 들었습니다. 그리고 평생 변치 않는 그 소신과 의지가 균형을 이루면서 미국사회가 진보와 보수의 두 바퀴로 잘 구른다는 평도 있습니다.

선거 과정에서, 후보가 별 마음에 들지 않아도 그의 소속 정당을 보고 한 표를 주는 때가 많습니다. 그런데도 당선만 되고 나면 유권자의 허락도 없이 제 맘대로 인간적인 이해득실을 따져 소속정당을 바꾸는 철새정치인들을 숱하게 보며 평생 가슴앓이를 해 왔습니다. 주민소환제가 당장 어렵다면 당선된 다음 유권자의 허락 없이 정당을 바꾸지 못하게 하는 제도적인 안전장치라도 서둘러 마련해야 할 것 같습니다. 그조차 어렵다면, 진짜 철새들이 억울하지 않도록 선거과정에서 소신도 정치철학도 없이 명예욕에만 눈이 먼 인간 철새들을 분별하는 안목과 지혜가 유권자들에게 있어야만 할 것입니다.

2006. 12. 21.

사람과 문명의 거리

    사람의 몸은, 늘 사용하는 부분은 계속 탄탄해지지만 쓰지 않는 기관의 기능은 점차로 떨어지는 속성이 있습니다. 그러나 운동 자체가 엄밀한 의미에서는 근육에 고통을 주는 일이기 때문에 꾸준히 운동을 해서 몸을 관리하고 돌보기가 여간 어려운 일이 아닙니다. 운동을 해야만 한다는 것을 너나없이 잘 알면서도 그것이 말처럼 쉽지 않은 이유는 오랜 시간 스스로 몸의 어떤 부위에 부담을 주는 일이 몹시 힘들기 때문입니다. 사람은 본능적으로 편히 먹고 쉬고 놀고 싶은 욕구를 갖고 있기 때문이기도 합니다.

    고등학교를 졸업한 뒤에 은행원이 될 꿈을 안고 살았던 고등학교 1학년 말에 저는 주산 2단 자격증을 받았습니다. 주산 유단자가 되려면 암산능력을 인정받아야만 합니다. 그때만 해도 요즘 같은 전자계산기가 발명되지 않았기 때문에 은행원이 되기 위해서는 복식부기와 주산 능력이 꼭 필요했습니다. 모든 현금 입출 상황을 전부 손으로 일일이 장부에 적고, 전표를 만들고, 하루 영업이 끝나 은행 문을 닫은 오후 5시 부터 하루 출납 현황표의 수입과 지출이 완전히 맞아떨어질 때까지 은행직원들은 퇴근을 못했습니다. 그런데 전자계산기가 들어오면서부터 은행원이 되는 데 주산이나 암산 능력이 별 필요가 없게 되고 말았습니다. 저 또한 오랫동안 암산을 안 하다보니 요즘은 몇 안 되는 숫자를 가지고도 헤매다가 혼자 쑥스러울 때가 많습니다.

    얼마 전까지만 해도 사업하시는 분들은 고객들의 주요 전화번호를 수백 개, 많은 분들은 천여 개까지 외우고 다녔습니다. 지역 전화국의 교환원들은 거주지 안 거의 모든 전화번호를 환히 꿰고 있다 했습니다. 그런데 요즘 우리가 들고 다니는 이동전화기에 천 개가 넘는 전화번호를 입력시켜 그것에 의지하기 시작하면서부터는 심할 경우 가족들의 전화번호까지 가물가물할 때가 있습니다. 위성통신이 발달하면서 웬만한 운전자는 하나씩 갖고 있는 내비게이션에 의지하기 시작하면서부터 꽤 밝던 길눈이 점차로 어두워지는 것을 종종 경험합니다. 예전엔 한 번만 지나가도 환히 알던 길을, 요즘은 몇 번을 지나다니고도 늘 새로운 길에 들어선 것 같은 착각에 자주 빠집니다.

망원경도 현미경도 비행기도 자동차도 전화도 컴퓨터도 없던 시절에 살던 옛날 분들은 그런 점에서 하나님께서 인간에게 주신 예지력이나 직관력이 우리들보다 훨씬 더 뛰어났다고 생각합니다. 수천 년 전에 날씨와 별자리를 깊이 들여다보고 만들어낸 음력 달력이 계절의 변화에 훨씬 잘 들어맞는 것을 보아도 그것을 알 수 있습니다. 그저 뛰어난 문명의 도구 몇 가지가 더 있다고 해서 우리 시대가 옛날보다 앞서 있다는 생각은 너무 교만하기 짝이 없는 것입니다. 메일이 아니라, 단 몇 줄이라도 손으로 쓴 편지를 받아들면 더 깊은 감동이 오는 이유, 출근 전 또는 퇴근 후에 자동차를 세워두고 열심히 걷기 운동을 하는 이유도 어쩌면 거기에 있을 것입니다. 성능 좋은 기계와 적절한 거리를 조금 더 두고 사는 것, 사람답게 사는 지름길일 것 같습니다.

2007. 2. 8.

봄꽃을 보며

　　지구 온난화 현상 때문에 우리나라도 어느덧 아열대 기후 권에 들어간 듯합니다. 제주도에서만 살 수 있다던 야자수가 이미 남해도까지 북상한 것과, 한 겨울에도 강과 호수에 물이 잘 얼지 않는 것, 한 여름 느닷없이 쏟아지는 비가 열대성 호우와 엇비슷하다는 사실에서 그런 생각을 하게 됩니다. 앞으로 2-30년 뒤에는 한반도에서 소나무, 대나무가 사라질 것으로 전망하는 환경 전문가들도 많습니다. 그래서인지 요즘 같은 봄철에, 어느 동네 어느 집을 가도 곳곳에 아열대 지역 뺨칠 만큼 화사한 봄꽃들이 참 많이도 피어 있음을 알 수 있습니다. 최근 몇 년 사이, 여기저기 빈 터에 누군가가 꽃나무들을 참 많이 심어놓았기 때문일 것입니다. 어쩌다 출장길에 고속버스를 타고 여행을 하다보면 차창 밖으로 끝없이 이어지는 황홀하리만치 이쁘고 고운 꽃들이 가득 심어진 길을 보며 마치 꿈속에서 꽃길을 걷는 듯한 착각에 빠질 때도 많습니다.

　　딱딱하고 예리하게 각진 시멘트 건물에 너무 싫증이 난 까닭인지 요즘은 집이나 사무실 건물을 지을 때도 예전 우리네 시골의 곡선미를 어떻게든 살리려는 의도가 엿보이는 아기자기한 건축물들도 제법 눈에 뜨입니다. 각종 언론매체나 사람들의 입에서 끊임없이 '친환경' 이니 '자연 친화적' 이니 하는 말들이 약방의 감초처럼 등장합니다. 요즘 들어 부쩍 세력을 키워가고 있는 '웰빙' 이라는 낱말도 '친환경' 또는 '자연 친화적' 이라는 낱말과 의미상 친족관계에 있는 듯합니다. 인간의 손길이 채 닿기 전의 자연 그대로의 세상이 사람에게 더 좋다는 것을 각종 과학기술의 발달 덕에 잘 알게 되었기 때문입니다. 먹을거리와 관련해서 '유기농' 이라는 말도 자주 들려옵니다. 인공 성장촉진제나 그 밖의 여러 가지 인공 비료

나 농약을 쓰지 않고 생산된 먹을거리를 '유기농 농산물'로 특화시켜 꽤 비싼 값에 그것을 사고팝니다. 모양이 좀 안 좋고 생산량이 좀 떨어지더라도 유기농으로 재배 생산한 식료품들이 사람 몸에 더 좋다는 것을 너나 없이 잘 알기 때문일 것입니다. 저희 전주열린문교회당 주변에 아기자기하게 지어진 단독주택들은 건축물의 모양새는 말할 것도 없고, 주택 주위 빈터를 아주 잘 활용하여 참으로 곱고 예쁘게 자그마한 정원들을 어찌 그리도 잘 가꾸어 놓았는지, 휴식 시간에 취미 삼아 사진 찍기를 좋아하는 저에게 더없이 좋은 소재가 되고 있습니다.

예쁜 꽃만큼이나 '자연 친화적인 환경'을 무던히 좋아하는 우리들의 모습을 보면서 다만 한 가지 잘 이해되지 않는 것은, 심각한 환경재앙이 분명히 예견됨에도 불구하고, 훨씬 더 거대한 범위의 소중한 자연환경을 무차별 파괴하며 욕심껏 난개발을 하면서도, 자기 집 주변의 작은 화단과 식탁만은 자연 친화적으로 열심히 가꾸려는 사람들의 도무지 앞뒤가 안 맞는 태도입니다. 그런 태도, 초대형 백화점에서 아주 비싼 옷은 거침없이 사면서도 백화점 앞 노점상 할머니한테서는 콩나물값 100원을 야무지게 깎는 부잣집 마나님의 몸짓만큼이나 이해하기 어렵습니다. 아마 제 머리가 나쁘기 때문일 것입니다.

2007. 4. 26.

우리들의 네티켓

작년 요맘때쯤에 한동안 '인터넷 실명제'에 대해 말이 많았었습니다. 한쪽에서는 최소한의 인권을 보호하기 위해서라도 인터넷 실명제는 꼭 필요하다는 생각을 하고, 또 다른 한 쪽에서는 개인의 말할 권리를 보장하기 위해서는 그럴 필요가 없다고 생각했습니다. 사생활을 보호받을 권리와 개인의 말할 권리 가운데 어느 것이 더 먼저냐 하는 논쟁은 결국 별다른 뚜렷한 결론이 없이 흐지부지 되고 말았지만, IT강국인 우리나라에서 이 문제는 앞으로도 끊임없이 논란거리가 될 가능성이 매우 높아 보입니다.

인터넷 세상에 저희 전주열린문교회 홈페이지를 선보인 지 벌써 꽤 오래되었습니다. 홈페이지의 처음 틀을 짜는 일부터 시작해서 오늘까지 홈페이지를 관리하고 운영하는 책임을 맡은 저로서는 날카롭게 맞서는 이 양쪽의 주장 가운데 어느 한 쪽을 편들기가 솔직히 몹시 어렵습니다. 처음에는, 교회는 무조건 열려 있어야 한다는 생각에서 홈페이지 안에 있는 모든 정보와 자료를 마음껏 살펴보고 자료를 내려받을 수 있도록 했습니다. 그러나 저희 교회 홈페이지가 차차로 알려지기 시작하면서 하루에도 여러 건씩 프로그램에 의해 상업성 광고나 음란사이트 자동연결 글들이 올라오기 시작했고, 그러면서 홈페이지에서 추한 내용의 글을 정리하고 청소하는 일의 비중이 차츰 커져 갔습니다. 어떤 때는 도무지 삭제할 수 없게 만든 낯 뜨거운 화면들이 교회 홈페이지에 등록이 되고, 깊은 밤중에 서버관리업체 직원을 깨워 한 사람이라도 더 보기 전에 프로그램을 바로잡기도 했습니다. 지금까지 서너 차례 홈페이지를 갱신하고 기능을 상향조정하면서 지금은 어쩔 수 없이 '회원제'로 전환하여 실명으로

로그인한 다음에 홈페이지를 열람하도록 운용체계를 바꿨습니다. 안전하고 자잘한 청소를 하지 않아도 되는 편리함이 있는 반면에, 그 전보다는 홈페이지의 활력이 약간 떨어지는 안타까움 때문에 여전히 고민은 많습니다.

네티즌들이 충분히 흐름을 정리해 나갈 수 있는 자정력이 있으므로 굳이 실명제를 할 필요가 없다는 생각에 저도 얼추 동의하면서도 솔직히 건전한 토론문화의 기초가 허약하기 그지없는 우리 사회의 네티즌 예절은 아직도 수준 이하라는 생각을 하게 될 때가 너무 많습니다. 내 얼굴이 잘 드러나지 않고, 인터넷에 올린 글에 대해 그다지 무거운 책임을 지지 않아도 된다는 속 편한 생각 때문에, 1:1로 마주 앉아서는 차마 입에도 올리지 못할 상스러운 욕설과 비방, 그리고 허위사실을 만들어 퍼뜨림으로써 때로는 한 인간이나 공동체의 인격과 삶을 한 순간에 황폐화시키는 무지막지한 일들이 여전히 많습니다. '아니 땐 굴뚝에 연기 나랴?' 는 순진한 생각을 하는 사람들 덕분에 흑색선전이 50% 정도는 효과가 있다는 추악한 생각을 갖고 있기 때문일 것입니다. '욕플, 악플' 에 시달리던 젊은 여배우가 악플로 자신을 괴롭힌 네티즌 수십 명을 결국 고소했다는 소식이 들려오는데, 이 사건이 IT 강국의 네티즌다운 고상한 품격을 회복하는 아주 값진 전환점이 되기를 바랍니다.

2007. 5. 24.

책과 길

팀 로빈스, 모간 프리먼이 주연하고 프랭크 다라본트 감독이 연출한 영화 "쇼생크 탈출"의 마지막 부분, 쇼생크 교도소를 주인공 앤디가 탈출한 다음 악덕 교도소장이 앤디로부터 넘겨받은 성경책 속표지에 "당신 말대로 이 책 속에 길이 있었다"는 내용의 메모지가 들어 있었습니다. 자신의 악행을 덮는 도구로 기독교인의 신분을 교묘히 활용하며 살고 있던 교도소장이 앤디가 들고 다니던 성경책 속을 황급히 열어보는 순간, 그는 그만 넋이 나가버리고 말았습니다. 그도 그럴 것이, 성경책 속을 교묘하게 파내고 그 속에 십몇 년 간 교도소 석회암 벽면을 뚫는 데 사용한 망치를 넣고 다닌 홈이 깊숙이 패여 있었기 때문입니다. '책 속에 길이 있다'는 말을, 기독교적인 입장과는 전혀 달리 문자적으로 적용하기는 했지만, 팀 로빈스가 열연한 영화 속 주인공 앤디의 그 말은 영화를 본 많은 사람들의 가슴에 오랫동안 남았을 것입니다.

하루에도 수십, 수백 권씩의 여러 가지 책들이 서점가에 새로 쏟아져 나오고 있습니다. 그러나 부끄럽게도 OECD 가입 국가 중에서 연평균 독서량이 제일 적은 나라가 바로 우리나라입니다. 국민 1인당 연평균 두 권의 책도 못 읽기 때문에 대부분의 국민들이 거의 책을 읽지 않고 산다고 해도 과언은 아닐 것입니다. 이런 풍토에서 많은 출판사들이 영세성을 면치 못하게 되고, 그런 탓에 어떻게든 대중적인 기호에 맞춰서 상업성이 있는 책만을 만들려고 출판사들이 경쟁하는 과정에서, 정말 꼭 나와야 할 책은 나오지 못하고, 정말 꼭 살아남아야만 할 출판사들이 줄줄이 도산하고 있습니다. 적당히 대중의 기호와 취미에 발맞추어 출판을 기획하고, 그렇게 해서 펴낸 어떤 책들이 사람들의 관심을 좀 끈다 싶으면 어김없이 여기 저기 다른 출판사들이 비슷한 종류의 책을 거침없이 쏟아내고, 그래서 또 다시 다함께 망하는 길로 들어서곤 합니다.

그동안 저도 몇 권의 책을 펴냈기에 출판계의 흐름에 아주 문외한은 아니라 할 수 있습니다. 서점가에 쏟아져 나오는 신간서적들을 대략, 저자나 작가를 위한 책과 독자를 위한 책의 두 부류로 나눌 수 있다고 생각합니다. 다시 말하면, 책의 내용이 어떻든 상관없이 글쓴이의 이름과 명함을 내기 위해 만들어지는 책과, 순전히 독자들의 필요에 따라 독자들을 도와 좀 더 나은 삶의 길로 이끌어 주는 책다운 책이 따로 있는 것입니다. 대체로 저자를 위한 책들은 장기적인 출판 기획에 의해 만들어진 것이 아니기 때문에 그 내용도 형편없고 기껏해야 저자 개인의 신변잡기나 다소 부풀려진 인생 여정을 그린 것들이 대부분입니다.

선거철이 다가올 때마다 정치판에서 이름을 내보고 싶어 하는 유력인사들의 각종 출판기념회가 줄을 잇습니다. 지지자들이 나눠 먹기식으로 그저 체면치레로 한 권 사 주고는 나중에 단 한 줄도 읽지 않고 버릴 책, 출마하는 이의 이력에 빛나는 한 줄을 더 써넣기 위해 서둘러 만든 책들은 오히려 건전한 출판문화에 심각한 걸림돌이 될 뿐 도움이 전혀 되지 않습니다. 그런 책 속에는 우리가 눈 여겨 볼만한 뜻 깊은 길이 거의 없기 때문입니다.

2007. 5. 31.

수고의 땀을 흘려야

우리나라 개화기에, 조선 땅에 처음 들어온 서양 사람들이 마을 빈터에서 땀을 뻘뻘 흘리며 공을 차는 모습을 시원한 모정에서 담뱃대 길게 물고 활활 부채질을 하면서 물끄러미 지켜보던 우리네 양반들께서, "저렇게 힘든 일은 아랫것들 시키면 될 것을 저리 고생들을 해 쌓는다"며 혀를 끌끌 차셨다 합니다. 대학교 2학년 때쯤으로 기억되는 어느 여름날, 긴 여름 방학 기간에 무슨 일로 대학 캠퍼스에 잠시 들렀다가 때마침 한 데 모인 몇몇 친구들과 신나게 농구시합을 한 판 하는데, 운동장 아주 가까운 그늘에서 어느 할아버지 한 분이 우리가 시합하는 것을 뚫어져라 지켜보고 계셨습니다. 전반전이 끝나고 잠시 쉬는 사이 주전자에 떠다 놓은 물을 벌컥벌컥 들이켜고 있는데 그 할아버지께서, "어이 학생, 이 불볕더위에, 저기 저 구녁에다가 넣으면 빠지고 넣으면 빠지고 하는 것을 거 뭐하러 그렇게 자꾸만 넣어 쌓나?"라고 말씀하시며 사뭇 진지하게 물어오시는 바람에 한바탕 웃음바다가 된 적이 있습니다.

저희 전주열린문교회당이 완산칠봉 산자락 아래에 있어서, 매일 새벽부터 밤늦게까지 교회당 주변에서 열심히 걷고 뛰는 분들을 볼 수 있습니다. 옛날에는 사는 것 자체가 곧 운동이어서 특별히 무슨 운동을 해야만 건강을 유지할 수 있다는 생각을 별로 하지 않았습니다. 탈 것이 별로 없으니 멀리 읍내나 면소재지의 장터에 오갈 때도 적어도 십 리 이십 리 길은 늘 걸어 다녀야 했습니다. 아이들이 학교에 오갈 때도 줄잡아 매일 이십여 리 거리는 걸어 다녀야 했습니다. 별다른 놀이기구가 없으니 늘 서로 몸을 부대끼고 몸을 맞대는 놀이를 하며 자랐습니다. 그랬는데, 말 타면 경마 잡히고 싶다는 속담처럼, 각종 탈 것이 많이 발달하여 생활이 무척 편리해지자 이제는 사람들이 아예 한 100미터만 떨어져 있어도 '참 멀다'는 생각을 하기 시작했습니다. 원격조종장치들이 발달한 까닭에 텔레비전 채널 하나 바꾸는 수고도 손가락 끝으로 단추 하나 살짝 누르는 것으로 해결됩니다. 예전보다 먹는 것은 훨씬 풍성해지고 몸을 놀릴 기회는 계속 줄어들어서 길거리에서 아주 어린 아이들 가운데서도 뚱보를 찾아내는 일은 그리 어렵지 않게 되었습니다.

사농공상(士農工商)의 신분계급 의식이 아직도 남아서, 직업조차도 육체노동이 따르는 일은 천한 것이고, 넥타이 매고 책상에 앉아 펜대나 굴리는 직업은 고상한 것이라는 그릇된 관념이 여전히 우리 사회의 밑바닥에 짙게 깔려 있습니다. 직업에 귀천이 없고, 어쩌면 열심히 육체노동을 하며 사회의 어두운 곳에서 일하시는 분들에게 훨씬 더 많은 수고의 대가가 지불되어야 함에도 아직 우리 사회는 그렇게까지 성숙하지는 못했습니다. 이마에 땀이 흐르는 수고를 해야만 살 수 있다는 성경말씀이 진리라는 사실은, 사람들이 헬스클럽이나 피트니스 클럽을 출입하며 비싼 돈을 내고 열심히 땀 흘리는 모습에서 확인할 수 있습니다. 평소 일을 할 때 좀 더 열심히 몸을 움직일 기회를 찾아 꾸준히 땀을 흘리는 삶을 꾸려 가는 지혜를 발휘해야 할 것 같습니다.

2007. 6. 7.

복사 인생?

죄로 부패한 인간의 악한 본성 때문에, 애나 어른이나 땀은 조금 흘리고 열매는 더 많이 거두기를 좋아합니다. 다른 사람이 나보다 더 많은 열매를 거두는 것도 몹시 싫어합니다. 세상살이의 잔 때가 별로 묻지 않은 듯한 아주 어린아이들도 거의 동물적인 본능으로 거짓말과 자기합리화를 아주 능숙하게 잘합니다. 어른들이 빤히 지켜보고 있었는데도, 눈앞의 어른들을 무시하고 조롱이라도 하려는 듯이 눈 하나 깜짝 않고 거짓말을 해 댑니다. 그런 아이들에게 꿀밤을 먹이는 어른들 또한 몇 배나 더 추하고 지저분한 마음가짐으로 세상을 사는지 모릅니다. 철이 든다는 것은, 곧 비교적 때가 덜 묻은 동심을 버리고 세상살이 처세의 잔재주가 늘어간다는 것을 가리킵니다.

얼마 전, 어느 종합대학 앞에 있는 복사소에 맡겨놓은 자료를 찾으러 갔습니다. 마침 기말고사 기간이어서 복사소 안은 몹시 북적거렸습니다. 조용히 서서 제 차례가 되기를 기다리고 있었는데, 아주 곱살하게 생긴 어떤 여학생 하나가 무언가가 빼곡히 적힌 종이 몇 장을 들고 몹시 급하게 뛰어 들어오더니 "급하다 급해"를 연발하며 줄 서 있는 사람들은 전혀 보이지 않는 것처럼 맨 앞쪽 복사기 있는 데로 가서 복사소 주인에게 "시간 없으니 이 자료 좀 빨리 축소복사해 달라"며 떼를 썼습니다. 줄 서 있는 사람들이 모두 다 불쾌한 표정이었지만 급하다는 통에 크게 불평하는 사람은 없었습니다. 요즘 젊은이들 말로 몸짱 얼짱은 너끈히 돼 보일 만큼 예쁘게 생긴 이 여학생은, 줄 서서 기다리는 고객들의 눈치를 이리저리 살피면서 복사소 주인이 급히 복사해 준 종이를 받아 들더니 또 다시 "아저씨 죄송하지만 이거 1/2로 다시 축소복사 좀 해 주세요." 그러는 겁니다. 축소복사판을 받아들자 또 다시 1/2로 축소복사하기를 두세 차례 하니 순간 그 종이가 깨알 같은 글씨의 손바닥 안에 쏙 들어가는 아주 작은 문서로 변해버렸습니다. 줄을 서서 긴 시간 대기하던 저를 포함한 많은 사람들은 그 깨알 같은 글씨의 축소복사본을 들고 뾰족구두를 신은 채 황급히 다시 시험을 치러 강의실로 달려 들어가는 그 여학생을 보며 너나없이 혀를 끌끌 찼습니다. 나이 지긋하신 어떤 분은 "우리 때는 밤새 부정행위용 페이퍼 만드는 수고라도 했는데 요샛 것들은⋯⋯."하며 혀를 끌끌 찼습니다.

요즘 대학가에서는 리포트를 대신 작성해 주는 아르바이트가 성행한다고 합니다. 이 일이 대학가를 무대로 사는 이들에게는 꽤 짭짤한 부업거리가 된다는 일간신문 보도도 있었습니다. 교수님들은, 부정하게 남의 것을 복사해서 리포트를 내는 학생들을 추려내기 위해 자료비교검색 프로그램을 쓰기도 하고, 또 어떤 교수님은 아예 이런 변조행위를 막기 위해 꼭 손으로 직접 써서 만든 리포트를 요구한다고 하지만, 그나마도 대필 아르바이트가 성행하고 있어서 쉽지는 않다고 합니다. 법과 규칙을 요령껏 어기는 법을 열심히 익히는 곳이 우리들의 상아탑이어서 우리 후배들로부터 희망의 빛을 찾기가 쉽지 않다는 사실 때문에, 끝없는 좌절감을 맛볼 때가 종종 있습니다.

2007. 6. 21.

'네 잎 토끼풀' 잘 받았다

학창시절, 이른 바 '행운의 상징'이라는 '네 잎 클로버'를 선물 받은 적이 있습니다. 네 잎 클로버는, 흔한 세 잎 클로버의 변종으로서 찾기가 아주 어렵기 때문에 '아주 귀한 것'이라는 뜻에서 자연스레 '행운의 상징'이 되었을 것입니다. 며칠 후 친구에게 고맙다는 인사를 하면서 좀 장난스럽게 "네가 준 네 잎 토끼풀 잘 받았다"고 말했습니다. 평소 '네 잎 클로버'나 '네 잎 토끼풀'이나 그게 그건데 왜 꼭 '네 잎 클로버'라고만 해야 하는지 의아해 하던 터여서 짐짓 그리 말해 본 것뿐인데, 아니나 다를까, 예상했던 대로 친구의 얼굴에 갑자기 섭섭한 빛이 뚜렷이 내비치고 있었습니다.

요즘 길거리에 나가 보면, 내가 해외여행을 온 것이 아닌가 착각할 정도로 영어를 비롯한 외국어로 만들어진 간판이 많습니다. 물론 길거리 여기저기에 어지럽게 붙어 있는 우리 말 광고판 가운데 바른 우리말로 된 것을 찾아내기도 여간 어려운 것이 아닙니다. 요즘 신세대 가수들의 이름은 아예 외국어로 된 것이 대부분이어서, 영어를 꽤 오래 공부한 저 같은 사람조차 부르기도 기억하기도 어려운 것들이 많습니다. 그렇다고 한 3-40년 전의 국어교과서에 나오는 '철수', '영이' 같은 판박이 이름만을 써야 한다는 뜻은 결코 아닙니다. 요즘 젊은이들이 즐겨 부르는 노래의 노랫말 속에 영어 문장 한두 구절이 들어가는 것 또한 아주 자연스런 흐름이 되었습니다. 이젠 아예 고위 공직자들이 앞장서서 "영어를 공용화하거나 상용화하자"는 이해하기 힘든 주장을 서슴지 않는 오늘입니다.

하기야 이러한 '언어사대주의'의 경향은 어제오늘 일이 아닙니다. 시내버스나 지하철에서 서 계시는 어르신들을 향해 "노인장(老人丈), 여기

앉으십시오."하고 자리를 양보하면, "젊은 사람이 예절도 바르다"며 호탕한 웃음과 함께 그 자리에 앉으실 어르신들이 많지만, "늙은이, 여기 앉으세요."라고 말하면 그 자리에 앉으시기는커녕 대뜸 불호령이 떨어지며 험한 욕을 먹게 될 것이 뻔합니다. 소파 방정환 선생님께서 '어린 아이들' 을 높여 주기 위해 '어린이' 라는 말을 만들어 내신 것을 미루어 생각해 보면, '늙은이' 라는 말 또한 어르신들을 높이는 틀로 짜인 말임은 분명합니다. 그런데도 '노인장' 이라는 한자어는 환영받고, '늙은이' 라는 순 우리말은 불쾌하게 여겨지는 뿌리 깊은 언어사대주의가 오늘은 '셈족 언어 사대주의' 로 분칠하고 나타난 것뿐입니다. 우리민족 문화유산 중에 가장 자랑스러운 보배 하나를 뽑으라면 주저 없이 한글을 꼽을 텐데, 쓰기 좋고 듣기 좋은 제 나라말도 제대로 못다 쓰면서, 어설프기 그지없는 남의 나라말을 제 나라말로 삼고 싶어 안달인 낯 뜨거운 현실이 안타까울 뿐입니다.

오늘날 세계적인 지성인들은 "가장 향토적인 것이 가장 세계적인 것" 이라는 말에 더 이상 토를 달지 않습니다. 정말 맛깔스런 우리 말, 우리가 아껴 쓰지 않으면 어느 민족이 써 줄 것이며, 우리가 지키지 않으면 누가 지켜 주겠습니까? "네 잎 토끼풀 주어서 고맙다"는 말에 얼굴빛이 전혀 달라지지 않는 친구들의 모습을 볼 수는 정말 없는 것일까요?

2004. 7. 5.

세상살이 2막 : 우리들의 땅

2막 4장 "살며 키우며"

가장 아름다운 이름, 어머니

얼마 전 영국문화협회는, 협회 창설 70주년 기념행사로 102개 비영어권 국가에서 4만여 명에게 수십만 개의 영어단어 중 대표적 상징성을 가진 70개 단어를 제시하고 그 가운데서 가장 좋아하는 단어를 고르도록 한 결과 '어머니(mother)' 라는 낱말이 1위에 올랐다고 밝혔습니다. 'mother' 에 이어, 'passion(열정)', 'smile(미소),' 'eternity(영원)', 'fantastic(환상적인)', 'destiny(운명)', 'freedom(자유)', 'tranquility(평온)' 등이 10위권에 올랐습니다. 무슨 까닭인지 '아버지' 를 뜻하는 단어 'father' 는 70개 단어 중에 포함되지 않았습니다. 만일 영어권 나라를 대상으로 조사를 했다면 틀림없이 'God(하나님)' 이라는 낱말이 최상위권에 들 수 있었을 것입니다.

사람들이 가장 아름다운 말이라고 생각하는 낱말로 10위권 안에 든 것들을 좀 자세히 살펴보면 거의 대부분이 '모성애' 의 어떤 측면을 반영하고 있음을 알 수 있습니다. 이렇게 본다면, 사람이 이 세상에 태어나 한 평생을 살면서 의식적이든 무의식적이든 '어머니' 에 대한 짙은 향수와 그리움에 늘 젖어 지낸다는 것을 짐작할 수 있습니다. 자기가 태어난 나라를 왜 꼭 어미 모(母)자를 붙여서 '모국' 이라 하고, 자기가 다녔던 학교를 기어이 '모교' 라고 하는지, 그 이유를 어렴풋이 짐작할 수 있을 것도 같습니다. 그런 점에서 요즘 유행하는 '기러기 아빠' 라는 처량한 이름을 굳이 들먹이지 않더라도 이 세상의 모든 아버지들은 어쩔 수 없이 고개를 떨굴 수밖에 없습니다. 임신과 출산, 그리고 젖을 물려 오랜 세월 살을 부비며 양육하는 모든 과정에 아버지보다는 어머니가 자식들에게 한 걸음 더 가까이 다가서 있는 사실은 누구도 부인할 수 없기 때문에, 인종과 국가, 문화와 관습을 초월하여 그런 결과가 나왔을 것이라고 생각하면서도, 창조주 하나님의 섭리를 따라 남성으로 태어나 어쩔 수 없이 '아비'의 이름을 달고 사는 처지에서 스스로에게 안쓰러운 마음이 드는 것을 어쩔 수 없습니다. 이래저래 저도 '고개 숙인 남자'의 한 사람인 것은 부인할 수 없는 것이 사실입니다.

30년 가까운 옛적 일이지만, 공수특전단에 차출되어 특전사령부 공수교육대에서 공수훈련 4주차에 첫 번째 낙하훈련을 하기 전 주일날, 온종일 다른 누구보다도 어머니가 사무치게 보고 싶고 어머니께 잘못했던 일들만 애틋하게 되살아 오르던 추억이 저에게도 있었습니다. 어머니에 대한 그리움이 큰 만큼 장차 아버지가 되어 살아야 할 자신의 앞날을 남몰래 측은히 여겼던 기억 또한 아직까지 생생합니다.

'어머니'에게는, 자식을 사랑하는 '열정'도 있고, 자식을 포근히 감싸는 '환상적인 미소'도 있기에, 모든 자식들에게 어머니의 치마폭과 따스한 가슴과 넉넉한 등허리는 '영원'의 그림자이기도 합니다. 아무리 험난한 세월을 살며 꿈에 쫓기는 삶을 사는 사람일지라도, 한밤중에라도 버선발로 마중 나오시는 어머니가 계시는 고향 집 문 앞에 서면 무한한 '자유'와 '평온'을 느낍니다. '어머니'는 창조주 하나님께서 엮어 주신 사랑의 '운명'이기 때문입니다. '어머니'를 생각할 때마다 어버이를 주신 우리 하나님께 그저 눈물로 감사할 따름입니다.

2004. 11. 29.

우리가 사랑할 시간

큰딸아이의 대학졸업식장에 나갈 채비를 하다가, 느닷없이 남은 세월을 골똘하게 셈하고 있는 저 자신을 발견하였습니다. 초등학교 시절 조막만한 코흘리개의 눈에 그토록 널찍해 보이던 모교 교정이 나이 먹은 뒤에 보면 참 조그맣게 느껴지듯이, 나이를 셈하는 버릇 또한 늘 자기중심적인 자세에서 자유로울 수는 없는 것 같습니다. 어린 시절에는 온 세상에 나보다 나이 많은 사람들뿐이어서 한두 학년만 높아도 선배가 하늘처럼 커 보이곤 했는데, 몇 해 전에 얼떨결에 오십대 문턱을 슬그머니 넘은 요즈음에는 가는 곳마다 저보다 나이 어려 보이는 사람들이 훨씬 많아 보입니다. 어린 시절에는 꿈처럼 아득하게만 보이던 그 많은 나이를 먹고 거울 앞에 설 때마다 이젠 아주 자연스럽게 드러나는 눈가의 잔주름을 보며 지나간 세월의 무게를 어쩔 수 없이 수긍할 수밖에 없습니다.

벌써 20년 가까운 세월이 훌쩍 지났지만 아버님의 회갑 잔치 때 큰자식으로서 까닭 없이 마음 한 쪽이 축축해 오던 기억이 여태 생생합니다. 부모님 다 강건하시고, 형제들 탈 없이 잘들 일하고 있고, 살아오면서 남들에게 손가락질 당할 무슨 몹쓸 짓을 하지 않고, 온 가족이 오순도순 착하게 살아올 수 있었던 것에 대해 하나님께 감사하는 마음 한없었으면서도, 멀리서 가까이서 찾아오신 축하객들을 맞이하는 틈틈이 아버님 얼굴에 패인 주름살에 자꾸만 눈이 갔고, 그러면서 저도 모르게 아버님과 함께할 남은 세월을 어림짐작해 보고 있었기 때문입니다. 어떤 잔치는 가슴 저리는 서글픔의 그림자가 악착같이 뒤따른다는 것을 그 날 처음 알았습니다.

삶의 자리가 각기 달라 일 년에 한두 번 어쩌다 근근이 만나는 친구들 입에서 벌써 사위 이야기 며느리 이야기가 자연스럽게 나오고, 좀 일찍 결혼한 몇몇 친구들은 이미 '할머니', '할아버지' 소리를 듣는다는 얘기가 들려올 때마다, 산부인과 분만실 앞에서 갓 태어난 큰딸아이를 처음 품에 안았을 때의 목이 메어 얼떨떨하던 느낌과는 또 다른 큰 충격으로 다가올 '할아버지'라는 이름을 자연스레 받아들일 준비 또한 게을리 해서는 안 되겠다는 생각을 합니다. 그런 까닭으로 큰딸아이의 대학졸업식을 코앞에 두고, 아내를 만나 자식들을 낳고 정말 숨 가쁘게 살아온 이십 몇 년의 세월을 찬찬히 되짚어 보다가 이내 또 다시 사랑하는 가족들과의 남은 세월을 셈해보고 있었나 봅니다.

하루 24시간 중에, 잠자는 시간, 눈코 뜰 새 없이 일하는 시간, 아이들 돌보는 시간, 집안 일 정리하는 시간을 빼면 부부가 1:1로 얼굴을 마주 대하는 시간은 불과 몇 분이 채 안 될 것이므로, 앞으로 함께 10년 20년을 더 산대도 그 시간을 똘똘 뭉쳐 놓으면 한두 달도 채 안 될 것입니다. 서로 사랑하고 보듬어 주기에도 턱없이 부족한 그 금쪽같은 시간에 아옹다옹 다투는 것보다 더 미련하고 어리석은 일은 없지 싶습니다. 잠시 일손을 멈추고 시간을 내어 남은 시간을 한 번 헤아려 보십시오. 가슴 저미는 안타까움과 아쉬움의 기름으로 까물거리는 사랑의 불꽃을 다시 뜨겁게 일궈 보십시오.

2006. 2. 23.

개는 데리고 다니면서……

어느 여성이 애완견을 데리고 서울 지하철을 탔다가 안고 있던 개가 똥을 싸자 그것을 치우지도 않고 열차에서 내려 버린 일이 있었습니다. 어느 할아버지께서 대신 나서서 그 지저분한 개똥을 치우셨는데 그 모습을 담은 사진이 인터넷에 잽싸게 유통되면서 이른 바 '개똥녀'라는 욕설이 새로 생겨났습니다. 또 얼마 전에는 어느 여성탤런트가 방송 대담 중에 "할부카드 쓰는 남자는 쫀쫀하다"는 내용의 말을 함부로 하다가 네티즌들로부터 무참한 욕을 먹기도 했습니다. 평소에는 여성운동가처럼 꼿꼿하게 사는 듯 하다가도 결정적인 순간에는 이처럼 돈 많고 권세 있는 남성에게 빌붙어 살며 명품이나 밝히는 여성들을 일컬어 추한 냄새가 난다 하여 '된장녀'라는 새 말도 최근에 생겨났습니다. 여권운동가들 사이에서는, "왜 하필 '개똥녀, 된장녀'라는 말로 여성들만 나무라느냐, 이건 좀 지나친 여성 성차별 아니냐?"는 반론도 종종 나오고 있습니다.

참으로 무섭기까지 한 올 여름 폭염을 견디느라 너나없이 짬짬이 휴가를 내어 피서를 다니는데, 그 해수욕장까지 애완견을 데리고 나타나는 사람들을 요즘에는 개똥녀에 수식어를 붙여 '해변의 개똥녀'라 합니다. 수만 명의 사람들이 북적대는 해수욕장 바닷물 속까지 애완견을 안고 들어가 목욕을 시키는 어느 여성의 사진이 한동안 사이버 공간을 요란하게 장식하면서부터였습니다. 하루 세 끼 꽁보리밥이라도 제대로 먹으면 소원이 없었던 춥고 배고프던 시절에는 애완동물이고 뭐고 아예 그 이름조차 없었는데, 사람들의 취향이 다양해진 만큼 세상살이 형편이 많이 나아진 증거인 듯하여 그나마 다행입니다. 하지만, 어떤 때는 나 좋자고 다른 사람들 입장이나 처지를 아예 모르쇠로 일관하며 제멋대로 사는 이들이 너무 많아지는 흐름이 좀 언짢을 때도 있습니다.

여름휴가 기간에, 70대 중후반의 부모님을 모시고 시외로 나들이를 했습니다. 떠난 지 오랜 고향동네의 해바라기 농장을 거쳐 호남지방의 썩 괜찮다는 풍광을 찾아 몇 곳을 돌아 다녔습니다. 부자손 3대가 함께 식사도 하고, 배경이 괜찮은 곳이 나타나면 사진도 찍어 드리면서 모처럼의 여유를 즐겼습니다. 옛날 필름카메라를 생각하시는지 "뭐 하러 사진은 자꾸 찍느냐"며 연신 손사래를 치시는 부모님을 열심히 설득하여 간신히 사진 몇 장을 찍어 드렸습니다.

백양사 입구 아름드리 참나무 숲그늘을 지나 주차장으로 나오는 길에 서었습니다. 우리보다 좀 늦게 도착한 어떤 사람들이 차에서 내리는데 아주 사치스럽게 단장한 애완견 두 마리가 주인을 따라 차에서 내리는 모습이 눈에 들어왔습니다. 다양한 악세사리로 잔뜩 겉치레를 한 그 애완견을 물끄러미 지켜보시던 어머님께서 "개는 데리고 다니면서……." 라며 혀를 끌끌 차셨습니다. 아마 자식 집 냉방에서 죽은 지 열흘 만에 발견됐다는 어느 80대 할아버지의 불행한 뉴스를 떠올리시는 듯 했습니다. 개인의 취미생활에 대해 시비할 생각은 아예 없습니다. 다만, 애완동물들에게 쏟아 붓는 그 뜨거운 정성과 사랑을 뼈와 살을 나눠 주신 늙은 부모님에게조차 베풀기를 꺼리는 이 시대의 싸늘한 흐름이 그저 조심스러울 뿐입니다.

2006. 8. 24.

어른이 그리운 사회

제가 어릴 적, 마을마다 큰기침이나 헛기침만으로도 그 고을의 질서를 가볍게 잡는 어르신들이 있었습니다. 물론 각 가정에는 그 가정의 어른이 '안방'을 든든하게 지키고 계셨습니다. 세상살이의 크고 작은 일에 언제나 따르기 마련인 복잡한 이해관계의 어지러운 매듭들을 그분들은 참 지혜롭게 풀어내는 신비한 위엄과 힘을 갖고 계셨습니다. 어느 젊은이가 조금이라도 허튼 짓을 하는 것이 동네 고샅을 지나시는 어른들의 눈에 띄면 당장에 지게 작대기가 매서운 회초리가 되어 철부지들의 엉성한 몸가짐을 곧추 세우곤 했습니다. 뉘집 자식이건 어른들의 눈에 설은 못된 행동을 하면 아무 어른이나 나서서 따끔하게 혼을 냈습니다. 고을 안의 젊은이들은 모두다 '우리 자식'이었지 '내 자식'이라는 생각이 별로 없었습니다. 어른들 앞에서 담배를 꼬나물고 다니는 행동은 말할 것도 없고 발걸음 하나도 경망스럽게 내디딜 수 없었습니다.

그런데 요즘 가정 사역 세미나나 자녀양육훈련 프로그램을 들여다보면 한결같이 "아이들의 기를 살려주어야 한다"는 얘기뿐입니다. 그렇게 해야만 창의적인 사람이 될 수 있다는 강사들의 확신에 찬 주장에 굳이 딴지를 걸고 싶지는 않습니다. 지식정보 산업사회로 넘어오면서 대가족이 해체되고 핵가족화 되어 집집마다 자녀를 하나나 둘 정도 낳거나 심지어는 아예 출산 자체를 기피하는 흐름이 굳어지면서 하나 둘밖에 없는 자기 자식에 대한 부모들의 과잉보호 열정까지 합세하여 가정 사역 강사들의 '아이들 기 살리기' 주장은 그야말로 듣고 싶은 이 시대의 복음이 되어 부모들의 이기적인 신념을 극도로 강화시키고 있습니다. 요즘 우리 사회의 뜨거운 화두인 '체벌 논쟁' 역시 이 문제와 깊은 관련이 있다고 생각합니다. 문제는, 아이들이 자라나면서 오직 자기들만을 일편단심 위해 주는 부모들하고만 영원히 함께 사는 것이 아니라, 역시 다른 가정에서 자기들 못지않게 귀하게 자라온 다른 아이들과 함께 좀 더 거대한 사회를 이루면서 그 사회 구성원의 한 사람으로 살아야만 한다는 데 있습니다.

집안에서 자기가 최고로 귀한 줄 알고 훌쩍 자라난 아이들이 세상에 나가 자기만큼 귀하게 자라난 다른 사람들이 또 있다는 사실을 인정하고 그들과 더불어 대화하며 양보하며 사는 법을 익히는 것은 참으로 어렵고 힘든 일입니다. 이 어렵고 힘든 일이 오늘날 학교 선생님들에게 몽땅 맡겨져 있는 것이 우리의 현실입니다. 제 아무리 거짓말쟁이 부모라도 자식만은 정직하고 순결하게 살기를 바랄 것입니다. 그러므로 거짓말하는 법을 가르치지 않았어도 어려서부터 아주 능숙하게 거짓말을 잘 하는 우리 아이들에게 먼저 필요한 것은 '기 살리기' 프로그램이 아니라 그 아이들 영혼 깊숙이 뿌리내린 '죄성'을 먼저 뿌리뽑아주는 일입니다. 이 일은 철부지 아이들 스스로 도무지 할 수 없는 것이기 때문에 부모나 선생님 같은 어른들이 꼭 필요한 것입니다. 예전처럼, 어른이 어른자리를 다시 찾아갈 때 아이들은 아이들답게 될 수 있을 것이고, 그럴 때 비로소 우리 사회의 앞날을 얼추 낙관할 수 있을 것입니다.

2006. 7. 13.

미시령의 눈시린 추억

공수특전단에서 군 복무하던 시절, 해마다 '천리행군'이라는 야외훈련을 했습니다. 완전 무장한 채로 부대를 출발하여 5주 동안 산악을 누비고 돌아오는 대대단위 훈련으로서, 처음 4주 동안 보병부대를 상대로 침투 훈련을 한 다음 마지막 1주 동안 야간 산악행군으로만 매일 60~70km씩 400km를 걸어 부대에 복귀하는 고강도 특수전술훈련입니다. 400km면 정확히 1,000리가 되기 때문에 '천리행군'이라 부르는 힘든 훈련인 까닭에, 평소 강도 높은 훈련을 통해 잘 단련된 특전단원들이라 할지라도 마지막 천리행군이 끝나 부대로 복귀할 즈음이면 그야말로 파김치가 되어 여기저기서 부르튼 발 때문에 절름거리는 사람들이 나오는데 절름거리는 모양도 제 각각이어서 마치 팔도 각설이패가 죄다 한 곳에 모인 듯 몹시 우스운 행렬이 되곤 합니다.

1978년 겨울, 우리 팀은 여단본부를 출발하여 강원도 철원 화천에서부터 시작하여 강원도의 거의 모든 지역을 통과하며 웅장한 태백산 줄거리를 동서로 여러 번 넘나드는 천리행군을 했습니다. 그 해 강원도 태백산 일대에 폭설이 유난히 자주 내려서 걸핏하면 허벅지까지 쌓인 눈을 헤치며 힘겨운 야간산악행군을 하기 일쑤였습니다. 어느 날, 일몰 직후 초저녁부터 행군을 시작한 지 너댓 시간쯤 지나 흰눈이 수북히 쌓인 태백산 미시령 근처 산비탈을 지나칠 때였습니다. 그 무렵 태백산 산간 오지 여기저기에 한두 채씩 흩어져 있는 민가에 대한 철수 명령이 내린 탓에 민가나 민간인을 보기가 여간 어렵지 않았는데 산비탈에 미처 철수하지 않은 어설프게 기운 외딴집이 하나 나타났습니다. 허옇게 산악을 덮은 눈 위로 보름에 가까운, 자정을 넘긴 달빛은 면도날처럼 차갑게 쏟아지는데,

한밤중의 정적 때문이었는지 반쯤 언 눈 뭉치가 군화 발에 밟히는 소리가 유난히 크게 들려왔습니다. 다 찌그러져 가는 오두막, 사람이 살지 않는 집이려니 지레 짐작하고 그 집 옆을 지나치는데 뜻밖에도 그 외딴집 방안에서 누군가가 요란하게 코를 골며 곤히 자는 소리가 흘러나왔습니다. 무슨 사연으로 그 외로운 산골짝에 들어와 고단하게 사는 사람인지는 모르지만, 그날 밤 그 초라한 집 안에서 코를 드르렁 드르렁 골며 속 편히 단잠을 자는 이가 그렇게 부러울 수가 없었습니다. 순간, 팀장인 제 바로 뒤에 선 선임중사와 달빛 아래서 잠시 피곤한 눈빛을 교환하며 씁쓸하게 웃었습니다. '아, 남녘 땅 고향집에 계신 부모님과 동생들도 지금 이렇게 단잠을 자고 있겠지' 하는 생각에, 당장 달려가고 싶어 미칠 것 같은 고향 생각을 간신히 진정시키던 깊은 밤 태백산 비탈의 눈 시린 기억이 아직 생생합니다.

설 명절연휴가 시작되어 벌써 귀성길 고속도로가 많이 막힌다는 소식이 들려옵니다. 삶이 고달플수록 고향은 늘 이렇듯 단지 생각만으로도 우리에게 참으로 포근한 안식을 주는 어머니의 가슴 아버지의 등허리와 같은 곳입니다. 꿈속에서조차 마냥 서성거리기만 하던 고향 뜰에서, 가슴에 흰 눈처럼 수북이 쌓인 그리움을 따스하게 녹여내며 사랑하는 가족들을 다시 지긋이 보듬어보는 복된 설 명절 되시기를 바랍니다.

2005. 2. 7.

펭귄 아빠들의 사회

대학입학 수학능력시험에서 이동전화를 이용한 전국적인 부정행위가 발각되어 온 나라가 들끓고 있습니다. 세계 100위 안에 드는 국제수준급 대학을 하나도 갖고 있지 못한 나라에서, 그 알량한 '학벌(學閥)'이란 것이 무시무시한 지식권력을 행사함으로써 현대판 귀족의 신분증 역할을 하는 역설적인 현실을 상식 수준에서 이해하기는 몹시 어렵습니다.

자식교육 경쟁의 도가 지나쳐, 이제는 아예 가정까지 해체시켜가며 '기러기 엄마, 펭귄 아빠'의 고단하고 외로운 삶을 각오하고 나섰다가 끝내 풀리지 않는 삶의 매듭을 뜻밖의 자살로 끊어내는 부모들이 줄을 잇고, 심지어는 엄마들이 몸을 팔아가면서까지 자식의 사교육비를 대기 위해 몸부림치는 세상이 되었습니다. 나라가 아무리 어지럽고, 아무리 썩어 냄새나는 곳이 많을지라도 '교육'이 바로 서서 지금부터라도 바르게 가르치면 한 세대가 새로 솟아나는 25년쯤 후에는 민족정기가 반드시 되살아나리라는 확신이 저에게 있지만, 안타깝게도 우리들의 교육현장은 그 가녀린 소망의 싹이 고이 자라기에는 영적, 도덕적 자양분이 너무 부족한 것 같습니다.

대학입시 결과가 나오자마자 거의 모든 고등학교의 정문에는 빛나는 입시결과를 번듯하게 적은 펼침막이 내걸립니다. 물론 거기에는 수도권의 일류 대학에 들어간 몇몇 학생의 이름이 대단히 큰 글씨, 눈에 번쩍 뜨이는 색깔로 표시되어 있습니다. 그리고 그 다음 등급으로 생각되는 대학에 들어간 학생들의 이름은 그보다 좀 작은 글씨로, 그 다음 등급은 좀 더 작게 적다가, 지방대학에 입학한 학생들은 그냥 도매금으로 묶어 그저 두어 자리 숫자로만 표기됩니다. 그럴 수밖에 없는 학교의 처지를 충분히 이해는 하면서도, 미래의 일꾼들을 가르쳐 세우겠다는 선생님들조차 그토록 비인간적이고 비교육적인 생각에 젖어 있는 마당에 무슨 사람다운 구실을 할 인재들을 제대로 길러낼 수 있을까 하는 의구심이 드는 것도 사실입니다. 제가 학교에 다닐 때에도, Home Room 시간에 전혀 다른 수업을 하고서는 학급일지에만 HR을 했다고 적도록 이른 바 이중장부 만드는 법을 학교에서 열심히 배워야만 했던 아픈 기억이 있습니다. 그런 식으로 요령 피우는 법을 일찌감치 배운 탓인지, 수단방법을 가리지 않고 그럴 듯한 대학을 나온 후 썩 높은 자리에 앉게 되면 이른 바 '분식(粉飾) 회계' 니 뭐니 하는 잔재주를 피우며 눈속임하다가 세상이 떠들썩하게 대형 사고를 터뜨리고 감옥에 들어가는 이들이 얼마나 많습니까?

나라의 요직에 누군가가 발탁되어 신문에 사진과 함께 이력이 발표되는 이들은 거의 대부분이 수도권 두어 개 일류대학 출신들입니다. 그런데도 그토록 우수한 머리를 지닌 사람들이 큰 사건을 터뜨려 사회에 엄청난 물의를 일으키고 오랏줄에 두 손이 묶인 채 감옥에 들어갈 때는 어느 대학 출신인가를 도무지 밝히지 않는 묘한 사회에서 우리가 살고 있습니다. 아무튼, 수능시험에서 부정행위를 한 수백 명의 학생과 학부모들을 함부로 탓할 수 없을 만큼, 우리 모두가 지저분한 요령과 치사한 처세술에 너무 익숙해져 있다는 생각 때문에 자꾸만 낯이 화끈거려 오는 것을 어쩌지 못해 몹시 안타깝습니다.

2004. 12. 6.

황소 들어올리기

어떤 분으로부터 "누구라도 황소 한 마리를 거뜬히 들어 올릴 수 있다"
는 뜻밖의 말을 듣고 깜짝 놀라 그 까닭을 물었더니, "아주 어린 송아지
시절부터 하루에 한두 번씩만 그 소를 들었다 놓았다 하면 나중에는 다
자란 황소도 가볍게 들어 올릴 수 있다"고 가볍게 대답하셨습니다. 솔직
히 좀 미심쩍으면서도, 그분이 말씀하시는 속뜻만은 얼추 짐작할 수 있었
습니다. 곧 어린 시절에 어떤 교육을 받았느냐에 따라 그 사람의 됨됨이
가 얼마든 달라질 수 있다는 뜻이었을 것입니다. 요즘처럼, 아이들이 어
른을 기어이 이겨 먹고, 한창 배우고 훈련해야 할 어린 십대들이 사회의
중심이 되는 세상이 올바로 돌아가는 세상이라고 생각하는 이들은 솔직
히 거의 없을 것입니다.

제가 어릴 적에는, 조금이라도 허튼소리를 하거나 사람답지 못한 행동
을 하면 마을의 어느 어르신이라도 대뜸 나서서 자기 자식 나무라듯이 혼
쭐내며 버릇을 가르쳤고, 그 때마다 젊은이들은 그 가르침을 당연하게 받
아들였습니다만, 요즘은 함부로 구는 젊은이들을 따끔하게 혼내 주는 어
른들이 거의 없습니다. 가정에서 부모님이 사라지면서 학교에서는 스승
이 사라졌습니다. 가정에 앵벌이처럼 죽어라 돈을 벌어 자식들의 뒤를 대
주는 '인간 금고'는 있어도 '어버이'는 없고, 학교 강단에 '가르치는 기술
자들'은 있어도 '스승'은 없습니다.

며칠 전, 자식들을 참 반듯하고 예쁘게 잘 길러낸 어느 집사님과 잠시
교제하던 중에 슬그머니 그 비결을 물었습니다. 워낙이 서로 흉허물 없이
친밀한 사이로 지내오던 터라, 진솔하게 여태껏 자식들을 길러온 이야기
를 선선히 들려 주었습니다. 자녀들이 사춘기를 겪어내는 사이 어려움이

전혀 없었던 것은 아니나, 하나님께서 주신 지혜로 그 위태로운 시절을 슬기롭게 잘 이겨낼 수 있어 감사하다는 말과 함께 자녀교육의 큰 원칙을 밝혀 주었는데 그 방법이란 것이 뜻밖에도 아주 간단했습니다. 자녀들이 아주 어릴 적부터, "엄마 아빠의 말은 법이다. 이 법을 무조건 따르려거든 이 집에서 살고, 그렇지 않고 자기 멋대로 살고 싶으면 그냥 나가 살라"고 선언하고 그 원칙을 내내 지켜왔다는 것이었습니다. "저를 나아 길러 주는 에미 아비의 말을 듣지 않는 막돼먹은 자식이 세상에 나가 과연 누구의 말을 다소곳이 들어 주겠느냐"는 주장에 저도 뜻을 같이했습니다. 저 또한 기독교 신앙의 본질을 따라 그와 거의 비슷한 원칙으로 하나님이 선물로 주신 자녀 넷을 기르고 있기 때문입니다.

《리더스 다이제스트》 2004년 9월호에 페트리샤 달튼의 "자녀에게 너무 많은 것을 주지 말라"는 제목의 짧막한 글을 큰 감동과 함께 읽은 적이 있는데, 그 글에서 달튼은, 오늘날의 부모들이 자녀들에게 너무 많은 것을 일방적으로 해 주어 자녀들을 '성인 아이'로 만들어버림으로써, 둥지를 떠나 자녀들 스스로의 힘으로 날아갈 때의 아찔하고 짜릿한 기분을 느낄 기회를 부모들이 박탈하고 있다고 했습니다. 곧 지나치게 헌신적인 오늘날의 부모들이 사실은 자기 아이들을 앞장서서 죽이고 있다는 것입니다. 자식들의 눈에 아주 이기적인 것처럼 보이는 '구닥다리 부모'가 사실은 가장 위대한 인생의 스승이라는 것을 온 몸으로 깨우쳐 아는 속 깊은 부모들이 과연 얼마나 될는지 정말 궁금합니다.

2004. 12. 13.

황홀한 노을처럼

지난 2월, 느닷없이 위암 절제 수술을 받으셨던 아버님께서 8개월 만에 하나님의 은혜로 완치 판정을 받으셨습니다. 70대 후반이심에도 수술과정에서부터 청장년 못지않은 빠른 회복세를 보이시더니, 이제는 위암 수술을 전혀 받지 않은 분처럼 식사량도 수술 전과 거의 똑같이 회복되셨습니다. 오직 믿음 안에서 깨끗하고 정직하게 살아오신 장로님답게 하나님의 은혜를 충만히 누리시는 모습, 자식으로서 얼마나 기쁘고 감사한 일인지 모릅니다.

엊그제, 모처럼 휴가를 얻은 김에 오랫동안 마음속으로 벼르고 벼르던 부자 모자 동행의 하루 나들이를 했습니다. 바람 쐬러 나가시자는 큰아들의 전화에 얼마나 기쁘고 좋으신지 선약인 듯싶은 일까지도 별 일 아니라시는 어머니의 흥분된 목소리를 듣는 순간 죄스런 마음 무쇠덩이가 되었습니다. 모시러 가는 잠깐 사이에 어머니는 날래게 차 속에서 먹을 것들을 한 보따리 챙겨 들고 나오셨습니다. 위암 수술을 받으신 아버님 앞에서 음식 먹는 것조차 늘 송구스럽던 우리 가족들의 마음에 올무가 풀렸기 때문입니다.

하동을 거쳐 남해도에 모시고 가서 시원한 바닷바람을 쐬어 드릴 요량으로 우리나라에서 제일 아름다운 길로 소문난 섬진강 변을 따라 가 보기로 했습니다. 이상하게도 운전을 시작하면 30분도 안되어 까딱까딱 조는 버릇이 있어 평소 장거리 운전을 많이 삼가던 터라 은근히 조심스러웠지만, 하나님께 졸지 않게 해 주십사 잠시 기도하고 용감하게 운전대에 앉았습니다. 하동을 거쳐 남해대교를 건너 남해도 남쪽 끝 미조항에 들른 다음 남해도 남쪽 해안도로를 따라 창선대교 넘어 삼천포대교로, 거기서 다시 사천으로 북상하여 남해고속도로를 타고 하동 나들목에서 다시 섬진강변 도로로 나와 오던 길 되짚어 오는 350km의 그 먼 길, 당시엔 포장도 되지 않은 험하디 험한 길을, 육이오 전쟁에 참전하신 아버님은 많이 굶주린 채 추위에 떨며 걸어서 오가셨다 했습니다.

섬진강변을 따라 조촐하게 피어 있는 늦가을 구절초 꽃무리, 화개장터 앞에 흐드러지게 피어 있는 코스모스 꽃밭을 지나며 사진도 몇 장 찍어드리고, 70대의 부모님과 50대의 큰아들 셋이서 매운탕으로 점심도 든든히 먹고, 어릴 적 아버님으로부터 즐겨 듣던 낯익은 이야기들을 하루 종일 다시 챙겨 들으며 훌쩍 건너가 버린 세월의 깊은 강에 추억의 긴 다리를 아름답게 다시 놓았습니다. 하루에 천릿길을 내달렸는데도, 손톱만치도 피곤치 않다는 말씀에서 자식과 함께 나들이한 어버이의 기쁨을 읽을 수 있어 저 또한 많이 기뻤습니다.

남해고속도로 하동 나들목을 빠져나와 다시 섬진강변 길로 접어들 무렵 서둘러 노을이 지고 있었습니다. 땅거미 지는 강변풍경 멀리 동양화처럼 어슴푸레한 산등성이 한 뼘쯤 위에 유난히 큰 바퀴의 뻬알간 태양이 황홀하게 떠 있었는데, 저녁노을이 아침 햇살보다 훨씬 더 듬직하고 아름다움을 또 한 번 확인했습니다. 제 어버이뿐 아니라 우리 모두의 삶의 끝자락도 저녁노을처럼 그렇게 내내 아름답고 곱게 해 주시라고 하나님 아버지께 기도했습니다.

2005. 10. 27.

새순을 기다리며

막내 아들놈과 장기를 두어 보기 좋게 한 판 나가떨어졌습니다. 제 나이 마흔 살에 하나님께서 늦둥이로 주신 막내아이가 벌써 열두 살, 초등학교 6학년이 되었습니다. 형도 없고 남동생도 없어서 그런지 아비인 저를 늘 형 따르듯 가까이하는 살가움이 유난히 많습니다. 어린 시절 제 아버님께서 장남인 저에게 장기를 가르쳐 주시던 그 마음과 얼추 비슷한 생각으로 두어 해 전부터 재미 삼아 막내에게 장기를 가르쳤습니다. 장기짝에 있는 한자를 겨우 깨우친 아이와 마주 앉아 두는 장기, 늘 싱겁기 그지없지만 아들놈은 아빠와의 겨루기에 제 나름대로 늘 최선을 다하는 눈치였습니다.

학년이 올라가면서 아이도 바쁘고, 저 또한 교회 안팎에서 주어진 일이 만만치 않아 서로 얼굴 마주 대하는 시간이 갈수록 줄어들어 안타까운데, 모처럼 아빠가 집에 있는 성싶으면 아빠에게 "장기 한 판 어떠시냐"는 말도 하지 않고 다짜고짜 장기판을 벌여 놓고 조용히 앉아 있습니다. 잘 정돈된 장기판 앞에 대국상대도 없이 말없이 앉아 그저 아빠와 눈이 마주치기만을 마냥 기다리는 모습을 보면 꼼짝없이 장기판에 마주 앉을 수밖에 없습니다. 두는 족족 아빠에게 무참히 당하면서도 아이는 아빠와 마주앉는 것을 마냥 좋아합니다. 작년에는, 아빠를 이기는 게 목표라며 학교 특별활동 부서 중에 장기부에 들기도 했습니다. 장기를 만지작거리는 햇수가 늘어나면서 이젠 제법 꼼수도 쓸 줄 알고 뜻밖의 함정을 파서 아빠를 놀래주는 일이 종종 있어도 승부는 늘 그렇고 그렇습니다. 장기판 앞에서 한 치 양보 없는 부자의 실랑이를 곁에서 지켜보며 아내도 늘 재미있어합니다. 하여튼, 작년 봄엔가 잠시 딴 생각을 하다가 아이에게 딱 두 판 진

적이 있는데 이번에 세 번째 패배를 당하고 만 것입니다.

아빠를 이기고 한껏 의기양양해서 큰소리 땅땅 치는 아들놈을 보며 아내가 "당신이 혹시 져 준 것 아니냐"며 나직이 물어왔습니다. 장기를 둘 때마다 어린 자식을 사정없이 짓뭉개버리는 매정한 아빠를 보며 아내가 "그냥 한 판 져 주지 그러시냐"며 핀잔을 줄 때마다 "제 힘으로 이겨야 진짜 기쁜 것"이라며 더 매몰차게 아이를 몰아쳤습니다. 아무튼 막내 놈에게 보기 좋게 나가떨어지고 어이없어하는 저를 보며 "정말 져 준 것 아니냐"고 아내가 다시 묻습니다. 장난기가 한껏 발동되어 궁금해 하는 아내에게 "정말로 실력껏 해서 졌다"고 하자 뜻밖에 아내가 샐쭉해졌습니다. 자식놈이 이기는 것은 좋아도 자기 남편이 너무 일찍 지기 시작하는 것이 은근히 좀 서운했던 모양입니다.

입춘이 지나면서, 쏟아지는 눈보라 속에서도 봄기운은 느껴지더니 뒷산 솔숲의 푸름새가 많이 산뜻해졌습니다. 묵은 잎 떨구고 새순 돋울 준비를 하는 것이겠지요. 묵은 손톱 빠지고 새 손톱 나듯, 자식이 태어나고 자라 아비를 웃도는 실력이 몸에 배면서 세월은 그렇게 가는 것입니다. 쑥쑥 크는 막내 아들놈처럼, 동장군의 철갑옷을 뚫고 들판 가득 꼼질꼼질 돋아나는 봄나물처럼, 해묵는 아쉬움이 움트는 새순을 지켜보는 큰 기쁨이 낙낙한 새봄이길 바랍니다.

2006. 2. 16.

하나님의 회초리 앞에

제가 중학교에 다니던 때, 어느 여자고등학교에서 여고2학년 학생이 자살해버린 사건이 있었습니다. 자살한 여고생이 마음속으로 흠모하던 총각선생님이 계셨는데 그분이 화장실에서 나오는 것을 보고 그만 충격을 받아 그런 극단적인 선택을 하고 말았다는 것이었습니다. 요즘처럼 모든 것이 개방되고 성도덕 또한 몹시 헐거워진 시대를 사는 사람들의 귀에는 '전설의 고향'에나 등장함직한 옛날이야기 같겠지만 사실이 그랬습니다. 선생님은 늘 하늘같아서 제 아무리 말썽꾸러기 말괄량이라도 자기가 좋아하는 선생님의 과목만은 밤샘 벼락공부를 해서라도 기어이 높은 점수를 얻어냈습니다. 이것이 바로 선생님과 학생과의 관계에 따라 학업성취도가 눈에 띄게 달라지는 증거입니다.

많은 이들의 존경을 받는 교육부장관이 있었습니다. 장관님의 아이가 초등학교에 다니는데, 어느 날 초등학교에 다니는 어린 자식의 거친 말씨와 오만한 행동거지에 장관님이 소스라치게 놀랐습니다. 자기 아버지가 교육부장관이라는 생각에 자기 담임선생님을 아주 형편없이 얕잡아 보는 염려스러운 자세가 도드라져 보였기 때문입니다. 며칠 고민한 끝에 어느 날 어린 자식에게 아무 날 밤에 담임선생님을 집으로 모셔오라는 명을 내렸습니다. 약속한 날 밤, 유난히 일찍 퇴근하여 정성껏 손님을 맞을 준비를 끝낸 장관님이, 초인종소리가 나자마자 마당을 가로질러 맨발로 뛰어나가 선생님께 허리를 굽혀 극진히 인사한 다음 아이의 담임선생님을 안방으로 모셨습니다. 몹시 송구스러워하는 선생님을 극구 만류하여 식사가 끝날 때까지 지극 정성으로 밥상머리에서 몸소 아이 담임선생님을 섬겨 드린 다음 약간의 다과를 나누며 잠시 이야기를 나눈 끝에 선생님 댁까지 모셔다 드렸습니다. 장관인 아버지의 그 모습을 물끄러미 지켜보던 어린 아이는 이내 자기 담임선생님이 장관인 자기 아버지보다 훨씬 더 높다는 생각을 하게 되었고 그 뒤로 학교생활태도가 완전히 바뀌어 학교에 잘 적응한 결과 나중에 참 훌륭한 인재로 자라났다 합니다.

우리 사회가 참으로 엉망이지만, 교육만 잘되면 한 2-30년 뒤에는 그래도 희망이 있는데, 오늘날 교사들은 교사들대로 하염없이 무너져 내리는 교권의 황무지 주변 자포자기와 지나친 체벌 사이에서 버둥대고, 학생과 학부모는 또 그 나름대로 학습권과 학생의 인권을 무기로 소중한 훈육 동역자인 교사들과 끝없이 대립각을 세우는 어수선한 상황에서 민족의 앞날을 낙관할 단서를 찾기가 참으로 어렵습니다. 교사의 체벌이 필요 없도록 가정에서라도 부모들이 자기 자식들을 따끔하게 훈육할 수 있는 체계가 먼저 갖추어져야 하는데 전혀 그러지 못해서 학교에서까지 자기 집 구석에서처럼 한없이 날뛰는 철부지들 때문에 거의 모든 학교가 극심한 홍역을 치르고 있습니다. 체벌을 해야하느냐 마느냐, 그게 옳으냐 그르냐를 떠나서 어른들이 어른 역할을 제대로 안 하기 때문에 학생들이 학생답지 않은 것입니다. 우리 모두 우리 양심의 종아리를 정직하게 걷고 하나님의 회초리 앞에 근신하며 서야만 할 때입니다.

2006. 7. 6.

'가정의 달' 없애기

가정의 달 5월입니다. 하나님께서 우주만물과 우리 지구촌을 창조하시고 하나님께서 보시기에 참으로 좋았던 세상에 사람을 세우시고 하나님께서 최초로 제정하신 제도가 바로 결혼입니다. 가정이 교회보다 먼저 만들어졌다는 점에서 결혼과 가정의 중요성을 충분히 짐작하고도 남음이 있습니다. 사람은, 가정 안에서 태어나 가정 안에서 자라고 가정 안에서 살아가는 데 필요한 기본 지식을 배웁니다. 학교도 가정이라는 디딤돌이 있기에 다닐 수 있는 것입니다. 어떤 가정에서 태어나 어떤 교육을 어떻게 받느냐에 따라 한 사람의 삶의 방향은 전혀 다르게 정해질 수 있습니다. 어떤 부모를 만나고 어떤 형제들과 어떻게 부대끼며 성장하느냐에 따라 세상을 바라보는 시각 또한 전혀 다른 각도로 자리 잡히게 되기 때문입니다.

사람은 가정을 비롯한 성장 환경의 영향을 어쩔 수 없이 받게 되어 있습니다. 부모와 자식, 형과 아우의 관계는 사람이 마음대로 선택할 수 있는 것이 아니라 하나님께서 허락한 은총입니다. 과학 기술의 발달에 힘입어 세상이 발 빠르게 변해 가면서 우리 삶의 근본 터전인 가정과 결혼에 대한 세상의 관념과 사조가 아주 빠른 속도로 변하고 있습니다. 요즘은, 옛날에는 입에 담기조차 껄끄러웠던 '연애'니 '이혼'이니 하는 말이 일상적으로 나오고, 사람들에게 이름이나 얼굴이 꽤 많이 알려진 이들 가운데 가정이 깨지는 아픔을 겪은 이들이 퍽 많아졌습니다. 어른들의 실수와 잘못으로 너무 어린 나이에 길거리로 내몰리는 아이들은 또 얼마나 많은지 모릅니다. 죽기까지 함께 하겠다는 그 신성한 혼인서약이 너무 쉽게 빛이 바래는 현실이 참 안타깝습니다.

한 남자와 한 여자가 만나 부부가 되는 일, 쉬운 일 같아도 실은 매우 어렵습니다. 적어도 지금 지구촌에 사는 60억 명의 사람들 가운데 남자와 여자를 대략 반반으로 볼 때, 부부의 소중한 관계를 맺을 수 있는 사람은 적어도 '30억 : 1'의 경쟁을 넘어선 이들입니다. 제 아무리 머리가 좋은 이도 적어도 몇 백 대 1의 경쟁률을 넘어 시험에 합격하기가 그리 쉽지 않을 것입니다. 30억 대 1이라면 거의 0에 가까운 확률인데 그것을 뚫고 부부가 엮어지는 일, 그래서 하나님의 선물이라고 할 수밖에 없는 것입니다.

부부로 함께 산다고 해도 잠자는 시간, 일터에 나가 일하는 시간, 살림하는 시간, 아이들 돌보는 시간, 어쩌다 몸겨눕는 시간, 이런 시간 저런 시간을 다 빼고 나면 부부가 함께 얼굴을 마주 대하는 시간은 하루에 단 몇 분도 채 안될 것이고, 그 짧은 금싸라기 같은 시간을 평생 한 데 모아도 그 시간은 그리 길지 않을 것입니다. 그 바늘귀만한 가능성의 틈을 타고 내 곁에 아내로 남편으로 또는 부모로 자식으로 서 있는 귀한 이들을 보듬고 사랑하기에도 턱없이 모자란 시간을, 서로 다투고 미워하는 일에 쓰는 것처럼 어리석고 속상한 일도 없을 것입니다. 우리 모두 다 그렇게 평생 사랑만 하며 살아서 '가정의 달'이니 뭐니 하는 어설픈 말들이 얼른 없어지면 참 좋겠습니다.

2007. 5. 3.

세상살이 3막 : 우리들의 교회

3막 1장 "살며 배려하며"

'만남'의 복을 누립시다

CBS의 봄철 프로그램 개편에 따라 여러분을 만나게 되어서 반갑습니다. 우리 하나님의 은혜로, 우리의 이 만남을 통해 하나님께서 예비하신 하늘의 복을 우리 모두가 충만히 누릴 수 있기를 바랍니다.

가수 노사연 씨가 부른 "만남"이라는 제목의 유행가를 아시는 분이 많을 것입니다. 'Slow Rock' 리듬으로 아주 차분하고 감칠맛 나게 흘러가는 이 노래는 "우리 만남은 우연이 아니라"는 말로 시작됩니다. 이 노래의 노랫말처럼, 우리들의 모든 만남은 결코 우연이 아닙니다. 노사연 씨는, 우리의 만남이 '우연'이 아니라 '바람'이었다고 노래했지만, 따지고 보면 모든 만남이 다 우리가 바라는 대로 이루어지는 것은 아닙니다. 하지만 모든 만남에 전지전능하신 하나님의 섭리가 작용하고 있는 것만은 분명합니다.

하나님의 형상인 인간은 태어나면서부터 원하든 원치 않든 수많은 관계의 망 속에서 살아갑니다. 부모 형제들과의 만남을 비롯해서, 스승과의 만남, 여러 친구들과의 만남 속에 성장합니다. 어른이 되면서는 직장 동료들과의 만남, 배우자와의 만남, 또한 자기 자식들과의 만남을 더 경험하게 됩니다. 우리는 만남을 통해 무한한 기쁨과 보람을 느끼기도 하지만, 어떤 만남을 통해서는 큰 슬픔과 아픔을 경험하기도 합니다. 기쁨이든 슬픔이든, 이 모든 것들은 하나님의 섭리 안에서 우리를 진실된 인간으로 세워 가는 아주 소중한 자양분이 될 수 있습니다.

어떤 사람과의 만남, 어떤 책 한 권과의 만남으로 인생의 방향이 전혀 생각지 못했던 쪽으로 바뀌는 경우가 참 많습니다. 그 때, 그 자리에서, 누구를, 어떻게 만나느냐에 따라, 우리 삶의 목표와 질이 눈에 띄게 달라질 수 있습니다. 어떤 때는 어쩌다 손에 잡은 책에서 언뜻 눈에 들어온 글 한 줄이, 또 어떤 때는 붐비는 시내버스 속에서 아주 잠시 만났던 이들의 대화 속에서 흘려들은 말 한 마디가, 또 어떤 때는 마지못해 읽었던 성경 한 구절과의 만남이 내 삶의 물꼬를 뜻밖의 방향으로 틀어 놓을 때도 있습니다. 그런 점에서 '만남'이야말로 우리 인생의 소중한 이정표요 스승이요 하나님께서 우리에게 주시는 가장 귀한 선물이라고 할 수 있습니다.

지금 누구를 만나고 계십니까? 그 사람과 어떻게 만나고 있습니까? 훗날, 지금 그 만남을 되돌아 볼 때, 내 인생에 가장 복되고 의미 있는 순간이었다고 고백할 수 있을 만큼, 지금 만나고 있는 사람이 진실되게 내 앞에 서 주기를 바라는 마음이 있으시다면, 그분 앞에 내가 먼저 그런 사람이 될 수 있도록 최선을 다해야 합니다. 모쪼록 날마다 때마다 하나님께서 주시는 만남의 선물을 잘 간직하고 누리십시오. 만나는 모든 이들 앞에, 저주의 근원이 아니라 복의 근원이 될 수 있도록 최선을 다하십시오. 모든 만남은, '우연'이 아니라 참 좋으신 우리 하나님의 '복된 선물'이자 '거룩한 도구'이기 때문입니다.

2004. 5. 10.

아름다운 2등

얼마 전, 교우들과 함께 전주 근교의 산을 오른 적이 있습니다. 산을 오르기 시작하면서 저는, 산을 타기에는 아직 힘이 부치는 몇몇 어린아이들을 앞세우고 대열의 선두에 섰습니다. 평소에 운동을 열심히 하지 않은 까닭인지, 산 중턱에서부터 아이들의 숨소리가 뜻밖에 거칠게 들려오기 시작했습니다. 끊임없이 보채는 아이들을 어르고 달래며 계속 산을 오른 끝에 간신히 정상 바로 아래 비탈에까지 다다랐습니다만, 유난히 가팔라 보이는 마지막 비탈 앞에서 이미 많이 지친 아이들은 그만 몹시 낙심한 눈치였습니다. 그렇다고 그 자리에 주저앉아 버리면 더 힘들어질 것 같아 아이들의 손을 붙잡아 끌며 마지막 산비탈을 오르기 시작했습니다. 그러다가, 정상을 20여 미터쯤 남겨둔 지점에서, 유난히 힘들어하는 어느 아이에게 다가가 귓속말로 이렇게 속삭였습니다.

"네가 맨 먼저 저 봉우리에 올라가 볼래? 여기서 조금만 더 힘을 내면 네가 충분히 해 낼 수 있을 것 같은데……."

그러자 이 아이가 무슨 생각을 했는지 갑자기 박차고 나서서 마침내 제일 먼저 정상에 올라섰습니다. 아이들보다 몇 걸음 늦게 정상에 오른 저는 그 아이를 열심히 칭찬해 주었습니다. 그랬더니 신이 난 그 아이는, 숨이 턱에 차서 뒤이어 올라오는 우리 일행을 죄다 붙들고 자기가 "목사님보다 먼저 1등으로 올라 왔다"고 연신 자랑을 해대는 것이었습니다. 그날, 한껏 부풀어 스스로 대견스러워하는 아이를 보며, 약한 아이를 앞세워 맨 먼저 정상에 오르게 한 제 마음이 얼마나 푸근하고 즐거웠는지 모릅니다.

　1953년, 세계 최초로 해발 8,848미터의 에베레스트 정상에 오른 뉴질랜드 출신의 등반가 에드먼드 힐러리 경은, 자신의 80회 생일잔치에, 함께 에베레스트 정상에 올랐던 네팔 출신 짐꾼대장 텐징 노르가이를 초청하여 각별한 감사의 정을 표했다 합니다. 당시 힐러리보다 등반 경험이 훨씬 많았던 텐징 노르가이가 마음만 먹으면 얼마든지 자기가 먼저 정상에 오를 수 있었는데도, 정상 바로 앞에서 길을 비켜서서 힐러리가 세계 최초로 에베레스트 정상에 오르도록 배려해 주었음을 잘 알고 있었기 때문입니다.

　얼마든지 남보다 앞서갈 능력과 재능이 있음에도 불구하고, 한 발 비켜서서 약한 이들에게 길을 열어 줌으로 그들을 격려하고 힘을 북돋아 험한 세상 느긋하게 함께 걷는 여유와 아량이 있는 멋진 사람들, 1등의 기쁨 못지않은 2등(꼴찌)의 보람으로 한껏 만족하고 감사할 줄 아는 이들의 삶이 훨씬 더 아름답습니다. 정글의 법칙이 지배하는 살벌한 이 세상에서, 나보다 약한 내 이웃이 나보다 앞서가며 삶의 보람과 기쁨을 누리도록 큰사랑으로 섬기는 여유와 아량을 지님으로, 우리 모두 이 세상의 소금과 빛이 될 수 있기를 바랍니다. 우리 주 예수님께서 그처럼 아름답고 멋지게 사셨기 때문입니다.

2004. 5. 24.

심장에 남는 사람

효자동 안행지구 정혜사 앞에 세워진 저희 전주열린문교회 새 교회당 바로 뒤에서부터 완산칠봉 산자락이 시작되기 때문에, 저희 교회당은 도심에 있으면서도 전원교회 분위기가 물씬 넘쳐서 마치 무슨 수련원에 온 것 같은 느낌이 자주 듭니다. 완산칠봉으로 이루어진 완산공원에 맞닿아 있기 때문에 저는 거의 매일 새벽기도회와 교역자회의가 끝난 다음 완산칠봉 팔각정을 넘어 칠성사 앞길로 이어지는 약 50분 정도의 등산과 산책으로 하루 일과를 시작합니다.

어쩌다 아침 이른 시간에 날이 궂거나 급히 처리할 일이 많아 등산을 못한 날은, 저녁 시간에 저희 집에서 그리 멀지 않은 아중저수지에 나가 좀 빠른 걸음으로 저수지 주변 도로를 한 시간 남짓 걷습니다. 갓바위마을(冠岩里) 너머 새로 난 동부우회도로 아래 굴다리를 지나 왜망실 입구까지 가보거나, 아니면 신동마을 입구까지 갔다가 돌아오는 게 보통인데, 어떤 때는 갓바위마을 앞에 있는 모정에 나와 한가로이 이야기꽃을 피우는 할머니 할아버지들 곁에 앉아 세상살이의 잔잔한 이야기를 잠시 훔쳐 듣다가 돌아오기도 합니다.

며칠 전에도 해질 무렵에 아중저수지 주변도로를 걷다가, 갓바위마을 약 150미터쯤 못 미친 곳 포장도로변에 있는 어느 누군가의 무덤에 눈길이 갔습니다. 평소 그곳을 지나칠 때마다 정성껏 준비된 야생화 꽃다발이 무덤 앞에 정갈하게 놓여 있는 것을 자주 보아왔던 터라, 그 날도 저도 모르게 그 무덤 쪽으로 눈길이 가게 되었던 것입니다. 참 특이한 것은 누군가가 이 무덤 앞에 끊임없이 새로운 꽃다발을 갖다 놓는다는 점입니다. 처음 이 무덤 앞에 놓인 꽃다발을 보았을 때는 바로 그 무렵에 고인의 기일이 있는가 보다 했습니다만, 철이 바뀌어도 변함없이 새로운 꽃다발이 놓이는 것을 보며 저도 몰래 묘한 호기심이 생기게 된 까닭에, 길을 걸으며 무덤에 누운 고인에 대해 저 혼자 이런저런 생각을 한 적이 많았습니다.

한동안, 고인이 세상을 떠난 지 얼마 되지 않아서 고인에 대한 사무치는 그리움 때문에 그러는 것이려니 짐작만 했는데, 며칠 전에는 호기심과 궁금증을 견디다 못해 어찌어찌 무덤 가까이 올라서서 옆에 새겨진 작은 비석 뒷면에 새겨진 고인의 기일을 확인하고는 그만 깜짝 놀라고 말았습니다. 고인이 세상을 뜬 지 햇수로 7년이나 되었다는 것을 알게 되었기 때문입니다. 고인과 그 가족들, 혹은 고인과 지인들 사이의 간곡한 사연이나 아기자기한 삶의 곡절을 미처 다 헤아릴 수는 없지만, 세월이 가도 빛이 바래지 않는 그분들 사이의 깊은 정은 어렴풋이 짐작할 수 있을 것 같습니다.

작년에 홍정길 목사님(남북나눔운동본부 사무총장, 남서울은혜교회 담임)과 함께 남북나눔운동 대북지원사업 확인 차 며칠 동안 평양을 방문한 적이 있었는데, 그 때 북녘 동포들이 즐겨 부르는 가요 중에 "심장에 남은 사람"이라는 곡이 있어 몇 차례 들어 본 적이 있습니다. '심장에 남은 사람'이 그 누구든 간에, 사람이 사람을 무참히 해치고 죽이는 일이 너무 흔한 이 험한 세상, 세상을 떠난 뒤, 남아있는 이들의 가슴에 무덤 앞 한 묶음 야생화 꽃다발 같은 절절한 그리움으로 '심장에 남는 사람'이 되기 위해 좀 더 열심히 사랑하며 살아야겠습니다.

2004. 9. 13.

꿈에 쫓기며

개나리, 목련, 복사꽃에 철 늦은 매화까지 흐드러지게 피는 봄철이 숨 가쁘게 지나가고 언뜻 초여름이 느껴지는 계절이 되면서 등산객들이 부쩍 많아졌습니다. 이즈음에는 아주 어린 아이들까지도 엄마 아빠의 손을 잡고 제법 가파른 산비탈을 종종걸음으로 예쁘장하게 오르내리는 모습을 더러 볼 수 있습니다. 사람들의 생김새만큼이나 산을 오르내리는 모습도 가지가지, 때로는 잠시 스쳐 지나가는 사람의 숨소리나 내딛는 발걸음의 여운 속에서 그 사람의 성품이나 기질 또는 근황을 얼추 짐작할 수도 있습니다. 똑같은 산이지만 산을 오르는 이의 체력이나 건강상태 또는 훈련량에 따라 산길을 헤쳐 나아가는 방식이나 속도 역시 제각각일 수밖에 없습니다. 청년은 청년대로, 나이 지긋한 중장년은 또 그대로, 연세 많으신 어르신들은 어르신대로, 산과 만나 산과 사귀는 모양새 역시 봄동산의 꽃빛깔만큼이나 다양합니다.

제법 오랜 세월을 산과 친근히 지내는 사이 저도 저 나름의 등산요령이 몸에 뱄습니다. 인간이 기계가 아닌 까닭에 매번 기계처럼 똑같은 시간에 똑같은 속도로 산행을 할 수는 없겠지만 그래도 이만하면 됐다 싶게 몸에 익은 산행의 흐름은 분명히 있습니다. 우리 몸은 단 한 순간도 멈춤이 없이 끊임없이 성장과 쇠퇴를 반복하는 생명체이기 때문에, 어제의 내 몸이 오늘의 내 몸이 아니듯이 오늘의 내 몸 또한 내일의 몸과는 다를 수밖에 없겠습니다만, 그 점을 충분히 감안하더라도, 사람마다 오랜 세월 해묵은 습관처럼 몸에 밴 나름대로의 기술과 지혜는 누구에게나 있게 마련입니다. 웬만하면 그렇게 몸에 익은 자연스런 흐름을 깨지 않고 원만히 산행을 하는 것이 여러모로 좋습니다.

그런데, 혼자이든 동행이 있든, 산행을 하다보면 어느 순간 나도 모르게 누가 시키지도 않은 공연한 경쟁심이 발동하는 경우가 있습니다. 산을 오르내리는 수많은 등산객들이 이름도 성도 모른 채 물 흐르듯 숱하게 스쳐 지나가고 나 역시 그들 곁을 그저 그렇게 바람처럼 스쳐 지나가건만, 때로는 저만치 앞서 가는 어떤 이를 훌쩍 앞지르고 싶은 부질없는 욕망에 사로잡히기도 하고, 때로는 얼마쯤 뒤쳐져 산을 오르는 이에게 행여 따라잡힐세라 가뜩이나 차오르는 숨을 이를 악물고 참아가며 발걸음을 재촉할 때가 있습니다. 앞서 가는 이나 뒤따라오는 이는 그저 그냥 그 나름의 산행을 즐기고 있을 터인데도 나 혼자서 그들을 어떻게든 극복해야만 할 경쟁자로 생각한 탓에 가뜩이나 숨 가쁜 산행길이 참으로 고달플 때가 더러 있습니다. 그래봤자 정상에 올라 시간을 재보면 괜한 힘만 썼지 걸린 시간은 그저 거기서 거기일 때가 대부분입니다.

　어쩌면 참으로 소중한 동행이 될 수도 있었을 사람들과 속마음으로 내내 경쟁하며 혼자 가쁜 숨을 부질없이 몰아쉬느라 여유로워야 할 산행을 스스로 망친 안타까움에 정상에서 혼자 부끄러워 할 때가 가끔 있습니다. 우리 마음속의 꿈과 야망이란 것 또한 바로 그처럼 허망한 도깨비 같은 것 아닐까 생각합니다. 그것만 내려놓을 수 있다면, 아무리 가파른 인생의 고비도 얼마든지 여유 있고 멋스럽게 타고 넘을 수 있을 것을, 그 소박한 깨달음을 얻기까지 무에 그리 긴 시간이 필요했는지 정말 알다가도 모르겠습니다.

2005. 4. 11.

당신의 거친 숨소리

어떤 분이, 종종 산행을 하는 저에게 왜 산에 가느냐고 물으셨습니다. 별 말없이 그냥 씨익 한 번 웃고 지나갔지만 며칠 동안 그 물음이 머릿속을 떠나지 않았습니다. 새삼스런 질문에 썩 그럴 듯한 대답이 잘 떠오르지 않았기 때문입니다.

사람마다 산을 찾는 이유들이 제각각이겠지만, 저더러 한 가지 이유를 굳이 꼬집어 말하라면 산길을 걸으며 인생을 배울 수 있기 때문이라고 대답하고 싶습니다. 산골짜기와 능선의 틀은 어제나 오늘이나 별 다름이 없지만, 오늘의 나는 어제의 내가 아니듯이, 똑같은 산 똑같은 등산로를 걷는데도 오늘의 산은 어제의 산이 아닙니다. 어제 피었던 꽃 오늘은 없고, 어제 춤추던 잎새가 오늘은 낙엽 되어 뒹굽니다. 그렇게 아주 조금씩 쉴 새 없이 변하면서도 듬직한 산의 근본 품새만은 늘 한결같고 어엿합니다. 세월 따라 조금씩 변하는 겉모습은 산과 사람이 엇비슷하다 해도, 비바람 눈보라에도 끄떡없는 산의 근본 자태는 변덕스런 인생들이 언감생심 흉내도 낼 수 없을 만큼 듬직합니다. 어쩌면 산의 듬직한 모습에 매력을 느낀 까닭에 속마음에 어둑한 그늘이 드리울 때마다 제가 줄기차게 산을 찾는 지도 모르겠습니다.

깃털처럼 많은 나날을 살지만, 새벽마다 하나님의 은혜 안에서 새로 시작되는 오늘 하루의 삶이 늘 새로운 만큼 때로 턱없이 낯설고 힘든 것처럼, 자주 오르내리는 산길 또한 그러합니다. 그만큼 자주 오르내리고 그만큼 눈에 익은 등산로라면 세월 따라 제법 익숙해질 법도 하건만, 큰 산은 큰 산대로, 작은 산은 또 작은 산대로, 도중에 숨 가쁘고 다리 팍팍한 것은 늘 거기서 거기입니다. 산비탈 초입, 몸 상태가 썩 좋은 것 같았는데 엉뚱하게 중턱에서 몹시 고단한 때도 있고, 산을 찾아 나서기 찜찜할 정도로 몸 상태가 엉망이었는데 산을 오르는 도중 뜻밖에도 몸 상태가 아주 쾌적해지는 경우도 많습니다. 몹시 힘들게 산을 기어오른 것 같은데 뜻밖에 짧은 시간에 정상에 올랐는가 하면, 제법 신바람 나게 올라왔다고 생각했는데 엉뚱하게 시간이 많이 걸린 경우도 많습니다.

우리가 사는 하루하루가 늘 난생 처음 맞이하는 낯선 시간이듯이 산을 오르는 것 또한 매한가지입니다. 숨 가쁜 산비탈, 팍팍하게 맥 빠지는 다리 때문에 괜히 왔다는 생각, 그만 거기 그냥 주저앉아버리고 싶은 생각, 그만 돌아서고 싶은 생각이 들 때마다 앞서거니 뒤서거니 동행하는 이들의 가쁜 숨소리를 유심히 새겨들으려 애씁니다. 나만 힘든 것이 아니라 동행하는 이들도 나만큼은 힘들다는 사실, 그네들도 주저앉고 싶은 유혹이 올 때마다 나의 거친 숨소리에서 얄궂게도 큰 위로를 받을 지도 모른다는 생각에 이를 악물고 큰 숨으로 그냥 한 걸음을 더 내딛습니다.

지금 인생의 어느 산봉우리를 힘겹게 오르고 계십니까? 어느 그늘진 산비탈에서 아득하게 가쁜 숨을 몰아쉬고 계십니까? 인생의 산봉우리를 오르며 삶의 짐이 힘겹고 무거워 그 짐을 그만 벗어버리고 싶을 때마다, 곁에 있는 이들의 거칠고 가쁜 숨소리에 잠시 귀를 기울여 자잘한 위로를 가슴 깊이 받아 보십시오.

2005. 11. 24.

지금 내가 선 자리

빠져서는 안 될 급한 회의에 참석하기 위해 어느 날 아침 일찍 서울행 고속버스를 탔습니다. 늘 부족한 잠 때문인지, 이상하게 고속도로만 들어가면 10여 분도 채 안 되어 졸음운전을 하는 아주 좋지 않은 습성 때문에, 장거리 운행을 해야 할 경우에는 가능한 한 대중교통을 이용하는 편입니다. 뒷좌석은 때로 좀 답답한 느낌이 들 때가 많아서 표를 살 때 가능하면 앞좌석 표로 달라고 매번 매표원에게 당부합니다. 그 날도 매표원이 맨 앞좌석의 표를 주어서 운전기사 바로 뒷좌석 통로 쪽에 자리를 잡고 앉았습니다. 그쪽 자리가 그래도 주행 전방 차량의 흐름과 주변 풍경을 비교적 잘 볼 수 있는 자리여서 제일 편한 느낌이 들기 때문입니다. 평소 바깥바람을 마음 놓고 쐴 기회가 그리 많지 않은 편이라서 어쩌다 한두 번 출장을 가는 길에라도 고속도로 주변 풍경을 틈틈이 감상하며 계절의 꾸준하고 은근한 변화를 잠시 엿볼 수 있기 때문이기도 합니다.

우리나라도 이제는 전체 가구 수의 약 90% 정도가 자가용을 지니고 살 만큼 사는 형편이 좋아졌고, 운전면허증 없는 사람이 천연기념물 정도로 여겨질 만큼 자가운전을 하는 사람들이 많아지다 보니 휴일이나 명절연휴 때는 말할 것도 없고 평일에도 가는 곳마다 차량이 한적한 도로는 거의 없습니다. 고속도로도 예외는 아닙니다. 복잡한 고속도로에서 사고라도 나면 그 사고를 수습하느라 한두 시간 지체하는 일이 흔하기 때문에 그 날도 꼭 제 시간에 참석해야 할 중요한 회의인 만큼 한 시간쯤 여유를 두고 좀 일찍 나서서 서울로 가는 길이었습니다. 전주 나들목을 지나 논산-천안 간 민자고속도로에 진입하자 저만치 앞에 대형화물트럭 두 대가 보이는가 싶더니 잠시 뒤 제가 탄 버스가 그 트럭들의 꽁무니 쪽에 따라

붙기 시작했습니다. 바로 그 때, 일렬로 함께 달리던 트럭 한 대가 추월선으로 느닷없이 나서더니 순식간에 그 대형트럭 두 대가 차선 두 개를 모두 다 차지하고 약속이나 한 듯 똑같이 느린 속도로 주행을 하기 시작했습니다. 추월선에 들어선 차도 속도를 내지 않고, 주행선에 있는 차도 속도를 늦춰 주지 않고 그렇게 트럭 두 대가 아주 사이좋게 고속도로를 점령한 채 느긋하게 주행하는 시간이 마냥 길어지면서 순식간에 이 트럭들 뒤로 뒤따라 고속주행을 하던 차들이 끝이 보이지 않을 만큼 늘어섰습니다. 참다 참다 못한 버스 기사님을 비롯해서 트럭 뒤에 줄줄이 따라붙은 수많은 차량들이 연신 경적을 울리고 상향등을 깜빡거리고 별 짓을 다 해도 무려 20-30분 동안이나 이 두 대의 트럭이 고속주행을 방해하며 한심한 행패를 부렸습니다.

언젠가 공연차 저희 교회를 찾았던 가수 홍순관 씨가 "내가 내 길을 가는 것이 다른 사람에게 길을 내 주는 것"이라고 했던 말을 내내 곱씹으며 아주 빠듯해지는 시간약속 때문에 저 또한 애를 많이 태웠습니다. 혹시 나는 내게 걸맞지 않는 자리를 차지하고 앉아 다른 사람들의 앞길을 하염없이 막고 있지나 않은지, 서울에 도착할 때까지 생각이 참 많았습니다.

2006. 8. 31.

'작은 사랑' 하나가

"사랑에는 수고가 따른다."는 성경말씀을 굳이 들먹이지 않더라도, 수고의 땀방울이 전혀 없는 사랑고백은 그저 말장난이고 입술 잔치에 지나지 않는 것은 분명합니다. 누군가를 사랑하는 진실한 마음이 있다면, 누가 무엇을 시키기 전에 사랑하는 대상을 위한 자발적인 헌신과 수고가 어떤 방식으로든 뒤따르게 되어 있습니다. 수고가 뒤따르는 행위가 사랑인 만큼, 그 사랑을 받는 이는 참 행복하고, 사랑을 주는 이 또한 마음이 즐거우며, 그 사랑의 모습을 지켜보는 이 또한 가슴이 푸근해집니다. 사랑을 위해 자발적으로 열심히 섬기고 헌신하는 이들은 희미한 뒷모습에서까지 큰 은혜를 느끼게 합니다.

지난 연말, 성탄절 기념예배와 송구영신예배 그리고 파워인터뷰 동영상 촬영 등 교회 안팎으로 참 많은 일들이 있었는데, 보이지 않는 곳에서 열심히 땀 흘려 수고한 여러 교우들의 땀과 눈물의 열매를 온 교회가 함께 나누며 마음이 얼마나 기쁘고 즐겁던지, 매일 새벽 기도할 때마다 수고한 남종 여종들에게 하나님께서 위로와 복 주시기를 간구했습니다. 얼마 전에는 저희 교회 청년부원들이 나서서 교회당 1층의 북 카페를 꼼질꼼질 참 예쁘게 꾸며 놓았습니다. 청년들의 수고 덕에, 조금은 을씨년스럽게까지 느껴지던 분위기가 순식간에 참 포근하고 아늑하게 변해버렸습니다. 누가 시킨 것도 아니고 부탁한 일도 아닌데 청년부에서 자기들끼리 나서서 연말연시 바쁜 시간을 쪼개어 작은 일 하나까지 꼼꼼하게 챙겨 섬기고 헌신하는 모습을 보며 조국 교회의 앞날을 낙관할 수 있는 희망의 줄 하나를 또 발견했습니다.

며칠 전, 회의 차 서울에 출장 갔다 오는 길에 밤늦게 한국기독사진가협회(KCPA)의 김경한 형제님과 함께 내려왔습니다. 알고 지낸지 얼마 되지 않고, 직접 얼굴을 대면한 것은 두어 차례밖에 안 되는데도, 몹시 낡았지만 굳이 자기 차로 모시겠다고 해서 승차권을 환불하고 밤 깊은 시각에 고속도로를 함께 달렸습니다. 아주 어려서 아버님을 여의고 홀어머니와 아들 단 둘이 참으로 외롭게 자라온 청년, 그나마 몇 년 전부터는 홀어머니마저 중풍으로 병석에 누워 계신 까닭에 하루 세 끼 밥 챙겨 드리느라 하고 싶은 신학공부까지 여러 해 뒤로 미루면서 어머니를 돌보며 힘겹게 지내온 청년, 쥐꼬리만 한 정부 보조금만으로 모자가 힘겹게 살고 있는데도 남을 섬기는 일이 얼마나 몸에 잘 배어 있는지, 경한 형제님을 곁에서 오래 지켜보신 황용운 목사님은 그를 일컬어 '걸어 다니는 천사'라며 극찬했습니다.

깊은 밤, 열심히 달린 끝에 논산 민자고속도로 톨게이트에서 통행료를 지불하면서, 경한 형제는 차안에 있던 밀감 하나를 챙겨 통행료와 함께 심야근무 중인 톨게이트 직원 손에 꼬옥 쥐어 주더니, 전주 톨게이트에 와서도 역시 도로공사 직원에게 밀감 하나를 그렇게 건네주었습니다. 조수석에 앉아 있어 자세히는 못 봤어도 도로공사 직원의 '감사하다'는 짧은 대답 속에 정말 고마워하는 마음이 아주 짙게 묻어나고 있었습니다. 몹시 피곤한 일정, 많이 지친 몸이었지만 작은 사랑의 몸짓을 보고 배우며 제 마음이 얼마나 기쁘고 힘이 불끈 솟던지요.

2007. 1. 18.

내 마음 나도 몰라

'자과부지(自過不知)'라는 말이 있습니다. '자기 허물은 잘 알지 못한다'는 뜻입니다. 어찌 자기 허물뿐이겠습니까? 세상살이, 정말 복잡하고 어려운 일들을 숱하게 겪노라 허구한 날 불면의 밤을 지새우며 실타래처럼 꼬인 일들을 해결하기 위해 골똘히 지내다보면 가슴만 한없이 답답해지고, 그런 세월이 차곡차곡 쌓이다 보면 도무지 견딜 수 없는 삶의 무게와 아픔 때문에 신경이 극도로 예민해져서 하루에도 수천 번씩 감정이 천국과 지옥 사이를 오락가락 요동치게 됩니다. 요동치는 감정의 골을 미처 다 헤아리기도 어렵고 그것을 차분히 통제할 힘이 거의 없이 버둥대다 보면, 정말 대수롭지 않은 사소한 일에도 괜한 짜증이 나고 끊어진 동맥에서 피가 솟구치듯 감정이 울렁거릴 때가 많습니다. "내 마음 나도 몰라"라는 유행가 가사도 그래서 나왔을 것입니다.

이렇듯 내가 나를 잘 모르는데 내가 남을 이해한다는 게 기껏해야 수박 겉핥기식이 되지 않겠습니까? "내가 왜 그런 짓을 했는지 잘 모르겠다"거나 "그 사람이 나한테 그럴 줄 꿈에도 몰랐다"는 말을 종종 듣게 되는데, 그만큼 사람이 사람을 아는 일이 어렵다는 뜻일 것입니다. 물론, 누군가에 대해 그저 그렇고 그런 정보를 아는 것은 그리 어렵지 않습니다. 조금만 신경 쓰면, 고향이 어디인지, 어떤 가문 출신인지, 나이와 용모, 출신학교 등등에 대해 얼추 알 수 있습니다. 그러나 주변상황의 미묘한 변화에도 정말 예민하게 반응하며 순간순간 마음에 극심한 변화를 겪는 한 사람의 내면과 인격 그리고 성품의 이러저러한 그늘을 세세히 알기는 정말 어려운 일입니다. 제아무리 가까운 사이라도 가까이서 함께 살아가는 사람들의 보이지 않는 속내를 속속들이 아는 일은 일이십 년 함께 사는 것으로는 어림도 없지 싶습니다.

　지금은 70대 노인이 되신 저의 어머님은 차분한 편이신 아버님과 달리 성격이 무척 활달하십니다. 할 말을 속에 담아두고 끙끙 앓는 체질이 아니셔서 그때그때마다 할 말은 하시는 편이십니다. 어린 시절 무척 내성적이었던 저는 톡톡 쏘는 느낌의 어머니를 많이 어려워했던 것 같습니다. 그런 제가 ROTC 장교로 공수특전단에서 군 복무하던 때였습니다. 제가 소속된 공수여단이 최전방에 있던 탓에 딱 한 번 휴가를 받아 전주에 왔었는데 꿈에 그리던 집에 도착하여 대문을 밀치고 마당 안으로 들어서는 순간, 마루에 앉아 계시던 어머님이 베레모에 얼룩무늬 특전복을 입고 깜둥이가 되어 들어오는 큰아들을 보자마자 아예 맨발로 후닥닥 달려 나와나 큰 자식의 목에 매달려 제 얼굴에 당신 얼굴을 하염없이 부벼대며 어린아이처럼 좋아하시는 겁니다. 그러시는 어머니를 보며 '아, 우리 어머니에게도 이런 모습이 있었구나' 하는 생각과 함께 '부모님을 알려면 나는 아직 멀었다' 는 생각을 한 적이 있습니다. '어떤 사람에 대해서' 가 아니라 '그 사람을' 아는 일, 참으로 어려운 일이고 평생 걸리는 일 같습니다. 숨이 끊어지는 마지막 순간까지, 사람이 사람을 나날이 조금씩 더 깊이 알아가며 서로서로 따스하고 잔잔한 감동을 주고 받을 수 있다면 험한 세상 그래도 살맛이 나지 않겠습니까?

2006. 9. 7.

그리운 방물장수

울타리 없이 살던 시절이 있었습니다. 대문도 있는 둥 마는 둥 1년 365일 대문을 대충 열어놓고 지내던 시절이 분명 있었습니다. 울타리도 그저 싸리나무 가지를 듬성듬성 얼기설기 대충 엮어 세워놓는 게 전부였습니다. 지지리도 가난해서 말 그대로 초근목피로 목에 풀칠 근근이 하면서도 내 집에 들어오는 이는 동냥아치조차도 함부로 내치지 않고 먹다 남은 찬밥덩이 하나라도 들려서 따뜻한 마음으로 내보내는 게 우리네 인심이었습니다. 너나없이 내 집에 발을 들여놓은 사람 썰렁하게 내보내는 것은 사람 된 도리가 아니라는 생각으로 착하게만 살았던, '전설의 고향' 같은 시절이 바로 엊그제였습니다.

그런 시절에 가을걷이가 끝난 늦가을 무렵부터 농한기가 시작되면 시골마을에는 하나둘씩 방물장수들이 나타났습니다. 좀 큼지막한 보통이에 바늘이나 실, 골무 같은 생필품에서부터 시골 장터에서는 좀체 구경하기 힘든 좀 신기한 머리핀이나 참빗, 좀약 같은 잡다한 물건들을 싸들고 동네에 들어와서 아무 집에나 들어가 하루 이틀 신세를 지면서, 어느 새 소식을 듣고 하나둘씩 모여든 시골 아낙네들에게 그것을 팔았습니다. 그 시절에는 방물장수가 와서 며칠 머무는 동안 집 주인은 밥값을 받지도 않고 숙박료를 요구하지도 않았습니다. 어쩌다 방물장수의 마음이 동하여 감사의 표로 보통이에 싸 들고 온 물품 한두 가지를 주어도 대개는 극구 사양하며 그저 자기 집에 온 손님 따순 밥 한 그릇 먹여 보내는 것을 큰 즐거움으로 삼고 살았습니다. 네 것 내 것을 까락까락 따지지 않고 그저 모든 것이 다 '우리 것'일 뿐이었습니다.

산업화에 이어 서구의 개인주의가 빠른 속도로 우리 사회에 들어오면서 그것의 어두운 면만 아주 발 빠르게 우리 사회의 안방을 사정없이 후비고 들어와 버렸습니다. '우리'라는 공동체 개념이 흐려지면서 '가족'도 없고 '너'도 없고 오직 '나'만 존재하는 살벌한 세상이 되었습니다. 지방 자치제가 시행되면서 개인주의의 부정적인 후유증이 끊임없이 지역이기주의를 부채질하는가 싶더니 이제는 아예 '동네 이기주의'라는 살벌한 말까지 나오게 되었습니다.

사람 다니고 차 다니라고 만든 도로인데, 자기 동네 앞길이라 해서 함부로 막아놓고 장의차를 지나가지 못하게 행패를 부리고, 사랑하는 이를 잃고 슬픔에 젖어 있는 이들의 약점을 끈질기게 물고 늘어지며 '마을발전기금'이라는 거창한 이름으로 뭉칫돈을 뜯어냅니다. 조금 쉴 만한 개울이나 나무그늘에서 자릿세를 뜯는 일이 어디서나 공공연하게 이뤄지고 있습니다. 산골짝 작은 동네에도 어김없이 주차료를 내라며 손을 내미는 사람이 있습니다. 우리 동네에서 그런 짓하면 내가 다른 동네에서 똑같이 험한 꼴을 당한다는 생각은 전혀 하지 못합니다. 나 사는 곳 아니라고 함부로 쓰레기를 몰래 내버리고 오는 것만큼이나, 우리 고장을 찾은 사람에게 막가는 태도로 대하는 것 역시 아주 질이 나쁜 것입니다. 어쩌다가 그만, 호기심 가득 담긴 꿈의 보따리를 머리에 이고 우리 마을을 찾아오던 뜨내기 방물장수가 무던히 그리운 시절이 되고 말았습니다.

2006. 11. 9.

세상살이 3막 : 우리들의 교회

3막 2장 "살며 어울리며"

함께 사는 세상

　사람의 몸에는 여러 기관과 지체가 있습니다. 모양이나 위치 크기나 역할이 각기 다른 기관들이 모여 하나의 몸을 이룹니다. 눈과 귀와 콧구멍은 두 개면 되고, 머리와 입은 하나면 됩니다. 생명의 주인이신 하나님께서 그분의 거룩한 형상을 심어 사람을 만드실 때 몸에 꼭 필요한 기관과 지체들을 꼭 필요한 만큼 만들어 놓으셨기 때문입니다. 몸이 몸으로서 제기능을 바르게 발휘하기 위해서는 각 지체들이 각기 제 자리에서 각자에게 주어진 역할과 기능을 성실하게 감당해야만 합니다.

　눈이 세 개, 입이 두 개 있다고 생각해 보십시오. 등 한복판에 팔이 하나쯤 더 돋아나 있다고 생각해 보십시오. 다리가 두어 개 더 붙어 있다고 생각해 보십시오. 그럴 경우 이런 지체나 기관들이 한두 개 모자라는 것 이상으로 불편한 일이 많을 것입니다. 그러기에 하나님께서 모자라지도 넘치지도 않게 우리 몸을 만들어 주신 사실만큼 고맙고 감사한 일은 없을 것입니다. 온 몸에 눈만 가득 달려 있고 다른 기관은 없다든지, 온 몸에 입이 곳곳에 붙어 있고 그것이 더 있는 만큼 다른 기관이 모자란다고 생각해 보십시오. 아마 그런 사람이 있다면 사람들은 그를 사람이 아닌 괴물로 여길 것입니다.

　우리나라 사람들만큼 유행을 잘 타는 족속도 드문 듯합니다. 어떤 이가 무얼해서 돈을 좀 벌었네 하면 너나없이 그 길로 몰려가고, 또 어떤 이가 어떻게 해서 무얼 좀 잘하게 되었다 하면 아무 생각 없이 우르르 그 쪽으로 떼 뭉쳐 몰려듭니다. 인간으로서 최소한의 자존감이나 자부심이나 긍지도 없이 이리 몰리고 저리 뭉쳐 다니며 참으로 부질없는 북새통을 잘도 이룹니다. 개개인에게 주어진 아주 독특한 역할과 기능이 있을 터인데,

미처 그것을 깊이 생각해 보기도 전에 시세의 흐름과 유행의 바람을 따라 바람에 날리는 겨처럼 너나없이 열심히 다른 이들의 눈치나 살피며 이리저리 분주하게 움직입니다. '송충이는 솔잎을 먹어야 한다' 는 속담이 무색할 정도로 끊임없이 누군가의 흉내만을 내며 한 평생 사는 탓에 각 사람의 참으로 아름답고 소중한 개성과 재능이 순식간에 오래된 박물관의 박제처럼 굳어져 버리고 맙니다.

돌담을 볼 때마다 참으로 벅찬 감동에 사로잡히곤 합니다. 큰 돌, 작은 돌들이 어쩌면 그렇게 꼭 있어야 할 자리에 제대로 박혀서 크고 튼실한 울타리를 만드는지, 참으로 놀랍기 그지없습니다. 큰 돌이 작은 돌 자리에 들어갈 수 없고, 작은 돌이 큰 돌의 역할을 할 수도 없습니다. 큰 돌은 큰 돌대로, 작은 돌은 작은 돌대로 꼭 있어야 할 자리에서 꼭 해야 할 역할을 잘 감당함으로 비바람, 눈보라 속 천 년의 세월을 능히 견딜 힘을 얻습니다. 내 분수에 맞는 내 일을 팽개치고 부질없이 남의 길이나 평생 기웃거리며 금싸라기 같은 세월을 허송하기보다, 서 있어야 할 자리에서 나 아니면 할 수 없는 일을 찾아 당당한 자부심으로 내가 해야 할 작은 역할을 성실히 감당함으로 좀 더 살기 좋은 세상을 만들어 나가는 데 보탬이 되는 삶을 살아야 하겠습니다.

2007. 2. 1.

똥꼬 이야기

어느 날 몸에 있는 여러 지체들 사이에 논쟁이 시작되었습니다. 각자가 몸 안에서 맡은 일의 중요성을 강조하고 자기가 없으면 몸이 어떻게 힘들어지는가를 열심히 말하였습니다. 그러다가 느닷없이 논쟁의 불똥이 똥꼬 쪽으로 튀었습니다. 똥꼬 이야기가 나오자마자 몸 안의 여러 지체들이 너나없이 나서서 똥꼬를 비난하기 시작했습니다. 그늘진 곳에 숨어 얼굴을 잘 드러내지 않는다는 둥, 더럽고 추하다는 둥, 역겨운 냄새가 진동한다는 둥, 모양새도 우습다는 둥, 별의별 이야기들이 다 나오며 똥꼬를 몸에 있어서는 안 되는 아주 흉물스런 기관으로 몰아붙였습니다. 물론 그런 과정에서 똥꼬를 향해 손가락질하며 욕하는 자기들은 아주 손쉽게 예쁘고 고상하고 아름답고 멋진 기관이라는 점을 은근히 부각시키며 치사하게 자기의 의로움을 얻어내려 하고 있었습니다.

사타구니와 양쪽 엉덩이 사이에 조용히 자리 잡고 앉아 다른 지체들의 손가락질과 낯 뜨거운 욕설을 말없이 듣고만 있던 똥꼬도 차츰 약이 오르고 화가 나기 시작했습니다. 누구는 햇볕을 보기 싫어 안 보나 하는 생각도 들고, 누구는 냄새 풍기고 싶어서 구린내를 풍기나 하는 생각도 들었습니다. 하지만 아무리 억울하고 분해도 무슨 수를 써도 그 흐름을 쉽게 뒤엎기는 어렵다는 생각에 한숨만 푹푹 쉬던 똥꼬가 마침내 야무진 결심을 했습니다. 변변히 항변할 만한 무슨 힘도 용기도 없어서 그냥 자신이 하는 일을 조용히 그만 두는 게 낫겠다는 생각을 하게 된 것입니다. 그렇게 해서 그 날부터 똥꼬는 입을 꽉 다물고 위에서 밀려 내려오는 똥을 한 방울도 밖으로 내보내 주지 않았습니다. 시간이 흐를수록 위에서 내리 누르는 배설물의 무게와 압력이 거세어졌지만 한 번 결심하고 마음먹은 대로 끝끝내 똥꼬를 열어 주지 않았습니다.

똥꼬가 문을 닫고 배설물을 내보내는 일을 거부한 뒤로 여러 날이 흘렀습니다. 그러자 몸 전체에 참으로 이상한 변화가 생기기 시작했습니다. 똥을 내보내지 못하는 바람에 몸 속 구석구석에 똥독이 올라 피부 곳곳에 뾰루지가 돋고, 참을 수 없을 만큼 가렵고, 식욕도 떨어지고, 밤이 되어도 고통과 괴로움 때문에 깊은 잠을 잘 수 없게 되었습니다. 조금 더 시간이 흐르자 거의 모든 기관들이 힘이 빠져 흐느적거리기 시작했습니다. 결국, 참다 참다 못해 똥꼬를 욕하던 여러 기관들이 함께 모여 뜻을 모아 똥꼬에게 백배 사죄하고 용서를 구한 끝에 다시 똥을 무난하게 쌀 수 있었고 비로소 몸 전체가 시원함을 맛보고 건강을 회복하게 되었다 합니다.

사람이 병들어 죽을 때, 몸의 모든 기관이 다 병들어 죽는 것이 아니라, 수많은 지체 가운데 한 곳만 고장이 나도 몸 전체의 생명이 끝난다는 것은 우리가 다 아는 상식입니다. 우리가 몸담고 있는 공동체는 사람의 몸과 같습니다. 한 곳만 고장 나고 제대로 기능을 발휘하지 못해도 치명적인 결과가 올 수 있으므로, 작고 못나 보이는 지체일수록 더 소중히 보듬고 감싸 안아야만 할 분명한 이유가 바로 거기에 있습니다. 작고 초라한 것들이 없으면 크고 빛나는 것들도 존재할 수 없기 때문입니다.

2007. 3. 8.

가장 아름다운 모습

"사자는 아주 작은 짐승을 잡을 때도 몸집이 큰 짐승을 잡을 때와 똑같은 자세를 취한다"는 말을 아버님으로부터 들으며 자랐습니다. 저는 아버님의 그 말씀을 '모든 일에 최선을 다해야 한다'는 뜻으로 이해했습니다. 무슨 일을 하든 최대한 집중하여 그 일을 열심히 하라는 그 귀한 가르침이 오늘까지 제 삶의 큰 동력이 된 것은 사실입니다. 그래서 무슨 일을 끝냈을 때, 그 일에 대한 다른 이들의 평가가 어떠하든, 저 자신의 마음이 흡족하지 않으면 만족과 기쁨을 잘 누리지 못할 때도 많습니다. 저의 완벽주의 기질이 몹시 불편할 때도 더러 있지만, 무슨 일이든 맡겨진 일에 최선을 다하지 못하고 대충 대충 눈가림만 하려 드는 자세보다는 더 낫지 싶어 늘 그렇게 지내고 있습니다. 결코 쉽지 않은 제 스스로의 기준을 넘어선 멋진 결과물을 손에 쥐었을 때 느껴져 오는 보람과 기쁨은 그 결과물을 얻기까지 수고하고 애쓴 오랜 시간의 무게를 한꺼번에 날려버릴 만큼 크고 감격스러운 것이기 때문입니다.

큰일이든 작은 일이든, 자기에게 맡겨진 일을 열심히 하며 최선을 다해 섬기는 이들의 뒷모습만큼 아름다운 것은 없는 것 같습니다. 그러기에 맡겨진 일에 최선을 다할 뿐만 아니라 그 일을 하면서 새로 생기는 자잘한 일들까지 스스로 챙겨서 열심히 손질을 해 주는 아름다운 심성을 지닌 사람을 하나 둘씩 만나는 기쁨보다 큰 기쁨도 없습니다. 전에 제가 살던 아파트에서 일 년 365일 하루도 거르지 않고 최선을 다해 쓰레기를 치워 주시던 청소부 아저씨, 서너 달에 한 번씩 정기적으로 방문하여 정수기 필터를 바꿔 줄 때마다 정수기 케이스뿐만 아니라 정수기 주변까지 깨끗하게 닦고 정리해 주시는 정수기 회사의 젊은 직원, 아무도 보는 이 없는 자정 가까운 깊은 밤에 조용히 교회당에 나와서 화단에 꽃나무 두어 그루 정성껏 심어놓고 가시는 집사님 등등의 모습에서 저는 늘 제가 믿는 예수님의 자비로운 손길을 느끼곤 합니다.

며칠 전, 저희 전주열린문교회 교회당에서 노회 정기회가 열리게 되었는데, 교회를 찾아오실 수백 명의 손님을 맞이하기 위해, 틈틈이 교회당에 나와 교회당 구석구석을 청소하고, 맛난 음식을 준비하고, 심지어는 연가나 특별휴가까지 내어 행사 뒷바라지를 열심히 해 주시는 여러 교우님들의 땀방울을 지켜보며 마음이 참 넉넉해짐을 느꼈습니다. 너나없이 바쁘고 분주한 세상, 핑계거리를 찾기로 하면 적당한 핑계 한두 개는 쉽게 찾아내어 그 짐을 벗어버릴 수 있을 터인데도 남보다 한 발 앞서서 무거운 짐 한두 개를 더 지려는 진지한 섬김의 자세에서 또 한 번 정말 깊은 감동을 받았습니다.

"게으른 소가 멍에 부러뜨린다"는 속담이 있습니다. 어떤 일을 하면서 마지못해 하거나 인색함으로 하거나 근근이 체면치레로 하는 시늉만 하는 것과 정말 섬기고 사랑하는 마음에서 기쁨과 즐거움으로 하는 일은 하늘과 땅만큼 차이가 있습니다. 섬길 일을 열심히 찾아 최선을 다해 사랑하는 뒷모습으로 많은 이들에게 큰 기쁨과 감동을 주는 삶을 살고 싶지 않으십니까?

2007. 3. 15.

애정의 깊이

평소 존경하는 어느 사진 작가분한테서 들은 이야기입니다. 꽤 오래 전에 친한 친구로부터 이삿짐 나르는 것을 도와달라는 부탁을 받고 가서 도와주었는데, 얼마쯤 후에 그 친구가 또 이삿짐을 날라 달라 해서 가 보니, 지난번 이사할 때 유난히 소중하게 다루던 작은 사진 액자를 여전히 애지중지 몹시 조심스럽게 다루며 새 집에 들어가서는 거실에서 제일 잘 보이고 좋은 자리에 그 액자를 무던히 정성스럽게 잘 모셔 두는 모습을 보았다 합니다. 그리 잘 찍은 사진도 아닌데 그걸 그렇게 귀히 다루는 모습이 하도 이상해서, 무슨 특별한 사연이라도 있는 액자인가 싶어 조심스럽게 친구에게 그 이유를 물어보았더니, 십 수 년 전에 아주 비싼 값으로 사들여 놓은 사진이라서 그런다는 뜻밖의 대답을 하더랍니다. 사진 작가님은 그 이야기 끝에, 내가 찍어 주는 사진을 누군가가 정말 소중히 간직하기를 바란다면 절대로 사진을 거저 주지 말라는 의미있는 말 한 마디를 더 덧붙였습니다.

그렇습니다. 사람들은 아무리 사소한 것이라도 자신의 손때가 묻고 정성과 사랑 그리고 세월의 깊이가 스며있는 것들을 소중히 여기는 습성이 있습니다. 저희 집에도, 이십여 년 전 우리 둘째 딸아이가 제 엄마 뱃속에 있을 때 1천 5백 원을 주고 아내가 사온 행운목 화분이 하나 있습니다. 우리 둘째가 벌써 대학교 3학년이고 시집갈 나이가 되어가고 있음에도, 이제는 너무 노쇠해서 이파리의 색깔이 칙칙하기 그지없는 그 행운목 화분을 아예 우리 가족의 하나로 귀히 여기며 거실 장식장 위에 놓아두고 삽니다. 우리가 아끼고 귀히 여기는 것들이 옷이든 신발이든 아니면 소소한 살림살이나 취미활동의 도구든 간에, 그것들이 나와 함께 한 시간의 길이 만큼, 거기에 쏟아 부은 시간과 정열만큼 그것에 더 애착을 갖게 되기 마련입니다. 시장에 가면 그것과 똑같거나 아니면 훨씬 더 좋은 것들이 지천으로 널려 있음에도 낯설기 그지없는 새 것에 익숙해지는 수고를 하느니 차라리 몸에 익은 것들을 잘 매만져 오래 쓰는 것을 더 편안해 하는 것이 사람입니다. 저만 그러는 것이 아니라 거의 모든 사람들이 다 그러시는 것 같습니다.

어디 물건만 그렇겠습니까? 집에서 기르는 짐승은 말할 것도 없고 사랑하는 부모 형제나 친한 친구, 결혼하여 함께 사는 아내나 남편, 또는 눈에 넣어도 아프지 않은 이쁜 새끼들까지, 우리 곁 가장 가까이에 두고 우리가 아끼고 사랑하는 이들은 모두다 우리들의 삶과 사랑과 정열과 시간과 물질을 아낌없이 쏟아 부은 존재들입니다. 개인의 삶 혹은 각 가정의 삶뿐만 아니라 우리가 속한 여러 공동체에 대한 우리의 애정도 마찬가지일 것입니다. 그 공동체에 대한 애정, 그 공동체에 대한 살가운 감정은 하루아침에 생기는 것이 아니라 오랜 세월 남몰래 쏟아 부은 땀과 눈물과 정성이 많을수록 더 깊어지는 법입니다. 사랑하고 헌신하는 만큼 사랑의 깊이가 더하게 되어 있습니다. 지금 몸담고 있는 공동체를 목숨 걸고 사랑해 보십시오. 더 큰 사랑의 열매를 반드시 풍성하게 거두실 수 있을 것입니다.

2007. 3. 29.

꽃처럼 향기롭게

저희 전주열린문교회 교회당 바로 뒤 완산칠봉 산자락에 산벚꽃이 흐드러지게 피었습니다. 주택가에 피었던 벚꽃, 목련, 개나리는 벌써 시들어 가는데 북향한 산비탈에서 겨울바람에 많이 시달리던 산벚꽃들은 한 발짝 늦게 이제사 활짝 피어나고 있습니다. 교회당을 오가면서 산자락을 바라볼 때마다 마치 잘 그려진 한 폭의 담채 수묵화를 보는 듯, 마음이 벚꽃빛깔만큼이나 화사해져 옴을 느낍니다. 틀에 박힌 무슨 규칙도 없이 하나님께서 베풀어 놓으신 대로 나무들이 각기 서 있는 자리에서 한 해의 시작을 화려한 꽃불놀이로 시작하고 있는 모습, 볼수록 장관입니다. 어떤 곳은 듬성듬성, 또 어떤 곳에는 오밀조밀하게, 참으로 싱싱하게 느껴지는 연초록 틈새마다 참으로 적절한 자리에 산벚나무들이 서서 아련한 연분홍 꽃무늬를 만들고 있습니다.

좀 자세히 들여다보면 똑같은 산벚꽃이라도 모양이나 빛깔이 제각각입니다. 산자락 아래로 조금 더 다가서 보면 흐드러지게 핀 산벚꽃 주변에 이름 모를 작은 풀과 나무들이 또 빼곡히 자리를 잡고 제 나름의 한해살이를 열심히 시작해 놓은 것을 알 수 있습니다. 조금 더 깊숙한 숲 속에서는, 꽃나무 가지마다, 꽃송이 송이마다 열심히 찾아다니며 꿀을 모으는 꿀벌들의 날갯짓 소리가 제법 요란합니다. 봄에 꽃이 피었던 자리에 가을의 열매가 맺힙니다. 봄철에 꽃을 피우지 못한 가지에서 가을 열매를 얻을 수는 없는 법이기에 봄을 아름답게 장식하는 온갖 꽃무리는 가을걷이의 소망이라 할 수 있을 것입니다. 시절을 따라 잠시 뒤에 꽃은 시들어 떨어지지만 꽃이 지고 난 자리에는 어김없이 소담스런 열매들이 맺히게 됩니다. 열매가 꿈이고 소망이라면, 봄철에 피는 꽃은 꿈과 소망의 씨앗입니다.

산벚꽃무리의 아련한 빛깔이 몹시 고운 완산칠봉 산자락을 조금 먼발치에서 한참 들여다보다가, '모든 꽃빛깔이 다 똑같다면 무슨 재미가 있을까', '모든 꽃이 다 한 곳에만 모여 있다면 그게 무슨 아름다움이 될까' 하는 생각을 잠시 했습니다. 엇비슷한 빛깔이라도, 각기 서 있는 자리에 따라 햇빛을 조금씩 다르게 나누어 받고, 조금씩 다른 모습의 꽃잎들이 착하게 어우러져 참으로 아름다운 빛깔의 대합창을 하는 모습에서 세상살이의 위대한 지혜를 배웁니다. 그래서인지, 어쩌다 예쁜 풍경사진을 한 장 찍을 때도 사진작가들은 거의 본능적으로 빛과 어두움, 밝은 색채와 어두운 색채가 적절하게 어울려 있는 곳을 찾습니다. 아무리 꽃 모양이나 빛깔이 예쁘고 고와도 거의 똑같은 꽃들이 한데 우르르 몰려 있는 곳에는 카메라를 잘 들이대지 않습니다.

꽃이 그렇듯이, 사람들도 제 빛깔과 모양이 있다고 생각합니다. 서로 조금씩 다른 모양과 빛깔이 참으로 아기자기하게 꽃무리처럼 하나로 어우러질 때, 참으로 아름답고 향기로운 공동체가 세워질 수 있을 것입니다. 꽃들이 자기 자리를 어엿이 잘 지키며 옆에 있는 꽃을 시샘하지 않고 제 빛깔과 향기로 아름다운 숲 하나를 이루듯, 우리들도 그렇게 살면 얼마나 좋겠습니까?

2007. 4. 12.

티끌과 들보

　죄로 썩은 까닭인지, 사람의 마음처럼 간사하고 약삭빠른 것은 없는 것 같습니다. 사람의 모든 행위가 마음의 생각의 열매로 나타난 것이기 때문에, 우리가 사는 이 세상에 악하고 추한 일들이 끊임없이 일어나는 것은 곧 우리 인간들의 마음이 그만큼 추악하기 때문입니다. 인간의 본성에 뿌리 깊이 자리 잡고 있는 죄성이 행동으로 드러나는 방식은 여러 가지겠지만 그 뿌리는 아주 간단하게 '자기중심성'으로 요약될 수 있을 것 같습니다. 각기 다른 마음을 갖고 있는 사람들이 각자의 생각과 주장만 옳다고 끊임없이 주장하기 때문에, 그렇게 입바른 소리를 하는 사람이 많으면 많을수록 세상은 더 시끄럽고 복잡하게 변해 가는 것입니다.

　연말 대선을 앞두고 아무개 정당의 후보들끼리 서로 경쟁하며 들춰 내놓는 상대방의 비리목록을 보면서, '저렇게 추한 내용을 그렇게도 잘 아는 사람들끼리 그동안 어떻게 한 정당 안에서 지냈는지 참으로 용하다'는 생각이 들 정도로 때로는 측은한 느낌까지 들 때가 많습니다. 아무튼, 어떤 문제를 가지고 어떻게 상대방의 흠집을 내든, 그 핵심에는 언제나 '나는 옳고 너는 글렀다'는 생각이 굳게 자리 잡고 있습니다. 시도 때도 없이 변하는 유명 정객들의 언행을 유심히 지켜보면 인간의 자기중심성과 이기심의 끝이 도무지 보이지를 않습니다. 세상살이 처세기술이 발달할 대로 발달한 어른들만 그런 것이 아니라, 코흘리개 어린아이들도 그 점에서는 예외가 될 수 없는 듯합니다.

　내가 길을 걸을 때는 교차로나 횡단보도에서 신호를 위반하고 사정없이 내달리는 운전자가 그토록 밉다가도, 정작 내가 운전대에 앉아 있을 때는 주행노선에 자꾸만 거치적거리는 보행자가 한없이 보기 싫습니다.

운전 중, 다른 차들이 법규를 위반하며 신경 쓰이게 할 때는 '민주시민의 양식이 의심된다' 느니 어쩌니 하면서도, 정작 자신이 신호를 위반하면서는 '바쁜 세상에 어쩔 수 없는 것 아니겠냐'고 속편하게 생각합니다. 내가 그 차를 꼭 타야만 할 사정이 있는데 출발시간에 좀 늦었을 때는 정한 시각보다 몇 분쯤 늦게 출발하는 운전기사 양반이 그토록 고맙지만, 정작 내가 차에 올라 자리 잡고 앉아 있을 때는 한 1-2분쯤 늦게 출발하는 운전기사를 향해 '시간 관념이 어떻느니, 서비스 정신이 희박하다'느니 하며 궁시렁거립니다. 어느 중요한 자격시험에 내가 응시할 때는 '제발 합격자 수가 좀 많으면 좋겠다'고 생각하지만, 막상 시험에 합격해서 어떤 자격을 얻게 되면, '이제 그만 합격의 문을 좀 좁히면 좋겠다'는 생각을 쉽게 하게 됩니다.

늘 마주하는 이웃끼리 하찮은 주차문제로 거칠어진 감정 때문에 칼부림도 서슴지 않는 세상, 이른 바 '님비(NIMBY)' 현상으로 요약되는 개인 혹은 소집단의 극단적인 이기주의 역시 죄로 썩어 냄새나는 우리들의 마음에서 끊임없이 돋아나는 무서운 독버섯입니다. 그래서 "형제의 눈에 티끌을 보기 전에, 먼저 네 눈 속의 들보를 빼라"는 성경의 가르침이 주어졌을 것입니다.

2007. 7. 5.

물의 가르침

옛 어른들은 '물(水)이 흘러가는(去) 것'을 법(法)이라고 했습니다. 그러기에 하나님께서 세워 놓으신 자연의 이치와 정직하고 진실된 도리에 다소곳이 순종하며 사는 것이 곧 법을 따르는 삶입니다. 물은 반드시 우묵한 곳을 채운 다음에야 그 다음 곳으로 넘어갑니다. 물은 결코 아래에서 위로 함부로 솟구쳐 오르지 않습니다. 비록 솟구치는 샘물이라 할지라도 일단 솟구친 다음에는 이내 다른 물들처럼 낮은 곳을 재빨리 찾아 자연스럽게 흘러내립니다. 아래로 아래로 흐르는 물은 어쩌다 깎아지른 절벽을 만나 사정없이 곤두박질하기도 하지만 잠시 후면 다시 물 본래의 흐름으로 돌아와 유유히 제 갈 길을 갑니다.

흐르는 물은 어느 순간 돌부리나 멧부리를 만나 잠시 갈라질지라도 이내 다시 하나가 되어 도란도란 흘러 나갑니다. 물이 늘 낮은 곳을 향하기 때문에 '큰물'은 높은 곳에는 없습니다. 오직 낮은 곳에만 큰 물줄기가 있습니다. 큰물이 흐르는 강바닥은 그래서 늘 산보다 낮으며, 더 큰물이 모여드는 바다는 산처럼 비좁거나 높지 않고 그저 한없이 넓고 깊습니다. 높은 산비탈에서는 쉽게 하나 되지 못한 물방울들도 낮고 낮은 바다에서는 조용히 하나가 됩니다. 찢어지고 갈라져 흐르던 모든 물은 낮고 깊은 바다에 이르러서야 비로소 말없이 한 몸을 이루게 됩니다. 깎아지른 높은 산에서는 쉽게 찾을 수 없는 마음의 여유와 안정을 탁 트인 수평선을 바라볼 때 비로소 맛볼 수 있는 것도 바로 그 때문입니다.

대선을 앞두고 정치권이 연일 한여름의 무더위보다 더 뜨겁게 달궈지고 있습니다. 정치적 이념과 노선이 같아 꽤 오랜 세월 한솥밥을 먹으며, 속된 말로 '난쟁이 골마리 치켜 올리듯' 서로가 서로에게 낯 뜨거운 아첨의 말과 아부의 몸짓으로 서로를 칭찬하여마지 않던 사람들이, 하나밖에 없는 대통령 자리를 앞에 두고서는 하루에도 몇 가지씩 상대방의 허물과 비리를 들추어내는 데 열심입니다. 서로 서로 들추어내고 밝혀내는 비리 사실의 분량과 신빙성으로 미루어 퍽 오래 전부터 상대방을 때려눕힐 수 있는 자료들을 품에 안고 살았을 성싶은데, 어쩌면 그리도 감쪽같이 국민 앞에 입 싹 씻고 아무 것도 모르는 척 능청을 떨다가, 막상 내 앞에 큰 떡을 놓지 않으면 안 되는 절실한 상황이 닥치자 그동안 잘도 숨겨왔던 본심을 거침없이 쏟아내는 추태를 보면서 높은 자리 탐내는 사람들의 얼굴 두께가 얼마나 되는 지 궁금할 때가 많습니다.

"우리나라를 망치는 문제아 꼴통들은 서민이 아니라 많이 배워 높은 자리 차지하고 있는 인간들"이라는 서민들의 말이 일리 있게 들리는 현실이 너무 슬프고 가슴 아플 뿐입니다. "뜻밖에 망신을 당할 수 있으니 잔치의 높은 자리를 욕심내지 말라"는 성경의 가르침은 곧 "물처럼 유연하게 끊임없이 아래쪽을 향하는 삶을 살라"는 당부일 것입니다. 높은 곳을 욕심내는 사람이 한두 사람이라도 섞여 있는 한 그 공동체는 결코 속 편히 하나 될 수 없고, 열린 마음으로 무슨 일을 꾀할 여유를 갖지 못하게 되기 때문입니다.

2007. 7. 19.

만남의 그늘

　재작년 겨울 어느 날, 교회사무실로 저를 찾는 전화가 한 통 걸려왔습니다. 전화를 받고 보니 대학시절 함께 기숙사에서 생활했던 1년 선배였습니다. 그리 살가운 성격이 아니어서 쉽게 접근하기는 어려웠지만 기숙사에서 함께 생활하면서 지켜본 선배는, 나름대로 자기관리에 충실한 사람이었고 누구 앞에서나 자신감이 넘쳐 보여 그 선배에 대한 제 나름의 호감은 간직하고 있었지만 사사로이 만나 깊은 교제를 한 적은 거의 없었습니다. 선배가 대학을 졸업한 뒤로 한 번도 만나지 못했으니 거의 30년 만에 처음으로 전화로라도 통화가 된 것이 제 속마음으로는 우선 퍽 기뻤습니다. 그간의 안부를 묻는데, 뜻밖에도 선배는 저의 이력과 최근 상황을 마치 곁에서 지켜본 듯이 줄줄이 꿰며 다소 과장된 어조로 이야기를 하는 것이 적잖이 부담스러웠습니다. 그도 그럴 것이 저는 그 선배의 지난 30년에 대해 아는 것이 거의 없었기 때문입니다.

　아무리 1년 후배라지만 전화를 받자마자 대뜸 "광우야, 나다."로 시작해서 친하다는 것을 과장해서 강조하기 위해 줄곧 반말로 대하는 것이 그다지 달갑지는 않았지만 아무튼 단 하루 볕이라도 선배는 선배니까 제 쪽에서는 깍듯하게 공대하며 통화를 했습니다. 지극히 형식적으로 느껴지는 저에 대한 공치사를 몇 마디 더 하더니 선배는 이내 본론을 끄집어내기 시작했습니다. 내용인 즉, 자기 친 형님이 이번에 어느 전문분야의 시사월간지를 창간하게 되었는데 그 잡지를 1년간 만 구독해 달라는 것이었습니다. 말이 부탁이지, "자네 동기생 가운데 다른 사람들도 다 그렇게 도와주기로 했다"는 말까지 곁들이며 거의 강요하다시피 조르는 바람에, 30여 년 전 대학시절의 선배에 대한 좋았던 느낌을 차마 어쩌지 못해 결국은 "딱 1년만"이라는 단서를 달고 그리하시라고 했습니다. 그러자 제 주소나 신상정보는 이미 다 알고 있으니 새삼 메모할 필요도 없다며 서둘러 전화를 끊어버렸습니다.

눈이 하염없이 내리던 그 날 오후 내내, 하염없이 속이 아려왔습니다. 차라리 그런 통화가 없었으면 선배에 대해 그럭저럭 괜찮은 이미지를 가지고 살았을 터인데, 그 좋은 대학시절의 추억이 변색되고 선배에 대해 찜찜한 이미지가 뜻밖에 생긴 것이 못내 아쉽고 안타까웠습니다. 1년 간 다달이 별 관심도 없는 잡지가 배달될 때마다 그 날의 아쉬움이 되살아났습니다. 약속한 1년이 끝나갈 무렵 그 잡지사의 영업담당 직원으로부터 구독 연장을 촉구하는 전화가 한 통 또 걸려왔습니다. 구독신청 당시의 상황을 점잖게 설명하고 그만 구독하겠다고 했더니 아주 살벌한 태도로 거칠게 전화를 끊어버렸습니다.

아무리 돈이 왕노릇하는 세상이라지만, 사람과 사람의 소중한 만남, 그렇게 해서 알게 된 친지들의 소중한 정보까지도 돈벌이의 수단이 되고, 사람과 사람의 만남이 철저하게 이해타산의 멍석 위에서 가까워졌다 멀어졌다 하는 세상의 흐름이 그저 안타깝기만 합니다. 인간관계의 모든 매듭은, 돈 때문이 아니라, 사람과 사람의 가슴으로 맺어져야만 하는 것이기 때문입니다.

2007. 8. 30.

참혹한 대재앙의 부메랑

1945년 7월 16일 플루토늄 239 원자폭탄 실험에 성공한 미국은 그것을 우라늄 235 폭탄과 함께 즉시 실전 배치했습니다. 약 2주일 후인 1945년 8월 6일 새벽 미국은, B-29 전폭기로 일본의 군사도시 히로시마에 TNT 약 1만 5천 톤 급의 우라늄 235 폭탄을 투하했고 다시 3일 뒤 나가사키에 약 2만 2천 톤 급의 플루토늄 239 핵폭탄을 투하했습니다. 졸지에 미국의 핵실험장이 되어버린 히로시마 상공 570미터에서 원자폭탄이 공중 폭발함으로써, 폭심에서 반경 2Km 이내의 모든 생명체가 섬광과 함께 흔적도 없이 사라져 버렸습니다. 약 34만 3천 명의 주민이 살고 있던 히로시마에서만 20만 명의 사상자가 나왔습니다. 7만 명이 죽고 13만 명이 부상당했습니다. 가옥 7만 5천 호가 파괴되고 10만 명 이상의 이재민이 나왔습니다. 원폭이 투하된 지 60년이 지난 지금까지도 방사능 피폭의 후유증으로 대를 이어 고통당하는 이들이 숱하게 많습니다.

2004년 12월 26일, 인도네시아 수마트라 섬 앞바다에서 발생하여 거대한 해일을 일으킨 해저 대지진은 리히터 규모로 진도 9.0의 초대형 강진이었습니다. 이번 지진은 1995년에 일본 고베 지방을 초토화시킨 진도 6.9의 지진보다 1,600배나 강한 것으로, 히로시마에 투하된 원자폭탄 250만 개가 한꺼번에 터지는 것과 똑같은 위력으로 수마트라 섬의 위치를 지도상에서 약 36m나 아래쪽으로 바꿔 버릴 정도로 강했습니다. 2004년 12월 말까지 대충 집계된 피해는, 사망자 약 8만 명, 이재민 약 1백만 명 정도인데, 이번 지진과 해일의 후유증으로 발생할 각종 수인성 질병과 전염병에 희생될 사람들까지 포함한다면 그 피해 규모를 정확히 짚어내기조차 어려운 현실입니다.

이번 지진으로 지구 자전축의 기울기까지 약간 변했습니다. 인도양 아래 지각 판이 유라시아판 아래로 겹쳐 끼워짐으로써 지구의 반지름이 약간 줄어들고, 그로 인해 지구의 자전 속도가 조금 더 빨라지게 되었습니다. 지구 자전축의 기울기가 변함으로써 지구의 계절 변화 주기와 생태계에 심각한 변화를 일으키고, 앞으로는 지진이 좀 더 자주 발생할 것으로 예측하는 지질학자들이 많습니다. 생태계의 대혼란 앞에서 우리 인류가 어떤 재앙을 만나게 될 지는 아무도 예측할 수 없습니다.

　우리들의 끝없는 욕심을 채우기 위해, 하나님이 보시기에 좋도록 창조하신 이 땅의 근본 구조까지 함부로 바꾸어가며 여기저기서 무모한 난개발로 환경을 파괴하고, 참혹한 전쟁을 치르느라 숱한 포격과 폭격으로 쉴 새 없이 지구촌 땅덩어리를 뒤흔든 것이 결국 치명적인 부메랑이 되어 우리에게 돌아오고 있는 것입니다. 아무튼 이런 재앙 속에 생명과 삶의 터전과 사랑하는 이들과 소망을 잃고, 울 기력조차 없이 허둥대는 서남아시아의 형제자매들에게 어떻게든 신속히 도움의 손길을 펼쳐야만 할 것입니다. 얼마 전 저희 전주열린문교회를 방문했던 국제인권변호사 엘리자베스(Elizabeth) 자매가 강연 도중 했던 말이 생각납니다.

> "내가 고통 중에 소망 없이 허덕이고 있을 때, 아무도 나를 기억해 주지 않고, 누구도 나를 도와주지 않는다면, 당신의 마음은 과연 어떻겠습니까?"

2005. 1. 10.

나를 부끄럽게 하는 사람

40여 년 전 제가 초등학교에 다니던 시절, 도덕 교과서에 바람과 햇볕이 길 가는 나그네의 옷 벗기기 시합을 하는 이야기가 실려 있었습니다. 먼저 바람이 그 나그네의 옷을 벗기려고 온 힘을 다했지만 바람이 드세질수록 나그네가 옷깃을 더 힘껏 움켜쥐게 되었다는 것, 바람이 실패한 다음, 햇볕이 서서히 그 열기를 더해 느긋하게 더위를 내려 보내자 무더위를 참다못한 나그네가 마침내 스스로 옷을 활활 벗어버림으로써 결국 그 '옷 벗기기 내기'에서는 햇볕이 이기고 말았다는 이야기였습니다. 코흘리개 시절 그저 그렇고 그런 이야기로 생각하고 건성으로 들었던 이야기가, 나이테를 더할수록 점점 더 심오한 철학이 담긴 이야기로 다가옴을 느낍니다.

어김없이 '다사다난했던 한 해', 사람이 사람을 섬기고 사랑하는 일, 사람이 사람을 위로하고 격려하는 일이 그토록 어렵고 힘든 일인지, 아무리 귀를 기울여도 따스한 위로와 격려의 속삭임은 별로 없고 곳곳에 얼음송곳처럼 싸늘하고 날카로운 비판과 비난의 목소리만 하늘에 닿을 듯 끊임없이 메아리칩니다. 그저 '좋은 게 좋다'고 옳고 그름의 판단을 모조리 유보한 채 그냥 조용히 입 다물고 가자는 말을 하려는 것이 결코 아닙니다. 다만, 형제와 이웃을 깨우치되, 마음 깊은 곳에 그를 향한 사랑을 깔아 두지 않고 하는 무참한 비난과 정죄, 커다란 들보가 박힌 자신의 형편없는 시력으로 형제의 눈에 있는 티끌을 놓고 이러쿵저러쿵 말이 많음으로 사람들의 마음에 쉽게 지워지지 않는 깊은 상처를 입혀 '평화와 안식'을 무참히 빼앗는 일을 두고 하는 말입니다.

언젠가, 억울하게 들은 찬바람 나는 살벌한 말로 인해 깊은 상처를 입고 그 아픔을 삭이기 위해 여러 날 불면의 밤을 지새던 중에, 평소 표정관리에 영 서툰 까닭에 부끄럽게도 그만 제 아픈 속내를 들키고 말았던 적이 있었습니다. 제 어두운 표정이 좀 보기 안 좋았는지, 제가 양육하고 있던 대학부 학생 하나가 저를 조용히 불러내더니, 개인적으로 은밀히 상담할 일이 있어 드리는 편지이니 집에 들어가신 다음에 읽어 달라며 제 손에 편지봉투 하나를 쥐어 주었습니다. 편지를 받아 들고 집에 들어와 봉투를 열었더니, 편지지 속에서 영화관람권 두 장이 나왔습니다. 예쁜 편지지에는 아주 간단한 몇 줄 안부가 이렇게 적혀 있었습니다.

목사님, 요즘 많이 지쳐 보이십니다. 단 두 시간만이라도 모든 것 다 잊어버리시고 사모님과 영화 한 편 보시고 들어오세요.

영화표를 썩히면 안 될 것 같아 할 수 없이 영화관에 가서 영화를 본 그 날, 영화관을 나서면서 올려다 본 밤하늘의 별빛이 얼마나 해맑았는지 모릅니다. 그 날, 집까지의 제법 먼 길을 일부러 차를 타지 않고 걸어오면서 솔직히 많이 부끄러웠습니다. '과연 내가 이런 사랑을 받을 자격이 있는 사람인가' 하는 물음이 제 가슴에서 끊임없이 올라오고 있었기 때문입니다. 사람을 정말 부끄럽게 하여 스스로 마음을 열도록 하는 것은 찬바람 나는 살벌한 비난과 비판이 아니라, 비록 사소하고 작은 것일지라도 햇살처럼 따스한 마음이 담긴 사랑과 격려라는 것을 그 날 밤 한 시간 가까이 차가운 밤길을 걸으며 분명히 다시 배웠습니다.

2004. 12. 27.

열혈남아를 기리며

어릴 적 저의 꿈은 전투기 조종사(pilot)였습니다. 푸른 하늘 까마득히 높은 곳에서 하얀 비행운을 내뿜으며 반듯하게 하늘을 나는 전투기를 볼 때마다 저도 모르게 가슴이 콩닥거리곤 했습니다. 그래서 이제껏 공군 영화는 거의 빼놓지 않고 보았는데, 공수특전단에서 낙하산을 타며 군 복무를 한 뒤로는 공수단원들이 등장하는 영화까지 즐겨 보는 버릇이 생겼습니다. 그런 제 눈에, 지난여름 인터넷에 올라온 작은 기사 하나가 유난히 깊은 아픔으로 다가왔습니다.

2004년 8월 27일 낮 12시 30분쯤, 경기도 고양시 장항나들목 부근 한강 둔치에 경비행기가 추락하는 사고가 발생하여, 한국항공대학교의 황명신 교수(52세)와 은희봉 교수(49세)가 세상을 떴다는 내용이었습니다. 이들은 한국항공우주연구소에서 자체 개발한 2인승 경비행기 '보라호'의 성능을 점검하기 위한 시험비행을 하다가 그만 순직한 것입니다. 두 교수는 10년 가까이 팀 동료로서 한국항공산업의 발전을 위해 혼신의 힘을 다해 일해 온 이 분야의 최고 전문가들이었습니다. 새로운 비행기가 만들어질 때마다 이들은 많을 때는 1주일에 3-4회씩 함께 시험비행을 했습니다. 매우 꼼꼼한 성격의 황 교수와 호탕한 성격의 은 교수는 서로 다른 성격과 기질을 지녔으면서도 이상하게도 호흡이 잘 맞았다 합니다. 안정적인 항공사 기장 직을 집어던지고 학생들을 가르치는 길에 뛰어든 은 교수는 전투기 조종사와 일반여객기 기장 경력을 지닌 특급 조종사였습니다. 황 교수는 항공기계공학자로서 비행기 제작과 부품 점검만 하면 되는데도, 은 교수와 더불어 위험하기 그지없는 시험비행을 늘 같이 했습니다.

두 교수의 가족들과 동료 교수 그리고 제자들은 한결 같이 두 사람을 '하늘을 무척 좋아했던 사람들'로 기억합니다. 은 교수는 조종 교육을 시킬 때마다 '기술'보다는 항시 '사람'을 먼저 생각해야 한다고 역설했고, 황 교수는 평소 기름때 묻은 주머니 많이 달린 건빵바지를 즐겨 입었습니다. 몹시 열악한 연구여건에도 불구하고 묵묵히 연구와 개발에 몰두하고, 늘 목숨을 걸어야만 하는 시험비행을 몸소 감당하다가 하나밖에 없는 생명까지 바쳐버린 것입니다. 항공 전문가들은 이분들이 사라짐으로써 이 분야에 축적된 많은 전문지식이 함께 사라지고, 그 뒤를 이을 인재가 없는 것을 몹시 안타까워합니다.

사고가 난 뒤 한 달 남짓 시간이 흘렀지만, 하늘을 무척 사랑했던 고인의 유품을 정리할 마음의 여유조차 갖지 못한 부인들의 입에서 "올 가을 결혼기념일에는 함께 여행을 꼭 가기로 약속했다"는 가슴 아픈 말이 나오는 것을 보면 이들이 자기 가정과 삶을 희생시켜가며 내내 연구와 개발에만 몰두했음을 알 수 있습니다. 동료교수들은 이 두 교수를 일컬어 한결 같이 "아무도 가 보지 않았던 길을 갔던 열혈남아"라고 평하기를 주저하지 않습니다.

자기를 희생시키며, 아무도 가보지 않았던 길을 목숨 걸고 묵묵히 갔던 수많은 열혈남아들 덕분에 오늘 우리는 이렇게 편리한 세상에서 잘 살고 있습니다. 유난히 쓸쓸하고 허전한 마음으로 한가위를 맞을 이 땅 모든 열혈남아들의 유족에게 우리 하나님의 위로와 평화가 가득하기를 기원합니다.

2004. 9. 27.

아름다운 소리

　세계적인 소리공연예술인 판소리. 그 가운데 중요한 유파의 하나인 '서편제'는 섬진강 서쪽인 광주·나주·보성 등지에서 많이 불렸던 소리입니다. 웅장하고 박력 있는 '동편제' 소리에 비해 서편소리는, 서리서리 맺힌 한(恨)을 풀어내는 기교와 소리 그늘의 맛이 일품입니다. 서양음악의 단조에 해당되는 계면조 소리를 많이 쓰기 때문에 서편제는 대체로 정교하며 감칠맛이 있습니다.

　서편제 소리는, 한국이 낳은 세계적인 영화감독 임권택 씨가 1993년에 만든 "서편제"라는 판소리 영화를 통해 좀 더 친숙하게 다가온 듯합니다. 극중 주인공 유봉 역을 훌륭하게 소화해 낸 김명곤 씨나, 중학교 1학년 때 전주대사습놀이 학생부 장원 상을 받을 정도로 소리 재질이 뛰어난 극중 송화 역의 오정해 양, "서편제"라는 영화를 찍기 위해 부랴부랴 소리북을 배워 주인공 동호 역을 무난히 소화해 낸 배우 김규철 씨의 빛나는 소질과, 한국적인 소재를 특유의 예리한 감각으로 화면에 담아낼 줄 아는 임권택 감독의 능숙한 연출 솜씨가 어우러지면서 영화 "서편제"는 한동안 국내 극장가를 술렁이게 만들었습니다.

　홀아비 유봉과 아들 동호 그리고 의붓딸 송화가 소리 품을 팔며 근근이 연명하는 중에, 아비 유봉이 아들 동호를 고수로, 의붓딸 송화를 소리꾼으로 만들어 자신이 못다 이룬 '득음(得音)의 소리꾼'을 만들기 위해 무던히 애썼지만, 결국 강압적인 분위기에 지친 아들 동호가 아버지와 싸운 뒤 가출하고, 동호의 가출로 인해 송화까지도 소리를 그만두려 하자, 유봉이 극약을 먹여 송화를 맹인으로 만들어서까지 소리꾼으로 만들고자 애쓰다 쓸쓸히 세상을 떠납니다. 퍽 오랜 세월이 흐른 어느 겨울날, 남도의 어느 시골 주막에서 눈먼 송화가, 누이를 찾아 수소문하던 의붓남동생 동호를 만나 동생의 북가락에 얹어 한 서린 소리 마당을 밤새워 펼칩니다. 북가락을 접하는 순간, 자기 동생임을 단번에 알아챈 송화는 한 서린 피눈물로 흐느끼며 소리를 합니다. 이렇듯 애타는 내용의 영화 "서편제" 는 그 줄거리 자체가 서편제 소리에 제격입니다.

영화 속에서도 어렴풋이 느낄 수 있듯이, 소리꾼과 고수의 관계는 종종 부부관계에 비유될 만큼 긴밀합니다. 실제로, 북가락이 화려한 고수들은 곳곳에 퍽 많지만 소리꾼들이 정말 마음에 들어 하는 고수들은 그리 많지 않습니다. 소리와 북이 밀어 주고 당겨 주면서, 서로의 마음과 마음, 영혼과 영혼이 한데 어우러져 맺힌 한을 푸는 마당이 판소리이기에, 어쩌다 자기 마음에 맞는 고수를 만난 소리꾼은 무한한 생의 희열을 느낍니다. 대개 수준급 소리꾼들은 북가락이 화려한 고수보다는 소리결과 맥에 맞춰 북을 정갈하게 다루는 고수들을 더 좋아합니다.

서양음악에서도, 독창과 합창은 전혀 다른 장르입니다. 세계적인 성악가들을 다 모아 놓는다고 해서 꼭 좋은 합창단이 되는 것은 아닙니다. 세계적인 축구선수들을 모아놓은 초호화군단의 프로축구팀이 항상 이기는 것이 아니듯이, 독창 실력이 뛰어난 성악가는 자칫 합창을 망칠 수도 있습니다. 화려한 명함을 지녀 목소리 큰 사람들이 많이 모인 집단이 반드시 '아름다운 소리'를 만들어 내는 것만은 아닌 것, 우리네 세상살이의 또다른 묘미인 것 같습니다.

2004. 9. 20.

당신을 존경합니다

'되고 싶은 사람'은 곳곳에 많아도 마음 속 깊이 '존경하는 사람'을 만나기가 어려운 시대입니다. 생각만 해도 마음이 저절로 훈훈해지고 넉넉해지는 사람, 그래서 사람들 앞에 자랑하고 싶은 사람을 찾기 힘든 세상입니다. 그런데 몇 년 전부터 제 마음 속에 정말 존경하는 분이 하나 생겼습니다. 저도 모르는 사이에 제 마음 속에 들어와서 저를 사로잡고 저를 감동시킨 분이 나타난 것입니다. 그분은…… 10년 넘게 제가 살고 있는 아파트의 청소부 아저씨입니다.

수백 세대가 모여 사는 고층아파트에서 날마다 산더미처럼 쏟아져 나오는 쓰레기 더미가 만만치 않은데, 그 아저씨께서 우리 아파트에 오신 후로 어수선하던 아파트 전체의 분위기가 눈에 띄게 쾌적해졌습니다. 작달막한 키에 아주 작은 몸집, 까무잡잡한 피부, 약간 우스꽝스런 몸놀림으로 종종걸음을 걷는 모습이 처음엔 몹시 촌스러워 보이기도 했습니다. 그러나, 어느 날은 뙤약볕 아래서, 또 어느 날은 소낙비를 맞으며, 어떤 때는 흰 눈이 수북이 덮인 눈 더미를 헤치면서 참으로 부지런히 그리고 성실하게 냄새나는 쓰레기 더미를 치우며 열심히 일하시는 아저씨 덕분에 저희 아파트는 참 살기 좋은 공간으로 변했습니다. 쓰레기를 정성껏 재분류하여 아파트 한쪽 공터에 재활용품을 정갈하게 쌓아 놓는 아저씨를 볼 때마다 제 마음 속에 깊은 감동이 솟구쳤습니다. 많은 사람들을 섬기는 일이 참 아름답고, 그 일을 즐거움으로 열심히 하는 이들의 땀내 나는 뒷모습은 더더욱 아름답다는 것을 그 아저씨를 통해 확인했습니다. 많이 배우신 분이 아니고, 사회적인 명망가가 아닌데도 저는 그분을 존경하게 되었습니다.

'게으른 소가 멍에 부러뜨린다' 는 속담처럼, 맡겨진 일을 의무감에서 마지못해 하는 이들을 지켜보는 것보다 답답한 일은 없습니다. 영어 시간에 국어 공부하고, 국어시간에는 수학을 공부하려고 덤비다가 공부를 망치는 학생들처럼, 정작 주어진 일은 열심히 하지 않으면서 엉뚱한 일에 한 눈을 팔면 결과도 좋지 않을 뿐 아니라 자기도 힘들고 지켜보는 이들의 마음도 몹시 답답합니다. 그러므로, 밥을 먹을 때는 밥을 열심히 먹고, 화장실에 가서는 얼굴이 벌게지도록 아랫배에 힘을 잔뜩 준 채 열심히 볼일을 봐야 합니다. 일할 때는 열심히 일하고, 쉴 때는 열심히 쉬어야 합니다. 비록 궂은 일일지라도 많은 사람들을 섬기고 생명을 살리는 일을 하되, 주어진 일을 기쁘고 즐거운 마음으로 하는 이들의 땀에 젖은 뒷모습보다 감동적인 것은 없고, 그런 모습을 지켜보는 것보다 즐겁고 행복한 일은 없기 때문입니다.

마음속에 존경하는 분이 없습니까? 그런 분이 아직 없다면, 크건 작건 하나님께서 맡겨 주신 일에 땀 흘려 최선을 다하는 감동적인 뒷모습을 보여줌으로 사람들의 존경을 받도록 하십시오. 그 일은, 우리 청소부 아저씨처럼, 많이 못 배우고, 빛나는 명함이 없어도 누구나 할 수 있기 때문입니다. 제 마음으로 정말 존경하는 청소부 아저씨가 곁에 계셔서 저는 참 행복합니다.

사람이 자기 일에 즐거워하는 것보다 나은 것이 없나니 이는 그의 분복이라(전도서 3:22)

2004. 5. 17.

말 한마디의 힘

어려운 가정형편 탓에 수학여행을 포기해야 했던 중학교 2학년 때, 어느 선생님으로부터 들었던 가슴 아픈 말 한 마디가 퍽 오랫동안 제 가슴에 가시로 남아 있었습니다. 그 선생님은, 수업이 다 끝난 후 수학여행을 가지 못하는 학생들을 모두 불러서, 몹시 크고 넓은 학교 건물 구석구석으로 끌고 다니며 일주일 남짓 힘들게 청소를 시켰습니다. 기나긴 복도를 걸레질하며 기느라 땀을 뻘뻘 흘리는 어린것들을 향해, "너희 같은 놈들은 청소나 해야 한다"며 가뜩이나 쓰린 가슴에 대못을 박고 또 박았습니다. 그 선생님께서 왜 퇴근도 하지 않고 날마다 우리들을 모아 놓고 교내 구석구석을 청소시키는지 도무지 이해할 수 없었습니다. 모질고 독한 말 한 마디가 호된 매질보다 훨씬 더 쓰리고 아프다는 것을 그 때 분명히 깨달았습니다.

어쩌다 당한 매질은 대개 세월 속에 거의 다 잊혀지고 기억조차 감감하지만, 가슴에 못을 박은 칼날 같은 말 한 마디는 평생 잊혀지지 않고 무덤까지 따라갈 수도 있는 것 같습니다. 그러기에, 제가 예수님을 믿어, 몹시 오랜 세월 제 가슴 속 분노의 어두운 감옥에 갇혀 있던 그 선생님을 용서하기까지 아주 긴 고통의 세월이 필요했습니다. 선생님이 무심코 내뱉은 아픈 말 한 마디로 큰 상처를 입은 저는, 목회자가 되기 전 고등학교와 대학교에서 국어 교사(강사)로 일한 10여 년 동안, 해가 바뀌고 학기가 바뀌어 새로운 학생들을 만날 때마다 강의에 들어가기 전에 각 학급에 혹시 지체장애 학생이 있는지를 제일 먼저 살폈습니다. 강의를 하다보면 때로 사람의 몸을 예로 들어 설명하는 것이 매우 효과적인 경우가 있는데, 아무리 그렇더라도 지체장애학생이 있는 교실에서만은 인체를 빗대어 설명하는 일을 피하기 위해서였습니다.

곰곰 생각해 보면, 별것 아닌 말 한 마디로 상처를 입히고 상처받을 수 있는 처지에 있는 이들은 다 나와 가까운 사람들입니다. 가까이 있는 이들 사이에서 무심코 지나가는 말 한 마디로 상처받는 일이 많기에, 신약성경 야고보서에서는 사람의 작은 혀를, 큰 배를 움직이는 작은 키나 큰 숲을 순식간에 불살라버릴 수 있는 작은 불씨로 참 적절하게 비유했습니다. 혀를 통해 나오는 한 마디 말의 무서운 파괴력을 성경기자가 잘 알고 있었기 때문일 것입니다.

참 다행스럽게도, 말 한 마디의 위력은 이렇듯 파괴적인 방향으로만 나타나는 것은 아닙니다. 상대를 향한 사랑과 섬김에서 우러나는 따스한 말 한 마디는 때로 꺼져 가는 생명의 불씨도 살릴 수 있습니다. 어렵고 힘든 개척교회 목회자의 길을 무릎으로 걸으며 밤 잠 못 이루며 지쳐가던 어느 날, "당신이 하는 일이 정말 자랑스럽다"는 아내의 따스한 격려의 말 한 마디가 제 영혼 깊이 박히는 순간, 무서운 영적 침체의 깊은 늪에서 단번에 빠져 나와 다시 앞을 향해 내달릴 큰 힘과 용기를 얻은 적이 있습니다. 지금도 힘든 순간마다, 아내를 통해 주신 우리 하나님의 그 위로를 떠올리며 새 힘을 얻곤 합니다.

몹시 어둡고 힘든 세상, 열심히 섬기고 사랑하라고 하나님께서 가까이 두신 소중한 이들의 가슴에 영원히 잊히지 않을 위로와 격려의 말 한 마디로 생명을 살리고 희망의 불씨를 지피는 아름다운 삶을 좀 더 열심히 살아야겠습니다.

2004. 8. 23.